EDITORA DO CONHECIMENTO

Auxiliando a humanidade a encontrar a Verdade

Ciência Oculta de A a Z
O véu de Ísis

Aprendendo com Ramatís

Ciência Oculta de A a Z

O véu de Ísis

Aprendendo com Ramatís
Coletânea de textos psicografados por
Hercílio Maes
Organizado por Sidnei Carvalho

CONHECIMENTO EDITORIAL LTDA.
Rua Prof. Paulo Chaves, 276 - Vila Teixeira Marques
CEP 13480-970 – Limeira – SP
Fone/Fax: 19 3451-5440
www.edconhecimento.com.br
vendas@edconhecimento.com.br

Organização: Sidnei Carvalho
Edição de texto: Margareth Rose Fonseca Carvalho
Projeto gráfico: Sérgio Carvalho
Ilustração da capa: Banco de imagens

ISBN 978-65-5727-071-4 – 3ª Edição - 2020

• Impresso no Brasil • Presita en Brazilo

Produzido no departamento gráfico da
CONHECIMENTO EDITORIAL LTDA
Fone: 19 3451-5440
e-mail: conhecimento@edconhecimento.com.br

Dados Internacionais de Catalogação na Publicação (CIP)
(Câmara Brasileira do Livro, SP, Brasil)

Ramatís (Espírito)
Ciência Oculta de A a Z : O véu de Ísis / aprendendo com Ramatís / coletânea de textos psicografados por Hercílio Maes; organizado por Sidnei Carvalho – Limeira, SP: 3ª ed. Editora do Conhecimento, 2020.
322 p.

ISBN 978-65-5727-071-4

1. Ciências ocultas 2. Espiritismo 3. Mediunidade 4. Psicografia I. Maes, Hercílio, 1913-1993. II. Carvalho, Sidnei. II Título.
20- CDD – 133.93

Índice para catálogo sistemático:
1. Mensagens mediúnicas psicografadas : Espiritismo 133.93

Ciência Oculta de A a Z
O véu de Ísis

Aprendendo com Ramatís

Coletânea de textos psicografados por
Hercílio Maes
Organizado por Sidnei Carvalho

3ª edição — 2020

EDITORA DO
CONHECIMENTO

Editora do Conhecimento
Obras de Ramatís:

Obras psicografadas por
HERCÍLIO MAES

- A Vida no Planeta Marte e os Discos Voadores – 1955
- Mensagens do Astral – 1956
- A Vida Além da Sepultura – 1957
- A Sobrevivência do Espírito – 1958
- Fisiologia da Alma – 1959
- Mediunismo – 1960
- Mediunidade de Cura – 1963
- O Sublime Peregrino – 1964
- Elucidações do Além – 1964
- Semeando e Colhendo – 1965
- A Missão do Espiritismo – 1967
- Magia de Redenção – 1967
- A Vida Humana e o Espírito Imortal – 1970
- O Evangelho à Luz do Cosmo – 1974
- Sob a Luz do Espiritismo (Obra póstuma) – 1999

Obras psicografadas por
MARIA MARGARIDA LIGUORI

- O Homem e o Planeta Terra – 1999
- O Despertar da Consciência – 2000
- Jornada de Luz – 2001
- Em Busca da Luz Interior – 2001

Obra psicografada por
AMÉRICA PAOLIELLO MARQUES

- Mensagens do Grande Coração – 1962

Obras compiladas por
SIDNEI CARVALHO
(Série *Aprendendo com Ramatís*)

- A Ascensão do Espírito de A a Z – 2011
- Umbanda de A a Z – 2011
- Transição Planetária de A a Z – 2012
- Jesus de Nazaré de A a Z – 2012
- Ciência Oculta de A a Z – 2012
- Mediunidade de A a Z – 2012
- Saúde e Alimentação de A a Z – 2013
- Universalismo de A a Z – 2013

Obras compiladas por
MARILÉA DE CASTRO

- Tudo que Vive é Teu Próximo – 2007
- Um Jesus que nunca existiu – 2013
- Ramatís Face a Face – 2016

Obs: A data após o título se refere à nossa primeira edição.

Agradeço ao Pai Celestial pelo imenso Amor que dedica a todos os seus filhos, compartilhando sua essência Divina com suas criaturas e nos tornando co-criadores a planar Universos afora como Sublimes Peregrinos da Luz.

A Jesus de Nazaré, nosso irmão mais velho e amigo de todas as horas que com carinho extremado vai nos guiando rumo à consciência cósmica.

A Ramatís, Navarana, Abel Monsenhor, Asthar Sheran e toda a equipe da Fraternidade da Cruz e do Triângulo pela confiança depositada e pelo apoio em todos os momentos de nossa humilde tarefa de Amor.

A Sergio Carvalho, irmão, amigo, parceiro de todas as horas, que nos apóia, incentiva e juntamente com o qual vamos desenvolvendo o grande projeto de Ramatís para a humanidade da Terra.

A minha esposa Cida, meus filhos Júnior, Fabiana, Ariane, Rogério e minha mãe Minervina sempre presentes em nossas labutas espirituais, que nos dão força para continuarmos trabalhando nos caminhos da espiritualidade.

Sumário

Prefácio de Ramatís 17
Absorção fluídica – "piteiras vivas" .. 27
Abusos sexuais – enfraquecimento magnético 27
Adensamento áurico – nutrição carnívora 28
Afastamento do duplo etérico – efeitos. 28
Água corrente e Sol – desimantação de objetos de feitiço 29
"Akasha" e a história do Universo 29
Akasha – registro universal psicométrico e radiestésico 30
"Alma-grupo" = centro psíquico 30
"Alma-grupo" e psiquismo diretor das espécies 31
Altar – campo magnético absorvente de fluídos deletérios 31
Amor – atributo do Logos para a Era de Peixes 32
Amor – sustentáculo do Universo 32
Amuletos e talismãs – fundamento científico e vibratório 33
Amuletos – magos do passado 33
"Angelus" – equilíbrio entre razão e sentimento 34
Animais – condensadores biológicos para feitiços 34
"Anjos caídos" – espíritos rebeldes ... 35
"Anjos" do Senhor – divina esperança do alto 36
Anjos e arcanjos – diferenças 36
Ano astrológico e o signo de Peixes . 37
Anular saturação fluídica negativa nos objetos de bruxaria 37
Aparições sublimes e duplo etérico da Terra 38
Arcanjo – vive em samadhi, eterno e ilimitado 38
Arruda – barômetro vegetal 39
Astecas – extraordinários mantras ... 39
Astralização do enfeitiçamento 40
Astrologia e karma 40
Ateísmo e intuição espiritual 40
Atlântes – segredos guardados no Himalaia e nos Andes 41
Atmosfera magnética viscosa – "vírus e ultra-vírus" 41
Atmosfera vital deletéria – contaminação dos mundos 42
Átomo – miniatura de uma galáxia – macro x micro 43
"Átomo semente" – resumo da memória etérica-sideral 43
Ato sexual – intercâmbio de energias44
mentais, astralinas e etereofísicas 44
Atração gravitacional do mundo 44
de Mamon e liberdade do reino dos Céus 44
"AUM" – clímax vibratório, imersão no plano edênico 45

"AUM – mantra sagrado 45
"Aumbandhã" – força mântrica 46
"Aumbandhã" – significado cósmico 46
Aura do Cristo Solar – Luz Divina ... 47
Aura etérico-astral do planeta 48
Auras dos terráqueos e influências espirituais 48
Auras – energias em expansão 49
Bandoleiros do Além – quadrilhas ... 51
Banhos de ervas – mecanismos energéticos 51
Batismo e "lava pés" – ritos esotéricos .. 52
Batismo – imantação dos envolvidos 53
Benzimento da touca da criança – mecânica 53
Benzimento – projeção etéreo-astral 54
Bom humor – característica dos seres iluminados 54
Boneco de cera – feitiço potencializado 55
Brechas para obsessores – desatinos 55
emotivos e desregramentos mentais . 55
Bruxaria – efeitos em terceiros 56
Cabelo humano – vínculo com vítima de feitiçaria 58
Calendário sideral – Astrologia 58
Cálice da amargura – a veste física .. 59
Campo astroetérico e realizações desarmônicas 59
Canais cósmicos sonoros e o plano da intuição – música 60
"Caneco vivo" – preparação e degradação 60
"Canecos vivos" – mecanismo escravizante 61
Carnivorismo – recrudesce paixões animais 62
Castidade e sexualidade – libertação dos desejos carnais 62
Cebola e alho – fortes emanações astrais inferiores 63
Cérebro físico x cérebro astral – recordações 63
Cérebro físico – produtor de ondas de força 64
Cérebro perispiritual – complexidade ... 64
Cérebro perispiritual – ponte para a luz ou para as trevas 65
Cerimonial exterior – "contextura iniciática" 65
Chacra básico ou kundalíneo 66
Chacra cardíaco – amor 66
Chacra coronário – gerente, comandante 67
Chacra esplênico e o prana 68
Chacra frontal – intuição 68
Chacra gástrico ou umbilical – saúde69
Chacra laríngeo – atividades vocais e audição astral 70
Chacras cósmicos – sustentações constelares e planetárias 70
Chacras desenvolvidos – alcance do passado e do futuro 71
Chacras e desenvolvimento psíquico 71
Chacras e duplo etérico 72
Chacras – energias sublimes x energias telúricas 72
Chacras – turbilhões energéticos (vórtices) 73
Charcos do Astral inferior e limpeza perispiritual 74
Chaves verbais – energias etéricas – mantras 74
Ciclo cósmico – matanças e interferências 75
"Cíclotrons vivos" – desencarnados auxiliares dos magos negros 75
Ciência humana – revela ciência oculta 76
Ciência transcendental e ritmo setenário 76
Cirurgia do espírito – futuro da humanidade 77
Cirurgias humanas – influência da Lua .. 77
Coagulação físico-astral – matança dos animais 78
Cocheiro, carroça e cavalo – espírito e seus veículos 79
Código sideral definitivo – nome sidéreo 80
Comandos das trevas e detonadores psíquicos 80
Combustível marciano – energia magnética 81
Compromisso severo e trágico – conjuro 81
Concepção trifásica de Deus – aspectos da Divindade Una 82
Concepção trifásica de Deus – aspectos da Divindade Una II 82
Condensadores e transformadores de corrente fluídica 83

Conexão de luzes – reunião espírita . 83
Confrarias iniciáticas do passado – "modus operandi" 84
Conjunção planetária e o advento do Cristo 85
Conjuntos de leis vivas – Engenheiros Siderais 85
Conjuro – vender a alma ao diabo ... 86
Consciência humana – acúmulo de experiências 86
Consciência humana x consciência espiritual 87
Contaminação áurica – ingestão de carne 87
Contato com a vítima dos condensadores de bruxaria – potencializa ação fluídica 88
Corpo astral – desenvolvimento após os sete anos de idade 88
Corpo astral e viciados no além 88
Corpo espiritual – defesas contra investidas maléficas 89
"Corpo fechado" – conluio com as trevas 90
Cristo Cósmico – amor 90
Cristo Planetário – embebidos em sua essência 91
Cristo – poderoso mantra 91
Curas de Jesus – germinação de forças magnéticas 92
Curas de Jesus – germinação de forças magnéticas II 92
Defesa radioativa natural – "amuleto inato" 94
Defesas magnéticas – "mau olhado". 95
Defumação – desagrega miasmas e bacilos psíquicos 95
Defumação – liberação de energias .. 96
Degraus vibratórios – desvestimentos das formas materiais 96
Descargas fluídicas e limpezas astrais .. 96
Descida vibratória de Jesus – mais de mil anos 97
Descida vibratória – Jesus 98
Descida milenar do Mestre Jesus – verdadeiro sacrifício 98
"Desejo central" – forja de anjos ou sofredores 99
Desencarnação – transferência vibratória mental 100
Desintegração etéreo-astral – limpeza .. 100
Destino glorioso – angelitude 101
Determinismo kármico da Terra e livre-arbítrio 101
Deus – ciência cósmica e a voz do silêncio 101
Deus e a ampliação da consciência humana 102
"Deus te abençoe" – poderoso mantra .. 102
Devas maiores x devas menores –.. 103
infinita hierarquia cósmica 103
Devas – "seres brilhantes" que governam os universos 103
"Dhâranã" – abstração de maya 104
Dia de Brahma e noite de Brahma. 105
Dinamização homeopática e energias ocultas 105
Doenças – mecanismo oculto 106
Dor – desequilíbrio eletromagnético psicofísico 107
Dor e estabilidade magnética e perispiritual 108
Dores e sofrimentos – estágios do processo kármico 108
Drenagem de fundos deletérios e lei de gravidade 109
Duplo etérico – aparência 109
Duplo etérico e radiestesia 110
Duplo etérico – "fio elétrico" de ligação. 110
Duplo etérico – funções mais importantes 111
Duplo etérico – medianeiro plástico – "ponte viva" 111
Eclosão da luz crística e auto-conhecimento 113
Ecologia espiritual – separação do joio e do trigo 113
Ego espiritual e descida vibratória. 114
Elemental causador do câncer – 114
gigantesca "ameba fluídica" 114
"Endereço vibratório" – catalisador na bruxaria 115
Energia elemental, magia negra e câncer 116
Energia elemental, magia negra e câncer II 116
Energia nuclear – karma dos envolvidos 117
Energias primárias ou instintivas – 118
intimidade das criaturas 118

Engenheiros siderais e o Grande Plano.. 118
Entidades superplanetárias – Engenheiros Siderais 118
Envenenamento áurico da Terra 119
"Escada de Jacó" – nossas futuras moradas 119
Escafandro da carne – abafador 120
da memória transcendental 120
Escolas de retificação espiritual – mundos físicos 120
Esfinge – representação das paixões humanas 121
Esperanto – idioma mântrico......... 121
Espermatozóide – "comutador automático" ligando o Astral ao físico........ 121
Espiritismo = lâmpada – Evangelho = luz 122
Espírito abortado – vingança obsessiva . 123
Espírito do homem – miniatura..... 123
de todas as energias cósmicas........ 123
"Espírito-grupo" e consciência instintiva 124
Espíritos da "esquerda" – instrumentos inconscientes 125
Espíritos sofredores – inconscientes do mal que fazem 125
Espírito virginal e composição....... 126
de veículos de manifestação 126
Esquema cósmico – "esquerda" e "direita" do Cristo 126
Esquema da criação – descida do pensamento de Deus 127
"Esquema evolutivo" – lei comum a todos os filhos.................................. 128
Esquema pré-encarnatório e fatalismo... 128
Essênios e a fraternidade dos profetas.. 129
"Estação radiofônica" poderosa – cérebro perispiritual 129
Estímulos magnéticos planetários e Astrologia.. 130
Eter cósmico – duplo etérico de Deus. 131
Eter cósmico e história universal ... 132
Eter cósmico – rios de energias e astrologia 133
Etimologia e o "espírito" das palavras. 133
Evangelho – a lei do Cosmo........... 134
Evocação e magia cerimonial......... 134
Evolução cíclica e espiral – astrologia. 135
Evolução e impulso interno ascendente . 135
Exames bacteriológicos, parasitológicos pesquisas luéticas – influência da Lua.. 136
Excitação magnética – objetos de bruxaria.. 136
Expansão da consciência – esforços 137
da ciência e evolução social 137
Explosões atômicas e duplo etérico da Terra 138
Faculdade mediúnica e seu aprimoramento 139
Fadas, gnomos, silfos, ondinas,....... 139
salamandras, nereidas, deuses........ 139
Faixa protetora do Evangelho e comando mental 140
Fé e intuição – a "voz do silêncio"... 141
Feitiçaria na África – meio de defesa .. 141
Feitiço, bruxaria, sortilégio, enfeitiçamento – magia negra 142
Feitiço e magnetismo 142
Feitiço mental – força do pensamento 143
Feitiço negro x feitiço branco......... 143
Feitiço verbal – força das palavras . 144
Feitiço volta contra o feiticeiro II ... 144
Feixe de forças projetado – benzimento 145
Fenomenologia mediúnica e mitologias planetárias 145
Fenômenos ectoplasmáticos – Jesus e os essênios 146
Filhos teratológicos e desencarnações prematuras.................................... 146
Final de ciclo – convocação da Lei Suprema.. 147
Fluido sexual e magos do passado – vitalização mental 148
Fogo etéreo – limpeza perispiritual 148
Fogo kundalínico – despertamento 149
Força das palavras – energias 149
Forças esotéricas da palavra 150
Força sexual – direcionamento criador. 150
Forma-pensamento – dardo criador ou destrutivo 151
Frutas = ricas em prana – animais = pobres em prana 151
Fulgor dos olhos – energia crepitante de Jesus 152
Fumo – condensa carga etérica e astralina.. 152
Função do espiritismo – dinamizar centelha espiritual 153
Futuro da humanidade e ciência oculta 153
Genes – combinação e fusão nos cro-

mossomos.......................................155
Genes – influência do perispírito.... 155
Gestação em uma planeta superior – 156
cooperação magnética dos pais...... 156
Gestação humana – laços com a mãe e o pai...157
Glândula timo – ação oculta etéreo-astral..157
Governantes – compromisso kármico com os governados.......................158
Governo da mente – grandes iniciados.159
Governo oculto e a harmonia do Cosmo.......................................160
"Grande descida" – do macro para o micro..160
Guiné-pipi e arruda – recursos energéticos...160
Guiné-pipi – transformador vegetal 161
Hercúleo esforço de Jesus – manter-se na carne.......................................162
Hierarquia cósmica e vontade divina.163
Hipersensibilidade perispiritual – médium...163
Hipersensibilização psíquica da humanidade atual..............................164
Hipersensibilização psíquica da humanidade atual II............................164
Homem das cavernas x homem consciente – manipulação energética.... 165
Homem – Deus em miniatura........ 165
Homem – transformador sideral do energismo cósmico.......................166
Homeopatia – atuação no mundo oculto...166
Homeopatia – etapa avançada da ciência médica....................................167
Homeopatia x espiritismo – simplicidade...167
Horto das Oliveiras – ideoplastia mediúnica de Jesus..........................167
Idade sideral e entendimento psíquico.169
Ideoformismo perispiritual – forma de demônios.......................................169
Ideoplastia astral – figuras teratológicas...170
Idioma mântrico – confrarias e templos iniciáticos......................................171
Igreja católica – condicionamento para o céu...171
Imantação magnética e sofrimento pós-morte física................................172
Impacto pré-reencarnatório e......... 172
desequilíbrios psíquicos do ser...... 172
Incenso – senso de estesia espiritual e sensibilidade olfativa.....................173
Incenso – hipersensibilização em... 173
frequência vibratória superior........ 173
Inferno e penas eternas – trevas e umbral..174
Influência oculta da Lua............... 174
Influências das auras planetárias na gestação.......................................175
Iniciação à luz do dia – momento atual 175
Iniciações na atualidade................176
Iniciações no passado...................176
Injustiça? – não existe efeito sem causa..177
Intelecto humano – ilusão de separação.177
Inteligência – energia espiritual..... 177
Interceptação fisiopsíquica no éter cósmico..178
Interconexão cósmica – "canais siderais"..178
Intuição e formação da sexta raça mãe..179
Intuição – estágio mais elevado do espírito...180
Intuição – o sentir melhor do que o crer...180
Intuição pura – "voz sem som"....... 180
Intuição – verdadeiro saber humano.181
Involução x evolução – princípios cósmicos...181
Isaías, Miquéias – percepção.......... 182
magnética da "descida" vibratória de Jesus..182
Jejum – domínio da mente sobre o corpo..183
Jejum – drenagem de toxinas do astral inferior...183
Jejum – otimiza a natureza espiritual. 184
Jesus de Nazaré – catalizador da luz do Cristo Planetário.........................184
Jesus e a iniciação à luz do dia...... 185
João – visão ideoplástica do Apocalipse.185
Kardec e sua trajetória iniciática... 187
Karma – "a cada um conforme suas obras"...187
Karma atômico x karma do Universo..188
Karma da Terra e estabilidade planetária..189
Karma do prejuízo ao semelhante –

câncer.. 189
Karma do sangue – guerras e guerrilhas 190
Karma dos planetas – Terra.......... 190
Karma e livre-arbítrio.................. 190
Karma – Lei do Retorno.............. 191
Karma – lei retificadora, disciplinadora .191
Karma – não punição, reajuste, educação 192
Kimbanda ou quimbanda – magia negra.. 192
Kundalini – "fogo serpentino" 193
Kundalini – "fogo serpentino" e organizações mágicas do passado........... 194
Kundalini – fohat – prana............. 194
Laboratórios do Cosmo e Luz Sideral.. 195
Lares da Terra – planejamento kármico 196
Lavanderia moral e expurgo de nódoas energéticas 196
Lei de correspondência vibratória.. 197
e receptividades dos espíritos......... 197
Lei de correspondência vibratória – feitiço por objetos............................ 197
Lei do Karma – micro e macro...... 198
Leitura psicométrica – ordem inversa .. 198
Lemúria e Atlântida – enfeitiçamentos coletivos 199
Lençol de fluidos puros envolveu... 200
o planeta – chegada do Messias..... 200
Lendas e superstições – fundamentos na ciência oculta.......................... 200
Libertação da imantação gravitacional – evolução 201
Línguas, dialetos e estados mentais 201
Logos solar – peça da engrenagem cósmica 202
Luz polarizada – luminosidade...... 203
das criaturas com a evolução......... 203
Luz – potencial cósmico = reflexo de Deus... 203
Magia de redenção – feitiço 205
Magnetismo astroetérico – processo interno 205
Magnetismo inferior e saturação áurica .206
Magos brancos, sacerdotes e.......... 207
instrutores – velaram simbologia... 207
Magos do passado – vontade......... 207
firme e conhecimento das energias. 207
Magos negros do passado e a prova da mediunidade................................ 208
Mamom x reino de Deus............... 208
"Mandato mediúnico" – hipersensibilização perispiritual......................... 209
Mantra – ação no campo etéreo-astral...210
Mantras – peças idiomáticas sagradas .210
Marte – "deus da guerra" – mecânica magnética................................... 210
Materializações no ventre das vítimas – terríveis feitiços 211
Mau olhado – projeção do raio vermelho... 212
"Maya" – efeito, não causa 212
"Maya" – ventura da libertação...... 213
Mecânica da natureza e seus trabalhadores espirituais 213
Mecanismo oculto da profecia 214
Medicação homeopática – ação no mundo oculto 215
Médium do Cristo Planetário – Jesus de Nazaré... 216
Médium – preparação energética reencarnatória.................................... 216
Mediunidade de Jesus e os "milagres". 216
Mediunidade na História – ponte para o mundo oculto 217
Mediunidade – faculdade e patrimônio do espírito imortal........................ 218
Mediunidade natural e "de prova" – compromisso 218
Mediunidade natural – ligação....... 219
permanente com fonte angélica...... 219
Menino Jesus e ataques das trevas. 219
Mentalismo – aspecto do Logos a ser desenvolvido................................ 220
Mente, atomismo do corpo e raciocínio..221
Mente cósmica e graduação vibratória no homem 221
Mente espiritual – chacra coronário222
Mente espiritual x mente instintiva 223
Mente – usina da inteligência......... 223
Mestre oriental x mestre ocidental. 224
Mestres satânicos e escravidão dos encarnados...................................... 224
Mobilização espiritual, mental, astral,...225
etérica e física do espírito imortal .. 225
Mobilização espiritual, mental, astral etérica e física do espírito imortal II226
Monismo – Deus é a unidade autêntica .226

Morbo psíquico incrustado – purgação 227
Multiplicadores de frequência mórbida – objetos de feitiço 227
Mundo Astral – multiplicador dos desejos luminosos e trevosos 228
Música criadora – modelamento harmônico da alma 229
Música – poesia cósmica do Regente Divino 229
Música sacra – função espiritual 230
Nascimento de avatares – técnica transcendental 231
Nascimento, formação e definição – espírito imortal 231
Negociatas – espíritos das trevas ... 232
Nibirú – detonador psíquico 232
Nirvana ou samadhi – Jesus no horto 233
Nirvana – reino de Deus 233
Nova Era – Jesus, o iniciador 233
Novas consciências – criação incessante 234
Número da "Besta" – 666 234
Número da "Besta" – 666 II 235
Número perfeito de Pitágoras – sete 235
Numerologia do Apocalipse 236
Numerologia – números três e quatro 236
"Nuvens de testemunhas" – influências espirituais 237
Objetos de enfeitiçamento – acumuladores e condensadores 238
Obsessão – maior flagelo oculto da humanidade 238
Obsessores x obsidiados e a lei kármica. 239
Obsessores – transformação para a luz .. 240
O homem é o que pensa 240
Onisciência e onipresença – atributos humanos velados 241
Oração – efeito profilático e terapêutico . 241
Pedagogia sideral e aprimoramento angélico 243
Perispírito – binômio mente-coração, vontade-desejo 243
Perispírito – conexão entre o reino divino e o mundo material 244
Perispírito – defesa contra as trevas 245
Perispírito – ponte de ligação 245
Pitágoras e o número sagrado – sete .. 246
"Piteiras" e "canecos" vivos 246
"Piteiras vivas" – fumantes – joguetes do Além 246
Planejamento cósmico – ritmo ascensional e inteligente 247
Planeta intruso e higienização terrestre 248
"Plano de fundo" da consciência humana – Deus 248
Plantas lunares e energismo curativo . 249
Poder do olhar e o quebranto 249
Ponto hipnótico e obsessores 250
"Porão da individualidade" – subconsciente 251
Porta estreita e ventura sidérea 251
Potestade Única, Incriada e Criadora – Deus 252
Praga de mãe – vínculos psicofísicos .. 252
"Pralayas" – lei kármica para 253
a humanidade e para o planeta 253
Prana – causa e não efeito 253
Prana e consciência vital instintiva 254
Prana e duplo etérico 254
Prana – energia da vida 254
Prana – sopro da vida 255
Pré-agônico – retenção energética pela família 255
Prece – detonador psíquico e energético 257
Prece – imersão na essência divina 257
Profecia – ciência na esfera da intuição 258
Psicometria – leitura de auras 259
Psicometria – passado e futuro 259
Pulsação harmônica do Criador – karma 260
Pulsação magnético-astral da Lua – aproveitamento 260
Purgação – toxinas perispirituais .. 260
Purificação do "pecador" – Lei de Causa e Efeito 261
Quebranto – anemia etérica 262
Quebranto e benzimento – movimentações energéticas 262
Queda angélica x descida angélica . 263
Queda angélica x descida angélica II . 264
Queda angélica – descida vibratória à matéria 264
Queima de pólvora – age no lençol etérico 265
Queima de pólvora e ovo áurico 265
"Queimar karma" – libertação de impurezas perispirituais 266
Radiestesia e duplo etérico 267

Radiestesia x psicometria – semelhanças 267
Radiestesia – sondagem magnética 268
Raios solares nos planetas – conforme "capa" fluídica 268
"Rasgar o véu" – sublime impulso evolutivo 269
Recordações das saídas astrais e mecanismo perispiritual 269
Redutores da nossa onisciência – cérebro físico x cérebro perispiritual 270
Reencarnação – integração angélica..270
Reencarnação – elo psíquico com o genitor 271
Reforma íntima e cura da obsessão 272
Refulgências mentais – natureza dos pensamentos e sentimentos 272
Região etérica – os quatro éteres ... 272
Regiões etéricas interiores e causalidade 273
Registros akhásicos e os profetas... 274
Reino do espírito x reino da carne – distância vibracional 274
Reino físico, reino etéreo-astral e explosões atómicas 275
Reino real x reino efêmero 276
Reinos da natureza – consciência psíquica instintiva 276
"Reis magos" – iniciados do 277
quarto plano da escadaria setenária277
"Reis magos" – poderosos magos brancos 277
Relação sexual – transmutação energética 278
"Religare" – processo de unificação com o Pai 278
Religião – religação consciente ao Criador 279
"Renascimento Cósmico" – Lei de Renovação do Universo 279
Reservatório do amor puro – Cristo Planetário 279
Revelação do mundo oculto – espiritismo 280
Rituais – ação coordenadora 280
Rituais africanistas e os "senhores da natureza" 280
Rituais – disciplina na consecução de algo 281
Ritual de enfeitiçamento – processo dinâmico 281
Roteiro das modificações planetárias e ciência oculta 282
"Saída em Astral" – aumento da visão e mobilidade 283
Samadhi – a voz do silêncio (Deus) 284
Samadhi – percepção da Realidade Divina 284
Samsara – libertação pela transformação moral 285
"Sangue vital" no Universo – prana 285
Sapo – condensador bioelétrico para o feitiço 286
Satanás – representação do próprio homem 287
Saturação satânica e migração dos "anjos caídos" 287
"Segunda morte" e plano mental 288
Segunda vinda do Cristo – "via interna"288
Sentimento de religiosidade – inato no homem 288
Sentinela vigilante – oração 289
"Serpente vermelha", Atlântida – elemental do câncer 289
Sete mundos – ritmo setenário cósmico.290
Sexólatras – retardo perispiritual-físico..293
Símbolos cósmicos – as parábolas de Jesus 293
Símbolos de magia – velados ao vulgo294
Simpatia – magia branca x magia negra 295
Sofrimento do animal e impregnação fluídica da carne 295
Sofrimento kármico – fracasso 296
de médiuns, médicos e espíritos 296
Sofrimentos futuros e vícios alimentados na carne 296
Sublimação e sensibilização – amor297
Subtraç˜ão magnética e afinidade .. 297
psíquica – astro higienizador 297
Sucessão de movimentos 298
ascensionais – hierarquia cósmica . 298
Suicídio – corta o "fio da vida" – "onda vital" 298
Suicídio – homem animal x homem espírito 299
Super-homem verdadeiro – o homem evangelizado 299
Tabagismo e os obsessores viciados301
"Tanque de enxofre", choro e 302

ranger de dentes – planeta Chupão 302
"Tatismo magnético" – faculdade superior 303
Telepatia e desenvolvimento mental303
Terra de cemitério – propriedades.. 303
Terra – gigantesco corpo vital magnético 304
Tônus vital dos animais e enfeitiçamentos 304
Trabalho – função básica da consciência espiritualizada 305
Transformadores "arcangélicos" – Cristos Planetários 305
Tratamento astral magnético – benzimento ou passe 306
Três princípios cósmicos uníssonos – Deus 306
"Túnica nupcial" – veículo de manifestação da centelha divina 307
Turbilhão da vida – compreensão do mundo oculto 307
Umbanda – síntese vibratória e divina .309
Vagas recordações ao despertar do sono 310
"Válvulas" de segurança psíquica .. 310
e ação dos guias espirituais 310
Vampirismo nos vícios – ação etéreo-astral 311
Veículo etéreo – duplo etérico 311
Veículo perispiritual – poderoso imã .312
Velas – fundamento iniciático e energético 312
Ventre feminino – "câmara de materialização" 313
Verdadeiro iniciado – discreto 313
Vibrações psíquicas da mãe na 314
gestação – influirão no nascituro ... 314
Vício do fumo e espíritos das sombras314
Vida de Jesus – condensação da Lei Cósmica 315
Vida oculta e aprimoramento moral e mental 315
Vírus eletivos – o homem fabrica sua própria lição 315
"Vitamina do espírito" – oração 316
Voz silenciosa e origem divina 316
Yoga e a "chispa divina" 318
Yoga, energia sexual e kundalini.... 318
Yogues e a intuição pura 319
Yogues e iniciados – alimentação vegetariana 320
Yogues e o prana no corpo humano320
Zoantropia e licantropia – ideoplastias321
Zonas abissais e seres "satanizados"322

Prefácio de Ramatís

Meus irmãos,

Somos indestrutíveis, eis que criados por mecanismos de desdobramentos da essência divina, eterna mantenedora da vida no Cosmo. Infindáveis voltas deram os ponteiros do relógio do tempo pelo calendário convencional terrícola, em que tivemos os primeiros movimentos diferenciados do infinito indiferenciado, assim como as gotas do mar que respingam da onda oceânica. A simultaneidade da existência de espíritos novos e infantis, que convivem com os mais velhos e adultos, no sentido de já terem burilado em si a compreensão mais abalizada do evangelho de Jesus e das verdades cósmicas, delineiam os caminhos ascensionais no Cosmo Espiritual, vicejando em todas as latitudes do Universo a convivência recíproca, fazendo com que nos relacionemos uns com os outros num ambiente de diferentes níveis de compreensão ou de consciência. O gabarito espiritual ou graduação consciencional é proporcional à linha temporal de causalidade que cada individualidade tem anotada em seus anais cármicos e principia com a noção de existir.

Em nenhum momento da Vida Cósmica, Deus deixa de criar, fazendo nascer e surgindo novas consciências, ou seja, novos espíritos individualizam-se particularizando a noção de existir, mesmo que continuemos todos vinculados à eterna fonte provedora Divina. Neste processo contínuo e ininterrupto de criação da Mente Universal – Deus – não há concessão de privilégios, preferências ou simpatias, equalizando-se todos na Lei Cósmica que guiam os ensejos íntimos de conscientização evolutiva de todas as criaturas. Nenhum espírito é superior ao outro em sua origem divina e todo possuem o poder de germinação crística, sabedoria e ansiedade ascensional de retorno à fonte criadora. Da mesma forma, a matemática sideral calcula antecipadamente o número de orbes que servirão de habitação a todas as mônadas espirituais criadas e repassam os números aos engenheiros e arquitetos siderais, consciências majestosas e interplanetárias, co-criadores divinos, que elaboram e executam a gênese e intimidade psíquica dos orbes e das constelações astronômicas para abrigar toda a vida exuberante no Cosmo. Mesmo estas consciências espaciais ou intergaláticas, não passam de entidades emancipadas sob o mesmo processo espiritual e evolutivo diante da justiça suprema, que inevitavelmente preside o plantio, a germinação e a colheita de cada consciência, eis que todos são igualmente filhos de Deus.

Assim, zelamos pela vossa evolução e que a linha temporal de causalidade, consequência do exercício do livre arbítrio de cada cidadão que formam os efeitos coletivos, não seja distorcida ou alterada sem o vosso esforço e merecimento conquistados em conformidade com a equanimidade das leis cósmicas entre as reencarnações sucessivas. Assim, em adequação à condição evolutiva da humanidade, todos os seres espaciais, espíritos de diversos orbes que aqui se encontram vos auxiliam para evoluirdes sob a égide de Jesus e de seu evangelho.

Seguindo esquema traçado pelo Alto e pelos Maiorais que nos assistem em nossos compromissos em prol da evangelização da comunidade planetária retida no pequeno orbe azul, entregamo--vos esta obra intitulada ***Ciência Oculta de A a Z - o Véu de Ísis***.

Respeitando a diversidade de consciências que animam a coletividade terrícola, rogamos a Oxalá que as verdades ainda ocultas contidas neste singelo compêndio cheguem a muitos que estão imersos no automatismo da existência no plano da materialidade e iludidos pela hipnose salvacionista dos tempos chegados. Contribuímos para as fazerem despertar da infantilidade espiritual que atrasa os seus passos na evolução e por vezes as conduz à fascinação espiritual que aprisiona por ignorarem a verdade que liberta.

Muita paz,

Do amigo incondicional de sempre,

Ramatís

Porto Alegre, 8 de abril de 2012.

Algumas palavras do médium

Esta obra vem realizar um antigo e profundo desejo que acalentamos no imo de nosso ser, há muitos anos, ou seja, o de transmitir aos irmãos terráqueos ensinamentos profundos que Ramatís nos traz em seus compêndios e que nos auxiliam a compreender melhor o Amor do Criador por todas as suas criaturas; consubstanciados nos mecanismos cósmicos que engendrou magnificamente no sentido de balizar a caminhada de seus filhos rumo à felicidade que é o troféu de luz que nos aguarda ao final da Sublime Peregrinação que encetamos Universos afora, na busca da consciência cósmica.

Sempre pensamos conosco mesmo, como seria importante que assuntos como "chacras", "yoga", "arcanjos siderais", "enfeitiçamento", "manvantaras", "Cristo Interno", "Astrologia", "corpos sutis", "magos negros e brancos", "ciências ocultas", "alquimia" e muitos outros trazidos por Ramatís em suas obras, chegassem ao conhecimento dos seres humanos da Terra, no sentido de desmistificar muitos preconceitos e interpretações pueris sobre coisas sérias e importantes que marcam a caminhada do espírito imortal e que são desconhecidas em sua racionalidade e cientificismo e por isso taxadas de sobrenaturais e superstições, o que não corresponde à realidade do Cosmo que é ciência pura.

"Conhecereis a verdade e a verdade vos libertará" disse Jesus de Nazaré em sua luminosa passagem pelo solo terráqueo, de maneira que esta humilde coletânea tem como objetivo maior levantar o "Véu de Isis" propositalmente lançado pelos grandes iniciados do passado sobre conhecimentos que até então não seriam bem utilizados pela humanidade ou que até, nem seriam compreendidos em sua função benfeitora e criadora no seio do Cosmo. Como não há nada oculto que não deva ser revelado, no dizer do Cristo, chega então o momento em que, mercê da misericórdia do Pai, essas informações importantes são disponibilizadas agora, de forma clara, racional, dentro do bom senso e da lógica para todos que quiserem auferir da luz que se faz neste momento de conscientização em que vive a humanidade.

Estamos confiantes de que, com mais esta pequena migalha de colaboração que, como já dissemos, é nosso sonho de muitos e muitos anos, iremos avançando juntos no entendimento das coisas, uma vez que, hoje, já compreendemos que no Universo não existe acaso e muito menos qualquer tipo de improviso por parte dos poderes celestes que governam o Cosmo de maneira matematicamente precisa, dentro de uma interconexão perfeita, de forma que, aquilo que taxamos como sobrenatural, superstição, ou que afirmamos serem apenas crendices ou "contos de fadas", quase sempre têm uma explicação racional dentro das Leis Divinas que regem a vida. Deus, como inteligência suprema e causa primária de todas as coisas, segundo Ramatís nesta obra, é o pano de fundo de tudo e de todos que compõe a criação, de modo que, nada pode acontecer fora de Seu seio, pois o que está em cima está em baixo, o que está fora está dentro e o macro está no micro, como dita a "Tábua de Esmeralda" deixada pelo nosso amado Hermes Trimegisto, assim, nada pode fugir dos Seus ditames, da Sua lógica e das Suas perfeitas e equânimes leis, engendradas para nossa felicidade.

Portanto, queridos leitores, aproveitemos essa torrente de orientações e esclarecimentos que nosso amado amigo e irmão Ramatís nos traz em seus livros e, que aqui se apresentam de forma sintética em ordem alfabética para facilitar nossas consultas, lembrando que, esclarecimentos mais aprofundados e explicações mais detalhadas podem ser encontrados nas obras citadas em cada transcrição, nas quais o leitor amigo poderá como muitos já o fizeram, encontrar respostas importantes sobre a Ciência Oculta e entenderem melhor a vida, a beleza e a luminosidade de tudo que existe nos Universos do Pai.

Boa leitura e, que possamos caminhar juntos nesta hora profética, esclarecidos e esclarecendo, ou seja, nos tornando luzes para aqueles que ainda não conseguiram o acender da candeia e sua colocação sobre o candelabro da consciência.

Muita Paz!

Muita Luz!

SIDNEI CARVALHO
15 de abril de 2012

Palavras de um amigo

Amados companheiros de tarefas espiritualistas!

Após várias décadas de tarefas universalistas e univérsicas em prol do ***link*** oriente-ocidente e, particularmente, objetivando a divulgação dos ensinamentos do Amigo e Irmão Ramatís, chegamos a um momento maravilhoso e importante dentro de nosso luminoso ideal de servir ao Cristo Cósmico na pessoa de nossos companheiros da escola terrena. Esta obra vem abrir novos horizontes para muitas criaturas trazendo ao conhecimento do vulgo, temas anteriormente reservados ao círculos herméticos de iniciação, e que hoje já podem ser melhor compreendidas, particularmente tendo em vista o avanço científico e tecnológico atual.

A outrora tenra e frágil "bolota", representada pelos ensinamentos do Amigo e Irmão Ramatís, já se desvencilha do interior da terra, as raízes já se fortaleceram o suficiente devido à labuta dos seareiros da primeira hora, que enfrentando preconceitos mil, sarcasmos e toda sorte de dificuldades, trabalharam para que este momento atual de desabrochamento da mensagem pudesse chegar e nos oferecer a oportunidade de derramar a luz, com a profundidade esotérica exigível para esta hora, para as criaturas que conosco palmilham a estrada do progresso, neste momento apocalíptico no qual os acontecimentos se precipitam e a transformação planetária se acelera como já foi previsto desde eras passadas.

Sim, queridos companheiros de várias eras, as raízes foram trabalhadas com muito afinco e maestria pelo nosso grande amigo Ramatís, que, na verdade, representa a parte visível, diríamos assim, de um grande exército de luz sob o comando do Logos Solar, que tem como objetivo alavancar o progresso do globo terráqueo e de sua humanidade, preparando a chegada de Aquário com sua proposta mentalista para a conscientização dos caminhantes terráqueos, encarnados e desencarnados.

Assim, irmãos queridos, a proposta se encorpou, a "bolota" vai se tornando o carvalho, o alicerce da obra é firme e inabalável, pois tem origem divina, limpa e sincera por parte das equipes encarnadas e desencarnadas que a adubaram e cuidaram de sua germinação. A plantinha desponta para os raios do sol e se fortifica cada vez mais com o nosso Amor. Na verdade, a obra de Ramatís se constitui em uma enciclopédia viva que, por si só se justifica e se impõe e, que pode balizar a nossa caminhada na Terra e até na sequência, na nossa vivência nos planos e mundos mais sutis, para alcançarmos um patamar de felicidade, de alegria e de esperança, mesmo enfrentando as dificuldades inerentes ao momento de joeiramento na Transição Planetária em curso no planeta.

Hoje, a obra está mais forte, uma vez que os ensinamentos derramados há décadas pelo Amigo e Irmão encontram eco e embasamento nos mais recentes progressos da psicossomática, da mecânica quântica, da biologia molecular, da astronomia, das próprias ciências psíquicas, embrionárias outrora; enfim, encontram guarida nos avanços da ciência e da tecnologia, aliás, como preconizou o próprio Ramatís em sua monumental obra consubstanciada nos livros que vêm sendo lançados em prol da raça humana.

Na atualidade, cada vez mais as coisas ficam claras e transparentes, o "Véu de Isis" foi levantado e, a "bolota" já germinou, agora, o trabalho é fortalecer os "tenros galhos" da plantinha universalista e universica, "adubá-la" com o nosso suor e dedicação, "podar" quando for preciso, cuidar das pragas e das ervas daninhas do orgulho, da vaidade, dos melindres, da separatividade e de tudo que possa prejudicar o seu desabrochar rumo à luz que iluminará cada vez mais os viandantes terráqueos.

Pois é, amigos da carne e do astral, o momento é de muito trabalho e dedicação, afinal, é a grande oportunidade para que nós todos, calcetas de outras épocas, espíritos faltosos e em débito com a mãe Terra possamos reparar nossas falhas de outrora e crescermos como Filhos do Amantíssimo, como luzes no nevoeiro terrestre a auxiliar na iluminação do caminho nosso e de nossos companheiros de jornada.

O Cristo espera nosso posicionamento decidido e equilibrado

em prol do Amor, a obra aí está para ser trabalhada, as ferramentas estão a nosso dispor, os seres humanos estão ávidos de esclarecimentos, como nos diz Ramatís, todos em seu íntimo sabem e pressentem a gravidade e a importância do momento em suas caminhadas, por isso, estão preparados para sorver os ensinamentos que temos para ofertar com base na obra Ramatisiana.

A hora é de ação no bem, a hora é de aproveitarmos esse manancial de luz e colocarmos nosso Amor e nossa dedicação em prol dessa humanidade perdida em ilusões, hipnotizada por Maya à beira da grande hecatombe mundial com a "separação do joio de do trigo" já em andamento acelerado em nosso mundo.

Portanto, percebamos a grande responsabilidade que nos é conferida pelo Senhor dos Mundos e, para a qual vimos nos preparando há milhares de anos no astral e na carne, por meio de estágios educativos junto às mais variadas escolas e correntes espiritualistas que vicejaram e vicejam no orbe terreno. Sigamos juntos, cada vez mais unidos e decididos a nos perfilarmos nesta falange maravilhosa que engloba oriente, ocidente e irmãos cósmicos e que vai deixando um rastro de luz para balizar o caminho para a Nova Jerusalém, a "cidade dourada" que espera os terráqueos na Nova Era que desponta para os seres de boa vontade, os "pequeninos" de Jesus, os "direitistas" do Cristo de quem nos fala o Evangelho do Mestre.

É muito bom estarmos juntos nessa abençoada tarefa! Lembremos sempre de que nós, a humanidade, somos uma grande equipe, na qual todos são importantes, cada qual colaborando com a sua "migalha" na consecução do ideal crístico de nosso Logos, de maneira que, todos são imprescindíveis dentro da equipe de Jesus e da tarefa, não existe ninguém "mais importante", cada um se constituindo em uma peça no "corpo do Cristo", pois como dizia o apóstolo dos gentios: "...o corpo não é feito de um membro apenas, mas de muitos membros. Se o pé disser: "Eu não sou mão, portanto não pertenço ao corpo, nem por isso deixa de pertencer ao corpo". E se o ouvido disser: "Eu não sou olho, portanto não pertenço ao corpo"... Mas, de fato, há muitos membros e, no entanto um só corpo". Desta forma, trabalhemos juntos, dando o melhor que pudermos e apoiando todos os esforços universalistas e universícos, valorizando a participação de todos os companheiros, como partes de um grande todo.

A hora é de união de todos aqueles que se beneficiaram e

se beneficiam desta tarefa maravilhosa de demonstrar o infinito Amor do Criador dos Mundos consubstanciado no Evangelho à Luz do Cosmo, como nos deixou o Sublime Peregrino em sua Mensagem do Astral, derramando as Elucidações do Além, vindas do Jardim dos Orixás para libertar a Chama Crística do interior das criaturas e, nosso papel, nossa tarefa; enfim, nossa responsabilidade é a de Arauto dos Novos Tempos de Renovação como nos orienta o Amigo e Irmão Ramatís.

Obrigado por existirem e continuarem com Amor e dedicação a tarefa iniciada por Hercílio, América Paoliello, Sebastião de Carvalho, Antonio Plínio, Marilea de Castro (minha amiga) e tantos outros visíveis e invisíveis (para os não videntes) que auxiliaram no plantio da "bolota" que agora germina e desabrocha esplendorosa no momento psicológico exato de alforria da humanidade terráquea.

Que esse humilde compêndio possa nos auxiliar a compreender melhor o infinito Amor de nosso Pai Celestial, que tudo projetou no Universo para a conquista da felicidade de seus filhos. Que o "Véu de Isis" levantado possa demonstrar às criaturas o esplendor da criação e a Luz Divina que a tudo permeia.

Muchas Gracias!

Manoel Valverde
11 de abril de 2012

A

Absorção fluídica – "piteiras vivas"

Informamos que, através do duplo-etérico do tabagista encarnado, o espírito viciado e sem corpo absorve os fluidos "etereofisicos" exalados na queima do fumo material, assim como se utilizasse excêntrica "piteira viva" humana! Daí, a surpresa de certos médiuns videntes, quando deparam a estranha simbiose de um espírito desencarnado, aflito e sedento, completamente enlaçado a um fumante inveterado ou alcoólatra. É o ignóbil vampirismo de uma alma destroçada pelo vício, que nenhum objetivo possui na vida além da satisfação do desejo pervertido!

Mas como há um grande desperdício fluídico nesse vampirismo tabagista pela ausência do corpo carnal, então o espírito desencarnado e escravo do vício do fumo assedia o fumante para renovar a sua dose de cigarros, a fim de haurir maior percentagem da nicotina fluídica. Assim, o fumante invigilante pode atingir o máximo da degradação viciosa, a ponto de acender um cigarro atrás de outro, na absurda submissão mental de atender ao desejo insofreável de alguém agindo do mundo oculto! (Obra: *A Vida Humana e o Espírito Imortal*, 11ª edição, p. 230)

Abusos sexuais – enfraquecimento magnético

Os abusos da prática sexual enfraquecem o cérebro, pois tanto o homem como a mulher exteriorizam a parte positiva e negativa da força sexual, que os órgãos responsáveis usam para a procriação. A maior parte das criaturas ignora que certa porcentagem dessa força constrói e alimenta o cérebro, por cujo motivo o seu gasto excessivo pode afetar a memória e retardar o raciocínio, enquanto o bom uso purifica as emoções e os pensamentos. Certas criaturas que abusam de afrodisíacos para multiplicar a prática sexual, em geral terminam enfermiças, imbecilizadas e retardadas, apresentando as síndromes "parckisionianas", devido ao esgotamento dos fluidos sexuais imprescindíveis à nutrição das células cerebrais. (Obra: ***Mediunismo***, 13ª edição, pp. 213/214)

Adensamento áurico – nutrição carnívora

O anjo, já liberto dos ciclos reencarnatórios, é sempre um tipo de suprema delicadeza espiritual. A sua tessitura diáfana e formosa, e seu cântico inefável aos corações humanos não são produtos dos fluidos agressivos e enfermiços dos "patê de foie-gras" (pasta de fígado hipertrofiado), da famigerada "dobradinha ao molho pardo" ou do repasto albumínico do toucinho defumado!

A substância astral, inferior, que exsuda da carne do animal, penetra na aura dos seres humanos e lhes adensa a transparência natural, impedindo os altos vôos do espírito. Nunca havereis de solucionar problema tão importante com a doce ilusão de ignorar a realidade do equívoco da nutrição carnívora e, quiçá, tarde demais para a desejada solução. (Obra: ***Fisiologia da Alma***, 15ª edição, p. 19)

Afastamento do duplo etérico – efeitos

As anestesias operatórias, os antiespasmódicos, os gases voláteis, os sedativos hipnóticos, os barbitúricos, o óxido de carbono, o fumo e certos alcalóides, como a mescalina, o ácido lisérgico e outros, são substâncias que operam violentamente nos interstícios do duplo etérico, pois a catalepsia, o transe mediúnico, a anestesia total, a hipnose e o ataque epiléptico resultam mais propriamente do afastamento súbito desse corpo delicado e responsável pela absorção vital do meio. Embora a necessidade obrigue o médium a se utilizar de tais substâncias, em momentos imprescindíveis, é sempre imprudente abusar delas sob qualquer pretexto ou motivo.

As drogas entorpecentes e os gases anestesiantes, em geral, afastam o duplo etérico pelo lado esquerdo, à altura do baço físico e sobre o qual funciona o "chacra" esplênico; isso provoca transes, hipersensibilizações e inconvenientes, caindo a temperatura do corpo e reduzindo-se a vitalidade orgânica.

Durante a materialização, a hipnose, a anestesia e o sono, reduz-se a taxa do Prana ou Vitalidade que é absorvida comumente através do meio ambiente por esse chacra ou centro esplênico. Então o duplo etérico, nessa ocasião, tende a projetar-se para o mundo oculto, no qual ele se sente "à vontade" e se mostra mais sensível e eufórico, enquanto revigora-se de Prana, sem necessidade de alimentar o corpo físico adormecido.[1] (Obra: ***Elucidações do Além***, 8ª edição, pp. 198/199)

Água corrente e Sol – desimantação de objetos de feitiço

Indiscutivelmente, o Sol é o corpo celeste mais importante no sistema constelatório da Terra, pois dele emanam todas as formas de energias e radiações que estimulam, criam e nutrem a vida no vosso orbe. Todos os corpos químicos do conhecimento humano existem no Sol, somando atualmente perto de 1.200 elementos. Mas a ciência humana só conhece o potencial fabuloso solar no campo propriamente físico e de energismo sensível ao aparelhamento humano. No entanto, são as forças prânicas, astralinas e etéreas, irradiadas do Sol, o principal potencial a impregnar o planeta terrestre de sua ação oculta.

Por isso, os objetos de feitiço perdem a sua imantação nociva e enfeitiçante, quando atirados à água corrente antes do pôr do Sol porque são bombardeados pelos raios "infravermelhos" na sua contextura etérica e pelos raios "verdes" na sua intimidade astralina. (Obra: ***Magia de Redenção***, 13ª edição, p. 89)

"Akasha" e a história do Universo

Todos os acontecimentos ocorridos com o Mestre Jesus, desde o seu nascimento até a sua crucificação, ficaram vivamente gravados no Éter que impregna o Universo ou "Akasha", como é mais conhecido pelos orientais, no qual se gravam todos os fenômenos do mundo material, graças a um processo de auscultação psicométrica,

1 Nota do médium – O duplo etérico, às vezes, projeta-se na hora da morte até junto dos parentes distantes ou amigos do agonizante, e faz-se sentir pela repercussão vibratória de batidas ou ruídos, que se assemelham a areia lançada no telhado da casa ou lixa esfregada no assoalho.

que ainda escapa à vossa compreensão atual. Portanto, é possível captarmos aqui, no Espaço, as reminiscências e minúcias de todos os acontecimentos já ocorridos na Terra, desde a sua criação até o momento em que ditamos estas mensagens. (Obra: ***O Sublime Peregrino***, 17ª edição, p. 203)

Akasha – registro universal psicométrico e radiestésico

Sob tal condição de lei sidérea, todos os acontecimentos já sucedidos no vosso planeta também se fixaram em definitivo no seu campo etérico ou no "akasha" da terminologia hindu; embora de modo imperfeito, eles podem ser lidos na sua aura pelos psicômetros invulgares ou sondados pelos radiestesistas. Esse fenômeno, embora se suceda noutro plano vibratório, lembra algo do processo com que a técnica terrena grava a voz e a música nos sulcos de cera de carnaúba ou de bronze das matrizes dos discos fonográficos ou fitas magnetizadas, para depois serem reproduzidos pela agulha de vitrola ou pelo alto-falante do gravador. O mesmo acontece com os filmes fonográficos, que gravam na sua emulsão virgem as imagens retratadas do mundo e depois o fotógrafo as revela pela reação das substâncias químicas apropriadas.

Se o homem pode gravar a música e a voz na substância material, que é bem mais grosseira e imprópria do que o éter e o fluido astral, esse fenômeno ainda é mais lógico e viável quando o psicômetro e radiestesista auscultam-no diretamente nas matrizes etéricas. Semelhantes a transformadores vivos, eles depois transferem pelos sentidos incomuns as imagens e as impressões ali encontradas. A diferença fundamental, nesse caso, está em que o psicômetro ou radiestesista sonda no éter dos objetos ou dos seres as imagens e as vibrações dos acontecimentos ali gravados, enquanto os discos fonográficos e os filmes fotográficos são reproduções da matéria para a própria matéria. (Obra: ***Elucidações do Além***, 8ª edição, p. 138)

"Alma-grupo" = centro psíquico

Cada espécie que participa na composição do reino animal constitui-se um "todo vivo", governado por um centro de consciência instintiva, que desde os pródromos da humanidade oriental é conhecida como "alma-grupo". Esse centro psíquico ou "alma-grupo" é então responsável pelas características, temperamento, ações e reações de certa espécie de reino mineral, vegetal ou animal, tão bem definidos e descritos nos compêndios de zoologia terrena. Quanto mais apurada é a alma-grupo de uma espécie de animal, ave, réptil, peixe ou inseto, também os componentes constituem o seu corpo coletivo e mostram-se mais hábeis, adaptáveis ou sensíveis, porque já é maior o fluxo ou a filtragem da sabedoria do seu psiquismo diretor. (Obra: ***O Evangelho à Luz do Cosmo***, 8ª edição, p. 110)

"Alma-grupo" e psiquismo diretor das espécies

Cada psiquismo diretor é mais propriamente um "campo psíquico" total, que abrange, interpenetra, incentiva, inter-relaciona e aperfeiçoa os reinos mineral, vegetal e animal. Cada reino acima possui o seu "psiquismo diretor" responsável pelas criações e transformações ocorridas neste reino, bem como orienta a sua transposição para outro reino mais evoluído. O psiquismo do reino mineral determina a composição e a configuração de todos os minerais do orbe; o psiquismo diretor do reino vegetal plasmou as inumeráveis espécies pertencentes à flora; o psiquismo diretor do reino animal é o responsável global por todas as espécies zoológicas viventes na terra, no mar e no ar.

No entanto, a alma-grupo é já um comando mais pessoal, mais particularizado, que governa cada espécie. No reino mineral, por exemplo, existe uma alma-grupo para cada tipo de minério; no reino vegetal o psiquismo atua por diversos subcomandos psíquicos, conhecidos por almas-grupos, que regem a espécie pinheiro, pitangueira, orquídeas, carvalho, palmeira, mostarda, repolho ou cedro; e, finalmente, no reino animal, governam as almas-grupos das águias, serpentes, pombas, elefantes, lobos e peixes. (Obra: ***O Evangelho à Luz do Cosmo***, 8ª edição, p. 111)

Altar – campo magnético absorvente de fluídos deletérios

Nos velhos templos iniciáticos da Atlântida, Caldéia, Egito ou Índia, os altares dos templos eram feitos de cedro sem pintura, porque sua principal finalidade era atrair e absorver os fluidos nocivos emanados dos presentes no momento da concentração e elevação dos cálices sagrados. Durante a meditação ou concentração interior, a criatura penetra mais intimamente no mundo espiritual, e por assim dizer, "flutuam" em torno do perispírito os resíduos mentais e astrais dos pensamentos desordenados e emoções indisciplinadas.

Sob a ação saneadora dos espíritos técnicos em atividade no templo ou na igreja, esses fluidos perniciosos são endereçados e condensados pelo "campo magnético" superativado na madeira de cedro dos altares, arvoredo esse bem conhecido pela sua receptividade magnética. (Obra: ***A Missão do Espiritismo***, 9ª edição, p. 84)

Amor – atributo do Logos para a Era de Peixes

Um Arcanjo, Logos Planetário ou Solar, representa a miniatura de todos os atributos de Deus, como sejam a Sabedoria, o Poder, a Vontade, a Justiça e, obviamente, o Amor, que é o princípio crístico. Entretanto, sob cada signo da tradição astrológica que se relaciona com o vosso planeta, é destacado um dos aspectos do Logos, condizente com o atributo que deve ser desenvolvido e cultuado pela humanidade em evolução sob tal signo. Como o Amor foi o principal motivo destacado nos atributos do Logos da Terra, para então ser cultuado pelo homem, sob a vibração amorosa do signo de Pisces, todas as atividades missionárias e incentivadoras, no vosso mundo atual, giram em tomo do CRISTO, ou seja, em torno da manifestação absoluta do Amor, como um dos aspectos sublimes do Logos terráqueo a ser cultuado à parte, em correspondência com o favorecimento do magnetismo astrológico do momento. O signo de Pisces, nos seus 2.160 anos de "tempo astrológico", irradia o suave magnetismo que inspira o amor e a emotividade. O homem deve, precípua e fundamentalmente, desenvolver primeiro o amor e, depois, os demais atributos que hão de lhe seguir, em concomitância com os demais atributos do seu Arcanjo Planetário. (Obra: ***Mensagens do Astral***, 16ª edição, p. 364)

Amor – sustentáculo do Universo

O amor que o Evangelho proclama significa a própria lei regente e orientadora do passado e do futuro do homem. É o catalisador da própria frequência normal do homem superior, seja qual for a sua constituição biológica ou morfológica, quer ele viva na face da Terra, de Júpiter, Arcturo ou Sirius. Sob todas as configurações morfológicas, por mais excêntricas ou extemporâneas e, também, no âmago de todos os povos e todas as raças, palpita sempre o espírito eterno criado por Deus, que é o amor; por este motivo, só o amor sublima. Ele é como o sangue na fisiologia do organismo; tudo irriga, tudo nutre e, consequentemente, o amor é o sustentáculo do Universo. Amor puro, integral e incondicional, dispensa qualquer discussão ou análise, porque não é uma virtude ou concessão ocasional a cargo da legislação divina, mas é a essência da manifestação criadora do próprio Espírito e a norma fundamental e superior da própria vida. (Obra: ***O Evangelho à Luz do Cosmo***, 8ª edição, p. 133)

Amuletos e talismãs – fundamento científico e vibratório

Há fundamento lógico e científico no preparo de amuletos e talismãs, quando isso é feito por meio de magos autênticos, que sabem dinamizar o magnetismo vital concentrado pelo éter físico nas auras dos objetos, tornando-os campos dispersivos e neutralizantes de emanações emotivas e eflúvios mentais nocivos. É óbvio que tais objetos de acumulação fluídica ou "eletrizados" no seu eterismo físico não conseguirão afastar os acontecimentos inevitáveis e determinados pelo vosso carma purificador. A nossa finalidade é demonstrar o fundamento científico ou vibratório de tais coisas, também submissas à lógica das leis evolutivas, pois os amuletos e talismãs tanto despertam estados eufóricos nas pessoas mais sensíveis, como exercem determinada profilaxia magnética em torno do duplo etérico do homem. Há crendices positivas e há crendices negativas; os cientistas modernos podem desconfiar dos amuletos e talismãs, assim como os selvagens ficam com o direito de duvidar de que o poderoso raio lançado por Tupã possa ser captado e aprisionado pelo homem através do pára-raios! Aliás, cremos que é bem mais lógico atrair e dispersar eflúvios produzidos pela mesma lei de correspondência vibratória, do que uma haste de aço laçar e prender o corisco! (Obra: ***Magia de Redenção***, 13ª edição, pp. 151/152)

Amuletos – magos do passado

Os antigos magos não eram apenas cientistas conhecedores de todas as leis e forças do mundo oculto, mas seriam ótimos psicólogos e psiquiatras na atualidade. Os seus talismãs e amuletos funcionavam como verdadeiros acumuladores de forças magnéticas, não só imunizando o campo áurico do indivíduo, como ainda captavam ou dispersavam os fluidos projetados contra o perispírito humano. A pessoa convicta de possuir poderoso amuleto, que a livrava das ofensas fluídicas inimigas, também se revigorava psiquicamente, tal qual o homem moderno sente-se mais seguro, quando atravessa região inóspita, de arma à cinta! (Obra: ***Magia de Redenção***, 13ª edição, p. 147)

"Angelus" – equilíbrio entre razão e sentimento

Não se pode traçar barreiras definitivas entre o intelecto e a emoção, a razão e o sentimento, o cérebro e o coração, porque o homem não é um produto dualista, dispondo de departamentos psíquicos estanques e antagônicos. Mas, em verdade, o sentimento ilumina e clareia a razão, pois enquanto o intelecto planeja, pesquisa e conclui, o coração sublima a atividade mental em exercício além dos limites comuns das formas físicas do mundo transitório. Aliás, a própria figura do anjo cultuado pela Igreja Católica indica que a alma liberta só se move no trânsito sideral, quando lograr o perfeito equilíbrio entre as suas duas asas, em que uma significa a razão e outra o sentimento emancipado. (Obra: ***O Evangelho à Luz do Cosmo***, 8ª edição, p. 55)

Animais – condensadores biológicos para feitiços

As galinhas, os marrecos, gansos, patos, carneiros e cavalos são seres vivos e, por isso, dotados de eletricidade biológica, energia que foge pelas pontas, obediente à conhecida lei da física dos fenômenos eletromagnéticos. Então, as penas, lã ou crina, funcionam como verdadeiros cabos vivos de descarga electrobiológica ou eletromagnética. Ademais, o processo de arrancar-se as penas das aves, quando vivas, ainda favorece o trabalho de bruxaria, pois a ave descarrega maior cota do seu tônus vital dinamizado sob as contrações nervosas da dor!

Os casacos de pele, travesseiros de penas, acolchoados de lã e colchões de crina animal são campos de magnetismo de alta frequência, o qual alimenta favoravelmente o potencial elétrico dos apetrechos de feitiçaria. A influência eletromagnética das roupas de lã de carneiro é tão acentuada, que inúmeras crianças sofrem de eczemas, urticárias, brotoejas e surtos de asma, devido a um tipo de alergia inespecífica provinda de tal elemento. Deste modo, os feiticeiros dispõem de excelente contribuição ao seu trabalho maléfico, pois, além dos objetos catalisados no seu campo eletromagnético e que projetam cargas depressivas sobre as vítimas de enfeitiçamento, ainda mobilizam o próprio tônus vital das aves e dos animais, destinado a desmaterializar e transportar os objetos de bruxaria. As penas, a crina, a lã animal e a pele de marta ou "vison" dos casacos exsudam fluidos densos em torno da aura das criaturas enfeitiçadas, favorecendo os espíritos malévolos para as espoliarem vitalmente no fenômeno comum de vampirismo! (Obra: ***Magia de Redenção***, 13ª edição, p. 76)

"Anjos caídos" – espíritos rebeldes

Daí a lenda da "queda dos anjos", que se revoltaram contra Deus; e depois de expulsos do Céu transformaram-se em "diabos" decididos a atormentar os homens. Aliás, tais "anjos" são espíritos de inteligência algo desenvolvida, que lideraram movimentos de realce e foram prepotentes nos mundos transitórios da carne, onde se impuseram por um excesso intelectivo, causando sérios prejuízos ao próximo. Maquiavélicos, cruéis ou astutos, renegam-se à retificação espiritual espontânea e opõem-se veementemente contra quaisquer diretrizes redentoras que lhes façam sofrer ou lhes exijam a renúncia, o perdão e a prática do amor ensinados pelo Cristo-Jesus. São obstinados, argutos e arrojados, mas profundamente egotistas, jamais cedem no seu orgulho e recusam-se a aderir a qualquer princípio crístico do mundo angélico. O seu conceito radical e obstinado é o seguinte: "O mundo material pertence aos homens e o Céu aos anjos." Então eles caem de suas posições prestigiosas e perdem-se pelo despotismo, pois se a razão lhes dá a medida exata do mundo de formas, infelizmente isso lhes aniquila o senso intuitivo da realidade espiritual. Os "anjos" decaídos são espíritos rebeldes a qualquer insinuação redentora que lhes fira o orgulho ou lhes enfraqueça a personalidade humana. (Obra: ***O Sublime Peregrino***, 17ª edição, pp. 49/50)

"Anjos" do Senhor – divina esperança do alto

É suficiente a atuação de um punhado de anjos que permanecem servindo ao mundo físico, quais falenas irisadas de luz munificente, para então neutralizar a ação deletéria de milhares de espíritos diabólicos, desintegrando pelos fótons siderais, os lençóis microbianos do astral inferior e proporcionando novos ensejos de progresso espiritual ao homem terreno. São essas almas abnegadas a divina esperança do Alto para firmar na matéria os fundamentos da nova humanidade, pois elas vivem em todas as camadas e operam no seio de todo labor humano. Despertam consciências perturbadas, orientam vontades débeis, higienizam os ambientes enfermos e se constituem no convite incessante para a vida angélica e para o homem libertar-se da escola rude da matéria.

Toda criatura é luminescente centelha espiritual do Criador, abafada pela veste pesada dos fluidos primitivos, mas é sempre também a própria ponte espiritual ligando os abismos da animalidade com as colinas refulgentes da angelitude. Sem dúvida, enquanto a alma ainda vive mergulhada no mar de fluidos asfixiantes da vida inferior, ela ainda exige os mais heróicos esforços das entidades sublimes, que tanto desejam intuí-la para o Bem, como ajudá-la a libertar-se o mais cedo possível do jugo satânico simbolizado pelas paixões animais. (Obra: *Mediunismo*, 13ª edição, p. 95)

Anjos e arcanjos – diferenças

Um anjo, como é a graduação de Jesus, é uma entidade espiritual que ainda pode recompor a sua "matriz perispiritual", de modo a vincular-se a um organismo carnal, através da gestação no ventre materno. Aliás, a própria Bíblia retrata essa possibilidade de os anjos ainda renascerem na matéria, quando há necessidade evolutiva dele ou de uma humanidade, conforme simboliza a parábola dos sete degraus da escada de Jacó, onde os anjos sobem e descem no simbolismo das reencarnações.

Mas um arcanjo não pode mais vestir a roupagem carnal, porque a sua frequência espiritual ultrapassa o campo de qualquer atividade num corpo físico. O Logos ou Cristo é o Arcanjo que já abandonou, em definitivo, todos os veículos intermediários dos campos vibratórios de menor frequência que lhe facultariam a ação no mundo material. Seriam precisos alguns milênios do calendário terreno, a fim de um arcanjo conseguir modelar novamente o conjunto perispiritual suficiente para o vincular à vida física. Sem dúvida, o imenso desgaste que seria despendido para o êxito de tal realização não compensaria a eleição de um arcanjo para cumprir uma tarefa incomum e libertadora dos humanos. Isso representa o próprio princípio de economia cósmica, pois a Técnica Sideral jamais cria dispêndios e onera o campo energético de modo insensato ou improdutivo. O arcanjo não mobiliza forças cósmicas para realizar um trabalho que outras entidades podem fazer com o mesmo sucesso e menor desgaste, uma vez que se trata de um campo de atividade menos importante. (Obra: ***O Evangelho à Luz do Cosmo***, 8ª edição, pp. 179/180)

Ano astrológico e o signo de Peixes

O signo de Pisces, no plano sideral, foi apenas uma sequência natural do ano astrológico, o "Grande Ano", que é dividido em doze ciclos, cada um de 2.160 anos, perfazendo o total de 25.920 anos do vosso calendário, em que se realiza o trajeto total do Sol em todas as casas zodiacais. Esse ano astrológico, de 25.920 anos-terráqueos, era conhecido, desde tempos imemoriais, de todos os cientistas e sacerdotes lemurianos, atlantes, astecas, incas, sumerianos, babilônios, caldeus, persas, egípcios e hindus, cujos estudos e tradições têm chegado até os vossos dias. (Obra: ***Mensagens do Astral***, 16ª edição, p. 99)

Anular saturação fluídica negativa nos objetos de bruxaria

Os objetos de bruxaria encontrados em travesseiros, colchões, no ventre do sapo de boca costurada ou expelidos por pessoas enfeitiçadas, devem ser libertos do magnetismo enfermiço etéreo-astralino vinculado às vítimas, para elas recuperarem-se no seu metabolismo vital e retornarem à saúde que lhes foi perturbada. É por isso que o Alto sempre providenciou a encarnação de criaturas simples, mas entendidas em tal atividade portadoras de um certo "dom" espiritual, que fazem exorcismos, simpatias ou espantam os fluidos ruins dos objetos preparados e usados no processo de bruxaria. É preciso romper a "amarração fluídica" do núcleo virulento dos objetos utilizados como condensadores enfermiços. (Obra: ***Magia de Redenção***, 13ª edição, pp. 87/88)

Aparições sublimes e duplo etérico da Terra

Os santos, tão consagrados na Terra nos lugares onde costumam aparecer aos campônios simples ou às crianças, como no caso de N. S. de Fátima, Aparecida, das Graças ou de Lourdes, não passam de espíritos de intensa luminosidade e beleza angélica, mas confundidos com "Nossa Senhora" ou "Senhor Bom Jesus", que mais tarde inspiram a fonte rendosa das especulações religiosas. Nesse caso, o ectoplasma exsudado pelas crianças e pessoas humildes, simples e boas, combina-se com a mesma substância existente no duplo etérico da própria Terra, que é de forma rudimentar mas sobrecarregado de magnetismo virgem e que assim presta-se magnificamente para emoldurar a projeção de espíritos formosos, dando azo às santas tradicionalmente cultuadas pela Igreja Católica. Esses fenômenos de aparições sublimes, ainda são mais frequentes nas proximidades dos regatos, bosques encantadores, das zonas desimpedidas dos maus fluidos, como as grutas deliciosas ou as pradarias verdejantes. (Obra: ***Elucidações do Além***, 8ª edição, p. 202)

Arcanjo – vive em samadhi, eterno e ilimitado

O termo arcanjo define a nomenclatura sideral do espírito completamente liberado das contingências encarnatórias, o qual já esgotou a tradicional "onda de vida", tão conhecida dos mestres orientais e capaz de facultar o ajuste "psicofísico" do mundo espiritual à matéria. Em sua intimidade sideral extinguiu-se a convenção das formas limitadas, a idéia de nascer, ou morrer fisicamente, pois ele pulsa absolutamente fora do tempo e do espaço. O Arcanjo já é, realmente, um estado de espírito venturoso e duradouro, um "realizado" em definitivo, que usufrui de um êxtase ou "samadhi" eterno e ilimitado. O metabolismo do Arcanjo é Amor Puro, como um sublime condensador do Amor de Deus, o qual se renova e se rejubila pela incompreensível e incessante doação de si mesmo a outrem.[2] (Obra: ***O Evangelho à Luz do Cosmo***, 8ª edição, p. 180)

2 Nota de Ramatís – Assim como a planta humilde fincada na terra germina e, na sua maturidade, abre-se em flores odoríferas e atraentes sem qualquer exigência ou compensação, apenas movida por um oculto instinto de amor, o Arcanjo é o Amor permanente, que mais se vitaliza quanto mais ama.

Arruda – barômetro vegetal

A arruda não é uma planta miraculosa e capaz de livrar o homem das projeções fluídicas inferiores, mas ela presta-lhe o inestimável serviço de assinalar, no ambiente físico, a natureza boa ou má dos eflúvios ou fluidos do mundo oculto. Quando a arruda se mostra vigorosa, ereta e viçosa na sua cor verde-azulada, exsudando o seu odor forte e peculiar, ela desabrocha num ambiente impregnado de bons fluidos; e quando emurchecida e amarelecida, então sofre o bombardeio dos eflúvios e emanações perniciosas do ambiente! Afora qualquer crítica ou análise científica, a arruda é o mais eficiente e sensível barômetro vegetal.[3] (Obra: ***Magia de Redenção***, 13ª edição, p. 181)

Astecas – extraordinários mantras

Uma vez que a linguagem e a escrita dos povos estão em relação exata com sua cultura e progresso espiritual, o importante não é saber se esta ou aquela língua é mântrica pela sua profundidade esotérica, ou se não o é por ser superficial ou tão-somente fonética. Os astecas possuíam palavras comuns, que eram extraordinários "mantras", superiores mesmo aos mais poderosos efeitos mântricos da ciência esotérica atual. Mas isso não provinha do fato de sua língua ser mais esotérica e menos fonética; o caráter, a força e a ternura espiritual desse povo é que realmente constituíam o fundamento elevado de suas palavras, que adquiriam poderes pelo treino para adquirirem qualidades superiores, e pela afetuosa religiosidade para com o Criador dos Mundos. (Obra: ***A Sobrevivência do Espírito***, 7ª edição, p. 220)

3 Certa vez, pude verificar pela vidência o duplo etérico de um arbusto de arruda, bem saudável; em torno dele formava-se uma aura evanescente e num tom de limão novo. Diversas formas fluídicas, espécies de vibriões, aracnídeos, miasmas e embriões psíquicos, revoluteavam incessantemente, mas assim que se chocavam com a aura luminosa da arruda, essas configurações mórbidas perdiam a sua força esvoaçante e abatiam-se ao solo, algo semelhante ao que acontece às mariposas e besouros depois de feridos pelo calor das lâmpadas elétricas. Doutra feita, o ambiente fluídico era tão nefasto, que tais nuvens parasitárias psíquicas pareciam sustentar-se pela própria irradiação mental das pessoas ali presentes, pois conseguiam infiltrar-se na intimidade da aura da arruda e sua luz apagava-se paulatinamente. Então, a arruda física ficava emurchecida e os seus ramos amareleciam rapidamente.

Astralização do enfeitiçamento

Os espíritos malfeitores podem atender à multiplicidade de "pedidos" e "contratos" dos clientes encarnados, que desejam afastar o próximo do seu caminho, ou vingar-se dos seus desafetos, concorrentes e venturosos. Aqui, o cidadão comodista convoca o feitiço para expulsar certa família do apartamento que lhe foi prometido; ali, a noiva ou o noivo que rompeu o compromisso matrimonial, há de sofrer no leito o embruxamento requerido pela outra parte frustrada; acolá, o feitiço é feito até para se vingar do vizinho, que não prende a cabra daninha!

Sobre a própria lei evolutiva do mundo oculto, o enfeitiçamento cada vez mais se astraliza, enquanto se reduz no seu processo primitivo feito na face da Terra através de objetos materiais! Não há diferença nos seus efeitos, que ainda se tornam mais rápidos e maléficos, mas aumenta o domínio dos desencarnados sobre os vivos, por intermédio da prática de enfeitiçamento. (Obra: ***Magia de Redenção***, 13ª edição, p. 32)

Astrologia e karma

No futuro, só a astrologia, respeitosamente estudada pelos astrólogos científicos, poderá explicar, positivamente, o que se dá desde o carma de um elétron em torno do núcleo atômico até o de uma constelação estelar; desde o impulso progressivamente contínuo, que há no seio de um simples mineral, até à coordenação "psicofísica" que conduz uma nação a constituir a humanidade angélica. O astrólogo, mesmo que não o considereis como um cientista, na acepção do termo oficial do academismo do vosso mundo, é um hipersensível, que capta o fenômeno em sua feição original e sabe quando se modifica o ritmo comum das sequências familiares. (Obra: ***Mensagens do Astral***, 16ª edição, p. 81)

Ateísmo e intuição espiritual

É uma questão de senso comum; o ateu e o negativista operam contra si mesmos, desenvolvendo ou acentuando a sua incapacidade psíquica, em face do seu fanatismo exclusivo pelas formas do mundo físico. Embora se desenvolva satisfatoriamente o intelecto e os sentidos físicos, atrofia-se a faculdade de auscultação psíquica diminuindo o fluxo da intuição. A manifestação transcendental requer uma certa eletividade do homem, uma espécie de encontro simpático no limiar de ambos os mundos espiritual e material. A obstinação ateísta não desenvolve a faculdade psíquica de alta precisão, enquanto a crença ou admissão da sobrevivência do espírito é já comprovação de uma sensibilidade mais incomum, embora seja tachada de superstição, misticismo ou ingenuidade. (Obra: ***O Evangelho à Luz do Cosmo***, 8ª edição, p. 51)

Atlântes – segredos guardados no Himalaia e nos Andes

Principalmente os sacerdotes atlantes, obedientes à voz da profecia, guardaram os seus relatos espirituais, milenários, nos montes que emergiam no oceano adjacente, como nas cordilheiras do Himalaia e dos Andes, que surgiram por ocasião da submersão do "Grande Continente". Nos santuários e ruínas dessas cordilheiras, uma grande parte da velha documentação histórica atlante ainda será oportunamente conhecida pela humanidade profana. Nos templos das regiões inacessíveis ao profano, resguardam-se os ***Relatórios do Ciclo de Ouro*** e o ***Livro de Rá***, do culto ao Sol, dos atlantes, os ***Apontamentos da Roda*** e as pitorescas ***Narrativas de Planuh***, o lemuriano, e as ***Palavras Sábias de Schi-Râ-Mat***, o peregrino das colinas douradas, enquanto que nas fímbrias dos Andes se conservam os relatos dos Maias, onde se destacam ***A Revelação da Lei da Cabala***, ***A Fome das Vibrações Dévicas*** e, principalmente, ***A Visão do Grande Mundo Mental***. (Obra: ***Mensagens do Astral***, 16ª edição, p. 139)

Atmosfera magnética viscosa – "vírus e ultra-vírus"

Assim como o lodo é alimento seivoso para as coletividades microbianas patogênicas, a atmosfera magnética viscosa,[4] que resulta da presença de condensadores enfeitiçados, transforma-se em excelente campo alimentício para as larvas, embriões, bacilos e vibriões psíquicos oriundos do mundo invisível aos acanhados sentidos humanos. Multidões famélicas e colônias microscópicas

4 Nota de Ramatís – O termo "atmosfera magnética viscosa", aparentemente excêntrico, define, realmente, no perispírito, uma condição semelhante ao que ocorre com o corpo físico, quando é envolto pelo lodo úmido e pegajoso a se infiltrar pelos poros de modo desagradável. Os enfeitiçados sob forte carga maléfica quase sempre acusam em si a sensação mortificante de gelidez, viscosidade ou então aridez na pele.

de larvas e microrganismos em torturada agitação buscam vorazmente as zonas de "depressão magnética" em torno dos enfeitiçados, para o seu sustento mórbido. Baixam, paulatinamente, do campo imponderável condensando-se em formas gradativas intermediárias, até alcançarem o plano físico, onde a ciência humana, depois, os pressente na forma de "vírus" e "ultravírus" e demais probabilidades patogênicas, responsabilizando-os por inúmeras enfermidades, principalmente na patologia cancerosa.[6]

A ação transformadora dos objetos enfeitiçados inverte os pólos de frequência e o dinamismo natural da energia em liberdade, degradando-a para uma condição realmente viscosa, decomposta e deteriorada. Essa viscosidade, como lençol denso de magnetismo, torna-se o elemento intermediário, ou revelador, a fim de as coletividades vorazes e destruidoras fazerem o seu "descenso" vibratório para o campo material. Elas, então, gradativamente, ingressam pela cortina desse magnetismo pegajoso exsudado da aura do enfeitiçado, convergindo para o seu metabolismo fisiológico e criando-lhe estados enfermiços de origem imponderável e dificílimo de se identificarem pelos mais abalizados exames médicos. (Obra: ***Magia de Redenção***, 13ª edição, p. 37)

Atmosfera vital deletéria – contaminação dos mundos

Assim como o bacilo de Koch não é criação da tuberculose, mas resulta do clima psíquico doentio, que produz uma espécie de "húmus mental", capaz de densificar o campo nutritivo para o micróbio se materializar, na sua ansiedade de viver, o psiquismo coletivo e desregrado da humanidade também produz uma atmosfera "vital-deletéria", em torno do seu globo, que serve de excelente alimento psíquico para que as coletividades famélicas, dos espíritos das trevas, encontrem ponto de apoio para o intercâmbio das energias pervertidas.

O médico terrícola assinala, na técnica terrena, a proliferação dos bacilos de Koch, que encontraram a nutrição favorável para aumentar a sua progênie; os mentores siderais prevêem, no cientificismo cósmico das trocas planetárias, a proliferação patológica dos espíritos daninhos que se desenvolvem no terreno mental desregrado da humanidade, em tempo profetizado.

O astral dos mundos contaminados pelas impurezas mentais dos seus habitantes transforma-se em contínua fonte alimentícia das expressões inferiores, como as larvas, miasmas, elementais e formas horrendas, além de invisíveis colônias de bacilos psíquicos, que se angustiam para se materializar no meio físico. Essas forças microgênicas, deletérias, tornam-se um elo-vivo, um traço-de-união entre o mundo imponderável, do astral, e o mundo objetivo da matéria. Com o auxílio dessas forças, as entidades nas sombras podem operar com êxito, ajustando-se e encontrando sintonia na mente dos reencarnados; apossam-se do pensamento humano, pouco a pouco, compelindo-o aos mais devassos misteres e às mais cruéis hostilidades. (Obra: ***Mensagens do Astral***, 16ª edição, pp. 35/36)

Átomo – miniatura de uma galáxia – macro x micro

A idéia de Deus e a certeza de sua existência são inatas no homem, porque o homem é um espírito, uma centelha de luz despertando e desenvolvendo-se, incessante e conscientemente, no seio do Espírito Eterno do Criador. Segundo Jesus, "o reino de Deus está no homem" e, conforme assegura o Gênese, "O homem foi feito à imagem de Deus". Há alguns milênios os velhos mestres da espiritualidade, sediados no Oriente, já afirmavam que Deus é o macrocosmo, o mundo grande, e o homem o microcosmo, o mundo pequeno". Ademais, sempre corroboravam os seus ensinamentos incomuns explicando: "O que está em cima está embaixo", porque o átomo é tão-somente a miniatura perfeita de uma galáxia pulsando no Cosmo. (Obra: ***O Evangelho à Luz do Cosmo***, 8ª edição, p. 34)

"Átomo semente" – resumo da memória etérica-sideral

A transmissão psíquica é possível através do que chamaremos o "átomo-semente", o elemento imortal que preexiste e sobrevive a todas as mortes corporais, muito conhecido dos ocultistas e teosofistas. É o precioso e indestrutível resumo da memória etérica-sideral do espírito; ele guarda em sua intimidade a síntese micropsíquica da vida mental e astral da alma, registrada desde os primeiros bruxuleios de sua consciência individual.

Durante cada nova encarnação, o átomo-semente ativa as energias intermediárias entre o espírito e o novo corpo físico, responsabilizando-se pela manifestação legível de sua consciência na esfera material e simultaneamente no mundo espiritual.

Encarrega-se de plasmar na nova encarnação o verdadeiro temperamento psíquico imortal da alma, ajustando-lhe as virtudes, pecados e também a bagagem tóxica, pois conserva em estado latente todos os impulsos e tendências pregressas. Após a morte do corpo físico, desata-se na plenitude do Além, consolidando a configuração imortal do perispírito. É a segurança da estrutura consciente da individualidade espiritual operando no mundo de formas e no seio da Consciência do Criador; é o registro definitivo dos fatos vividos pela alma nas caminhadas do mundo carnal. (Obra: ***Fisiologia da Alma***, 15ª edição, p. 248)

Ato sexual – intercâmbio de energias mentais, astralinas e etereofísicas

Durante as relações sexuais, o homem e a mulher intercambiam energias mentais, astralinas e eterofísicas, que os fortalecem reciprocamente além do ato exclusivamente físico. Daí, a importância da afinidade psíquica ou emotiva, que deve existir entre o homem e a mulher para o bom êxito sexual, pois a simples união de dois corpos excitados pelo prazer genésico jamais comprova o vínculo espiritual das almas! O erotismo é um recurso da natureza utilizado para atrair o homem e a mulher no cumprimento do enlace genésico procriador, em vez de uma ação exclusivamente de estímulo ao prazer! Eis por que os próprios animais não alteram essa deliberação instintiva, mantendo-se em continência após o período profícuo. (Obra: ***A Vida Humana e o Espírito Imortal***, 11ª edição, p. 80)

Atração gravitacional do mundo de Mamon e liberdade do reino dos Céus

O "reino dos Céus" é imponderável em relação ao mundo compacto gravitacional e escravizante de Mamon. Os homens palmilham a face do seu orbe e não podem elevar-se por si mesmos, porque são escravos dessa atração gravitacional e, por esse motivo, eles constroem aparelhos mecânicos e com recursos aviatórios, mas sujeitos ao limite do gasto de combustível. No entanto, nos mundos espirituais, onde predominam os estados de espírito mentais, e, portanto, imponderáveis, e não as pressões do meio ambiente, todos se movem libertos de qualquer atração exterior opressiva. Poder-se-ia dizer que o anjo é completamente isento de qualquer ação gravitacional do "mundo de Mamon", e transita livremente pelas regiões paradisíacas sem qualquer óbice inquietador. Só o espírito completamente purificado da ganga material do mundo físico pode manter-se em absoluto e perfeito equilíbrio no ambiente da vida eterna espiritual. (Obra: ***O Evangelho à Luz do Cosmo***, 8ª edição, pp. 223/224)

"AUM" - clímax vibratório, imersão no plano edênico

Há "mantras" universais, cujos sons e vibrações identificam a mesma idéia-mater em toda a face do orbe. É o caso do vocábulo "AUM", que se pronuncia mais propriamente "OM", pois é um "mantra" poderoso em qualquer latitude geográfica. No seu ritmo iniciático, é a representação universal da própria idéia de Deus, a Unidade, o Absoluto! Na sua expressão idiomática elevada do mundo, ele tem por função associar, tanto quanto possível, na sua repercussão vibratória, o "máximo" sensível do espírito do homem da essência eterna e infinita de Deus! Os monges brancos do Himalaia, criaturas condicionadas a uma vivência sublime, frugais e vegetarianos, cuja glândula pineal funciona ativamente na comunicação sadia com o mundo espiritual, quando recitam o "mantra" "AUM" alcançam tal "clímax" vibratório, que se sentem imersos no plano edênico! (Obra: ***Magia de Redenção***, 13ª edição, p. 56)

"AUM - mantra sagrado

A palavra "AUM", por exemplo, representa iniciaticamente o sentido sagrado que os orientais dão à vibração do "alento cósmico" da Trindade na própria Unidade; é uma expressão gráfica, mas vibracional, sonora para os humanos, que melhor lhes recorda a expressão trifásica do Universo. Quando os iniciados pronunciam o vocábulo AUM, ligados por uma mesma vibração mental, que ele provoca como um "mantra" sagrado, sentem em torno de si a modificação vibratória da atmosfera psíquica, que se eleva e se expande para além das fronteiras do entendimento comum. A consciência espiritual abrange então área mais vasta, sob esse "tom-sidéreo", que vibra do próprio alento respiratório e sonoro do eterno manifestar divino. (Obra: ***Mensagens do Astral***, 16ª edição, p. 216)

"Aumbandhã" – força mântrica

É um tanto difícil dar-vos uma idéia exata da significação mística dessa palavra "sânscrita", se a examinarmos sob o critério fortemente objetivo dos povos ocidentais. Os iniciados orientais imprimem a sua vontade dinamizada pela força espiritual sobre certos vocábulos ou "mantras", já consagrados num curso esotérico, e os transformam em detonadores psíquicos para lhes proporcionar maior amplitude na auscultação dos atributos da Divindade. Assim, a palavra "Aum-bandhã" consagrou-se como uma convenção léxica e sonora, cuja pronúncia insistente termina por sensibilizar o ser, predispondo-o vibratoriamente para o mais breve conhecimento intuitivo do Espírito de Deus. Mas a sensibilização, psíquica sob a força mântrica dessa palavra, também varia de acordo com a graduação espiritual dos seus cultores. (Obra: ***A Missão do Espiritismo***, 9ª edição, p. 150)

"Aumbandhã" – significado cósmico

Etimologicamente, o vocábulo umbanda provém do prefixo AUM[5] e do sufixo "BANDHÃ", ambos do sânscrito, cuja raiz encontra-se nos famosos livros da Índia, nos Upanishads e nos Vedas, há alguns milênios.

A palavra Aum é de alta significação espiritual, consagrada pelos mestres do Oriente e sua pronúncia deve ser efetuada de uma só vez, num só impulso sonoro do suave para o grave profundo. As próprias confrarias católicas iniciáticas, principalmente os frades franciscanos, só o pronunciavam com excessiva reverência e veneração, dando-lhe o máximo de entonação mística nas suas orações coletivas e coros sacros. Em invocações de alto

5 Diz o ***Dicionário de Ciências Ocultas***, obra editada pela Livraria do Pensamento, o seguinte: "Aum, palavra sagrada do esoterismo oriental e cuja emissão em meditação, inexcedível, reiterada, sem limites, facilita as obras psíquicas e apressa a maturação do sexto sentido. É o emblema da trindade na unidade. Pronuncia-se: Om. Compõe-se de três letras: A, U, M. O A unido ao U dá Au ou O longo; e o U unido intimamente ao sinal de nasalidade (anuswáre) forma o som único Om. É interessante notar-se que este nome é formado das letras, Alpha, Ômega e My, que são a primeira, a última e a média do alfabeto grego. Na Cabala, as duas letras Aleph (primeira), e Men são letras mães. É palavra sânscrita, porém sua origem deve ser anterior à da raça ariana.

relevo espiritual, Aum é o próprio símbolo sonoro significativo da Trindade do Universo representando Espírito, Energia e Matéria, Pensamento Original, Amor e Ação, ou, ainda, Pai, Filho e Espírito Santo da Liturgia Ocidental.

Bandhã, em sua expressão mística iniciática, significa o movimento incessante, força centrípeta emanada do Criador, o Ilimitado, exercendo atração na criatura para o despertamento da consciência angélica. Mais tarde também passou a significar a "Lei Maior Divina", poder emanado do Absoluto. Em consequência, o prefixo Aum e o sufixo Bandhã constituíram a palavra Aum-bandhã, a qual pronunciada na forma de um "mantra", nos círculos e confrarias iniciáticas do Oriente, aproxima-se melhor da sonorização "Om-bandá", e que, em boa linhagem espiritual, passou a significar o finito no Infinito, a parte do Todo, o humano no Divino. Em certas fraternidades esotéricas, Aum-bandhã possuía um sentido mais dinâmico, simbolizando o princípio impulsionador da Vida ou a incessante evolução do Espírito. (Obra: ***A Missão do Espiritismo***, 9ª edição, pp. 149/150)

Aura do Cristo Solar – Luz Divina

É a própria aura do CRISTO SOLAR que passa a ser sentida, absorvida e perceptível, assim que vos integrais em estados de alma bem mais puros. O Alento Divino, que se condensa por Lei Cósmica, com mais "proximidade" nos sistemas de galáxias e mais perto de vossas almas, nos sistemas solares, é que vos impele, continuamente, para o "mais Alto". É o caminho silencioso do coração, tão preconizado por Jesus, o mais curto e seguro roteiro para irdes à intimidade do CRISTO. Os mundos que formam os colares rodopiantes dos sistemas solares estão todos impregnados desses espíritos planetários, inconcebíveis condensadores da LUZ CÓSMICA. O vosso globo ignora que navega num oceano de Luz Resplandecente, que é o corpo diáfano do CRISTO SOLAR. Se ainda viveis submersos nas sombras dos fluidos impuros que atuam em faixas inferiores, se apenas vos contentais com a luz pálida do Sol Físico, é porque ainda não vos esforçais para assimilar o conteúdo evangélico descido do Sol Espiritual, que comanda e rege os destinos do vosso mundo. (Obra: ***A Vida no Planeta Marte e os Discos Voadores***, 14ª edição, p. 72)

Aura etérico-astral do planeta

A Terra é um globo cuja substância rígida, ou seja, a matéria resfriada, possui uma aura etérico-astral que lhe dá também o "quantum" magnético no equilíbrio do sistema e na convergência e distribuição dos raios cósmicos à sua superfície. Essa aura, que é formada da energia livre ao descer ou condensar-se vibratoriamente e ser interceptada na forma de "radiação", constitui-se também de outro tipo energético degradado, que é a radioatividade formada pela soma das auras radioativas dos reinos mineral, vegetal e animal, reinos esses que também se compõem das auras etereoastrais de seus elementos ou espécies afins.

O globo terráqueo é um "interceptador" no seio do éter-cósmico, absorvendo energias radiantes na forma de ondas eletromagnéticas e dispersando radioatividade na degradação da energia já liberada do serviço fundamental do orbe. Cada átomo está interpenetrado e envolvido por uma aura atômica, que é produto dos movimentos e irradiação dos elétrons que giram velozmente em torno do seu núcleo. As moléculas, por sua vez, sendo compostas de átomos, também possuem a sua aura mais ampla; sucessivamente, tanto quanto aumenta o número de moléculas, crescem também, na mesma proporção, o volume e a potência da aura, formando-se de células, tecidos e substâncias em todos os reinos. Por fim, esse crescimento vem a formar a aura radiativa do inseto, do condor ou do homem, assim como a aura radiativa da semente, da árvore, da floresta ou a do grão de areia, ou do Himalaia.

Somando todos os vermes, insetos, aves, animais e homens, tereis a aura do reino animal; somando pólens, sementes, arbustos, carvalhos ou bosques e florestas, tereis a aura do reino vegetal; reunindo areia, pedregulho, colinas, picos ou cordilheiras, oceanos, rios e desertos, tereis a aura do reino mineral. Examinando, a distância, a contextura total da Terra, os olhos espirituais clarividentes podem ver uma irradiação que a envolve qual gigantesca névoa luminosa e que, após envolver o globo maciço ou material, dissemina-se em todos os sentidos. Essa a aura da Terra, formada integralmente das auras de todos os reinos e estes dos seus componentes, até findar nas auras dos elétrons em torno dos seus núcleos atômicos. (Obra: ***Mensagens do Astral***, 16ª edição, pp. 250/251)

Auras dos terráqueos e influências espirituais

Em sua maioria, os homens passam pelas ruas das cidades metidos nas suas auras ovóides constituídas pelo baixo eterismo animal da Terra, como se fossem pitorescos carregadores de barracas confeccionadas com fluidos cinzentos e oleosos. Alguns destacam-se pelos tons lamacentos e arroxeados das manchas extensas que lhes fulgem sombriamente sobre a aura nevoenta, a trair-lhes o desejo sexual subvertido; noutros é a cor escarlate chamejante, identificando-lhes o ódio que ainda nutrem contra prováveis adversários da vida em comum. No manto de fluidos densos que os envolve como a cerração opaca das manhãs frias coleando sobre a superfície do rio lodoso, pintalgam e atiçam-se os fragmentos coloridos de todos os tons inimagináveis!

São as tonalidades que marcam os bons e os maus pensamentos, os desejos impuros ou os sentimentos altruístas. Algumas cores clareiam sob as idéias benevolentes; outras enodoam-se no fluido pegajoso que se exsuda da efervescência do instinto animal, revelando aos desencarnados o caráter dos homens. Os espíritos gozadores seguem no encalço daqueles que ainda são usinas vivas dos maus fluidos e alimentam-lhes voluptuosamente as piores intenções, projetando os quadros mais sensuais na mente deseducada. Sugerem as aventuras condenáveis e estimulam o ódio, a violência, a cupidez, a desonestidade ou a vingança; exaltam o orgulho, ativam o amor próprio ferido ou subvertem a consciência no julgamento das intenções mais inofensivas e dos gestos mais inocentes do próximo. (Obra: ***Mediunismo***, 13ª edição, p. 94)

Auras – energias em expansão

Os acontecimentos da vida estão intimamente ligados à ação da Energia sobre a Matéria. O conceito atual de matéria, aliás aceito pela vossa ciência acadêmica, é o de energia condensada ou força coagulada. Sendo assim, a matéria, embora partícula de força condensada, age vigorosamente em todos os campos vibratórios dos planos etéreo-astral e mental onde se originou. Desde que essa matéria ou energia acumulada seja acionada com mais veemência, ela aumenta a sua ação nos correspondentes planos vibratórios do seu natural "habitat". Essa atividade amplia-se tanto quanto seja a capacidade de se ativar ou excitar a substância material, fazendo-a repercutir em direção ao seu campo dinâmico natural.

Atuando vigorosamente na matéria, atuareis concomitantemente nos planos energéticos de onde ela provém, porquanto houve uma "condensação" ou "aglomeração" para os sentidos físicos.

Consequentemente, essa energia presente em todos os corpos e aprisionada pelos limites da forma, extravasa continuamente, formando as "auras" dos minerais, vegetais e seres humanos. O campo magnético, à superfície dos corpos físicos, é rico de radiações, ou seja, partículas magnéticas que se desagregam continuamente de todas as expressões da vida material. Visto que as criaturas humanas são também "energias condensadas", elas então alimentam um campo radioativo em torno de si, e que deixa um rasto ou uma pista de partículas radioativas por onde passam, pelas quais os cães se orientam utilizando-se do "faro" animal. A tradição de que o enfeitiçamento feito no rasto da vítima é absolutamente eficiente e difícil de desmancho, é porque a condensação de fluidos perniciosos é feita diretamente no campo magnético da aura de energia em libertação do enfeitiçado. O lençol de partículas radioativas da vítima, ainda em ebulição e ativo na área do enfeitiçamento, então favorece uma imantação mais compacta e profunda na penetração áurica. (Obra: *Magia de Redenção*, 13ª edição, pp. 35/36)

B

Bandoleiros do Além – quadrilhas

Ademais, há, no baixo Astral uma verdadeira associação de espíritos malfeitores, espécie de mercenários, que aceitam qualquer encargo e atendem às mais ignominiosas solicitações, em troca de outros serviços recíprocos para a exploração dos encarnados. São os conhecidos "veteranos", responsáveis pela lenda dos demônios, constituindo as fileiras de obsessores, com sua permanente agressividade, exploração e perturbação dos "vivos". Às vezes, agem de modo eficiente, impedindo qualquer interferência defensiva na região onde operam com pleno êxito e conseguem dificultar as providências socorristas dos espíritos benfeitores. Os espíritos evoluídos não lutam com as mesmas armas dos atrasados; em consequência, ante as porfias violentas que requerem o uso de métodos maquiavélicos ou ataques brutais, as entidades de bom gabarito espiritual preferem recuar e esperar, evitando cair no mesmo campo vibratório inferior, gerado pelas forças do instinto animal. Ademais, o espírito sublimado encontra dificuldade para atuar no seio do nevoeiro dos fluidos muito densos, por causa da especificidade eletromagnética de cada ser, em todos os âmbitos da vida. (Obra: *Sob a Luz do Espiritismo*, 3ª edição, p. 129)

Banhos de ervas – mecanismos energéticos

As ervas para os banhos de descarga fluídica, curativos ou desenvolvedores, são eficientes quando receitadas de acordo com o tipo planetário da pessoa necessitada e desde que sejam colhidas sob a influência astrológica e lunar favoráveis. As ervas prenhes de seiva vegetal também estão saturadas de vigoroso potencial magnético, e por esse motivo produzem efeitos miraculosos, eliminando os fluidos perniciosos aderidos ao perispírito e curando as piores enfermidades. Existe na seiva vegetal um "quantum" de eletricidade tão comum quanto a que se diz biológica e impregna o corpo humano, a qual provém da própria terra, pois é atraída e concentrada pelo duplo etérico, exsudando-se ou irradiando-se depois pela aura das plantas, dos animais, das aves e criaturas humanas. Conforme as influências astrológicas e a ação lunar, essa "eletrização" aumenta, diminui ou fica inativa nos duplos etéricos das plantas. Em consequência, a colheita deve ser tão hábil e inteligente, que se possa aproveitar o máximo da energia "elétrica vegetal" contida na espécie desejada. Assim, quando o enfermo ou necessitado tem a sorte de adquirir ervas supercarregadas de seiva e potencial eletromagnético, para fazer seus banhos de descarga ou terapêuticas, ele jamais deixa de obter bom proveito. Mas, se a colheita for efetuada sob o influxo astrológico e lunar negativo, não há dúvida, tais ervas não passam de inócuos "cadáveres vegetais". (Obra: *A Missão do Espiritismo*, 9ª edição, pp. 223/224)

Batismo e "lava pés" – ritos esotéricos

João Batista instituiu a cerimônia do batismo para os neófitos, cuja imersão nas águas dos rios e dos lagos funcionava como um catalisador das energias espirituais, deixando a convicção íntima e benfeitora da "lavagem dos pecados" e consequente renovação do espírito para o futuro. Aquele que se julga realmente purificado de seus pecados, depois vive de modo a não se manchar tão facilmente. Mais tarde, João Batista também organizou a cerimônia do "lava-pés", que simbolizava um evento fraterno e humilde, como um sentido de igualdade ou denominador comum entre todos os discípulos e o próprio Mestre. O "lava-pés" era a cerimônia que eliminava a condição social, o poder político, a superioridade intelectual ou a diferença entre os adeptos e o Mestre, atuantes sob a mesma bandeira espiritual. No momento simbólico do "lava-pés" o senhor seria o irmão do servo e também o serviria, porque ambos eram herdeiros dos mesmos bens do mundo.

Jesus, humilde e tolerante, aceitou ambas as cerimônias com todo o enlevo de sua alma e deixou-se batizar pelo Batista, no rio Jordão. Mais tarde, e já no limiar da grande ceia, ele também deu forma à cerimônia tradicional do "lava-pés" entre os seus próprios discípulos, como um ensejo simbólico que deveria evocar os elos de amizade já existentes entre todos. (Obra: *O Sublime Peregrino*, 17ª edição, p. 327)

Batismo – imantação dos envolvidos

Embora saibamos que as cerimônias religiosas do mundo, derivadas de dogmas e "tabus" do passado, jamais poderão modificar a essência íntima do espírito, elas podem despertar forças ocultas e ajustar os pensamentos sob o mesmo tema espiritual. Durante o batismo processam-se fenômenos de "imantação" pela convergência de fluidos que são mobilizados pelos pais, padrinhos e pelo próprio afilhado, compondo-se um amálgama ou vínculo de grave compromisso espiritual entre os presentes até o fim da existência carnal. A madrinha e o padrinho assumem espontaneamente, em espírito, a obrigação de cuidar do filho virtual e adotivo, que lhes é oferecido através da cerimônia do batismo. O ritual apenas consagra no mundo profano aquilo que já foi deliberado no mundo espiritual![1] (Obra: *Magia de Redenção*, 13ª edição, p. 49)

Benzimento da touca da criança – mecânica

No caso do benzimento da touca da criança com quebranto, o benzedor potencializa o duplo etérico da mesma pelo exorcismo fluídico e acelera o seu circuito magnético para uma ação dispersiva no foco virulento. Atrai as energias fluídicas benfeitoras, concentra-as na touca e depois as dinamiza pela sua vontade e pelo treinamento incomum. Então, quando a touca é colocada na

1 Nota de Ramatís – Despreocupa-nos cuidar se as crianças devem ou não devem ser batizadas, pois, segundo a doutrina espírita, todas já nascem sob o batismo amoroso de Deus. Em verdade, o homem salva-se pelas suas obras, e não por suas crenças. Mas a cerimônia ainda é um hábito que se justifica pelos acontecimentos mais importantes na vida humana. Há cerimônias na esfera científica, durante a consagração de um sábio ou evento incomum; na esfera política, marcando o triunfo eleitoral ou a vitória diplomática. Na colação de grau de doutorandos, há discursos, juramentos, flores, becas, trajes novos, ritual de entrega de diplomas, evocações saudosistas dos falecidos ou homenagem aos veteranos. A cerimônia, portanto, é uma "confirmação" ou "memorização", no mundo de formas, até que o homem possa manifestar-se na sua autenticidade espiritual.

cabeça da criança com quebranto, o potencial vigoroso concentrado pelo benzedor dispersa as forças daninhas, tal qual o reator atômico ativa e acelera as órbitas eletrônicas no seio nuclear dos átomos. (Obra: ***Mediunidade de Cura***, 12ª edição, p. 183)

Benzimento – projeção etéreo-astral

O benzimento é uma projeção etéreo-astral impregnada da substância mental e emotiva do benzedor, ativando o campo energético combalido ou perturbado do paciente. Os médicos, benzedores "oficiais", usam a eletroterapia de projeção de ondas de toda a espécie oculta, e desintegram quistos, tumores ou excrescências virulentas, assim como substâncias enfermiças que formam a sinusite e outras consequências anômalas. No entanto, eles fracassam, quanto a eliminar o "tóxico-psíquico" aderido ao perispírito do enfermo, cuja faixa vibratória transcende a interferência dos aparelhos materiais e que só é acessível às criaturas dotadas de faculdades mediúnicas.

Os benzedores, malgrado serem incultos, agem exclusivamente pelo sentimento caritativo de servir, enquadrando-se na simplicidade que é própria das "crianças" do generoso convite de Jesus! A sua fé e boa-vontade transformam-nos em verdadeiras usinas de forças catalisadas do mundo oculto, as quais penetram na zona psicofísica dos enfermos e desintegram os fluidos ruinosos que aderem ao perispírito e são produzidos por sentimentos de inveja, ciúme, vingança ou maledicência. Enquanto o aparelhamento eletroterápico do mundo material só atua na organização física, as cargas do "magneto vivo", que é o benzedor, penetram a fundo na intimidade astralina do enfermo e removem-lhe a causa mórbida. (Obra: ***Magia de Redenção***, 13ª edição, pp. 158/159)

Bom humor – característica dos seres iluminados

Dificilmente os encarnados podem imaginar que, além do túmulo e nas regiões felizes, ainda permanecem o riso farto, a jovialidade e a despreocupação das almas angélicas libertas dos complexos e recalques humanos, cujo sentimento puro e inocência de intenções justificam a divina máxima de Jesus, quando exclamava: "Vinde a mim as criancinhas, porque delas é o reino dos céus".

Os pessimistas da moradia terrena não podem admitir que os "mortos" possam desempenhar atividades laboriosas e a tudo contagiar com sua alegria, seu trabalho e otimismo. Mas a verdade é que as colônias espirituais venturosas que circundam o orbe terráqueo, conforme já vos tem sido notificado, são colméias de almas afeitas ao humorismo sadio, à graça e à jovialidade dos intercâmbios afetivos ligados ao bem e à utilidade espiritual. Se a morte não transforma as almas em arcanjos liriais purificados à última hora, ela também não extingue as preferências boas ou más que tenham sido esposadas na Terra. (Obra: ***Mediunismo***, 13ª edição, p. 194)

Boneco de cera – feitiço potencializado

A cera-virgem, produzida pela abelha, é uma substância fortemente impregnada do néctar das flores, ou seja, uma energia vigorosa e pródiga de éter-físico da Terra, elemento principal na prática de bruxaria. O feiticeiro, quando hábil e experimentado, modela o boneco de cera e o mentaliza com os traços fisionômicos da vítima, acrescentando-lhe cabelos, fotografias ou objetos de uso pessoal da mesma, a fim de firmar o processo negativo vibratório e também adotado na feitiçaria do sapo. Em seguida, cumprindo a trama de vingança requerida por encarnados ou espíritos desencarnados, o feiticeiro então espeta alfinetes no boneco de cera, na região correspondente ao mesmo órgão que deseja enfermar ou mutilar no enfeitiçado. Dali por diante, o processo enfeitiçante, feito à distância através do boneco, desenvolve-se recrudescendo a sua ação mortífera durante as fases de Lua Cheia, período em que excitam-se a vegetação, os vermes e humores, tornando as criaturas inquietas e excitadas. Mas esse trabalho tormentoso do feitiço ainda é ativado pelos espíritos malévolos adversos, os quais também se aproveitam do ensejo diabólico para exercer a sua desforra contra a vítima.[2] (Obra: ***Magia de Redenção***, 13ª edição, p. 101)

Brechas para obsessores – desatinos emotivos e desregramentos mentais

Evidentemente, há grande dificuldade para os desencarnados

2 Tal acontecimento é de fácil compreensão pelos ocultistas e clarividentes, porque o processo enfeitiçante estriba-se fundamentalmente no intercâmbio e na ação sutil que se processa através do Éter. Assim, entram em perfeita simbiose as energias que se vinculam aos duplos etéricos do boneco, dos alfinetes e principalmente da vítima da bruxaria.

exercerem o seu comando sobre os encarnados, mas não quando são estes que dão lugar a isso e ainda auxiliam muitíssimo o trabalho dos obsessores e, paradoxalmente, desfavorecem a proteção e a assistência dos espíritos benfeitores, porque se cercam de fluidos perniciosos, que atraem pela sua proverbial indiferença para com os ensinamentos evangélicos. Em consequência, dificultam grandemente o serviço de socorro e a orientação superior que ainda se faça possível graças ao heroísmo e sacrifício dos abnegados "guias" e tradicionais "anjos de guarda".

E à medida que os encarnados mais se rebaixam pelos seus desatinos emotivos e desregramentos mentais, pondo-se em contato mais íntimo e perigoroso com as faixas vibratórias do Astral inferior, é óbvio que também aumenta o império das sombras sobre a Terra. Impedindo a sanidade psíquica, que limpa a aura humana e capta as vibrações das frequências e inspirações mais altas, a degradação humana transforma-se justamente em alimento que consolida a "ponte vital" repugnante e permite aos malfeitores desencarnados atuarem na margem da vida física e estimularem toda sorte de vilezas e preliminares para o trabalho obsessivo. (Obra: *A Vida Além da Sepultura*, 12ª edição, pp. 332/333)

Bruxaria – efeitos em terceiros

A ação maléfica se exerce principalmente naquele que foi objetivado para sofrer a carga do fluido depressivo. No entanto, como as "auras viscosas" dos objetos enfeitiçados podem fortalecer-se através dos próprios desequilíbrios psíquicos das criaturas humanas, que se encontram no raio de ação do feitiço, mesmo as que não foram visadas pela bruxaria poderão sofrer seus efeitos no astral enfermo. Há casos em que o impacto enfeitiçante ao incidir sobre a pessoa de aura invulnerável ou imunizada pela própria graduação espiritual superior, então refrata, podendo atingir outro familiar menos protegido.[3]

O enfeitiçamento tanto provoca a doença psíquica na alma humana, por agir nos centros de forças do comando perispiri-

3 Ramatís explica-nos que qualquer pessoa pode ser enfeitiçada, mesmo quando não é visada diretamente pelo feiticeiro. No entanto, a sua defesa depende exclusivamente de sua maior ou menor evangelização! O Dr. M.B., amigo do nosso grupo espiritualista, foi visado por uma carga enfeitiçante fortíssima; no entanto, dada a sua natureza excepcionalmente humilde, caritativa e evangélica, o impacto do feitiço refratou nele e atingiu espetacularmente o cão de estimação, o qual sucumbiu rapidamente, enrodilhado sob violenta prostração.

tual, como atrai nuvens de bactérias nocivas, que penetram na circulação fisiológica da criatura. Os objetos ou seres transformados em fixadores de fluidos nefastos são os agentes do enfeitiçamento, à guisa de projetores de detritos fluídicos a sujarem a aura perispiritual da vítima. Criam em torno do enfeitiçado um campo vibratório de fluidos inferiores, o qual então dificulta a receptividade intuitiva de instruções e recursos socorristas a serem transmitidos pelos guias ou conhecidos "anjos-da-guarda", que operam em faixa mais sutil. (Obra: ***Magia de Redenção***, 13ª edição, pp. 37/38)

C

Cabelo humano – vínculo com vítima de feitiçaria

Em virtude de os cabelos serem verdadeiros cabos minúsculos que formam a rede de escoamento elétrico-magnético do homem, eles também fornecem o melhor "extratus magneticus" de que o feiticeiro precisa para formar o vínculo "etéreo-astralino" da vítima com os objetos a serem enfeitiçados. Então, facilitam ao feiticeiro o ajuste ou a sintonia de fluidos para impregnar os objetos preparados com a função de "acumuladores" ou "condensadores" de forças primárias e sustentadoras das operações de magia negra contra o seu próprio dono. Posteriormente, o feiticeiro, então, fará a projeção fluídica enfeitiçante, provocando o abaixamento vibratório na aura da vítima. (Obra: ***Magia de Redenção***, 13ª edição, p. 132)

Calendário sideral – Astrologia

Eis, pois, o sentido da Astrologia! Ela é o calendário sideral e a marcação cósmica de que se serve a Administração Sideral do orbe para assinalar os eventos excepcionais em perfeita concomitância com o próprio calendário do homem. A ciência acadêmica zomba dos acontecimentos previstos nos esquemas zodiacais, mas ainda ignora o mecanismo que disciplina o processo astrológico. Até a Idade Média a Astrologia foi considerada uma Ciência; no entanto, quando o Clero se apoderou de suas bases científicas e as deixou misturar-se com as lendas miraculosas tão comuns às fórmulas das religiões em crescimento, então ela se deturpou no seu verdadeiro sentido e interpretação. A Astrologia, em verdade, é o espírito da Astronomia, que se manifesta pela sua influência fluídica e magnética na composição de signos, situações de astros e conjunções planetárias. Aliás, não nos referimos ao comércio de horóscopos a domicílio, que assinalam os dias favoráveis para os "bons negócios" ou os dias aziagos para os seus consulentes, em concorrência com a "buena dicha" dos ciganos.

Ela é o calendário sideral, cujos "signos" significam os dias comuns, sucedendo-se no mesmo ritmo limitativo e semelhante à marcação da folhinha humana; as conjunções, no entanto, seriam as datas excepcionais, os marcos mais importantes e menos frequentes. (Obra: *O Sublime Peregrino*, 17ª edição, p. 57)

Cálice da amargura – a veste física

Em verdade, a recusa do cálice de amargura, que a tradição religiosa atribui a Jesus, trata-se apenas de um rito iniciático dos velhos ocultistas, com referência à vacilação ou ao temor de toda alma consciente, quando, no espaço, se prepara para envergar o fardo doloroso da vida carnal. O "cálice de amargura" representa o corpo com o sangue da vida humana; é a cruz de carne, que liberta o espírito de suas mazelas cármicas no calvário das existências planetárias, sob os cravos da maldade, do sarcasmo e do sofrimento. Só a pobreza da imaginação humana poderia ajustar as angústias de um anjo, como Jesus, à versatilidade das emoções do mundo da carne. O espírito que já tem consciência de "ser" ou "existir" também está credenciado para decidir e optar quanto à sua descida à carne, podendo aceitar ou recusar o "cálice de amargura", ou seja, o vaso de carne humana. Quantas almas, depois de insistente preparo no mundo espiritual para encarnar-se na Terra, acordam à última hora e obrigam os técnicos siderais a tomar medidas urgentes, para não se perder o ensejo daquela encarnação? (Obra: *O Sublime Peregrino*, 17ª edição, pp. 342/343)

Campo astroetérico e realizações desarmônicas

É lamentável a ignorância do sábio terrícola com relação à verdadeira natureza do homem, visto que se situa exclusivamente no campo das energias orgânicas visíveis e ignora que o poderio, a origem da forma e a sua ação no mundo exterior estão ligados ao delicadíssimo plano "astroetérico" que circunda e interpenetra o vosso orbe. Todas as reações que violentam o campo exterior da natureza terráquea concomitantemente perturbam as agregações harmônicas das energias astrais e etéricas que fundamentam a intimidade das configurações físicas. (Obra: *Mensagens do Astral*, 16ª edição, p. 323)

Canais cósmicos sonoros e o plano da intuição – música

A música possui a virtude de formar verdadeiros "canais cósmicos sonoros", das forças curativas do espírito; e os livros fundamentais de todas as doutrinas espiritualistas estão repletos de episódios em que a música é parte integrante das emoções sublimadas. Assim como as cerimônias ritualistas impressionam pelas suas pompas exteriores, a música empolga a alma pela sublimidade de suas vibrações sonoras. A música, pelo mistério que possui, consegue hipnotizar o homem-animal; e despertando nele o homem-espírito, põe-lhe a consciência em sintonia com os Poderes Divinos. Grande parte das realizações no plano da intuição, em Marte, se deve à influência que a música exerce na alma. Selecionando melodias para os ouvintes, os marcianos conseguiram despertar emoções criadoras de objetivos superiores. Através dos sons excelsos, apurou-se a sensibilidade do espírito e este se desvencilhou, mais cedo, da "ganga" da música sensual, mórbida ou maliciosa, que rebaixa a alma. (Obra: *A Vida no Planeta Marte e os Discos Voadores*, 14ª edição, p. 271)

"Caneco vivo" – preparação e degradação

"Caneco vivo" é a criatura que, dominada completamente pelo vício do álcool, perde o seu comando psicológico e espiritual, tornando-se um verdadeiro "alambique", ou "robô" da vontade dos desencarnados alcoólatras. Os espíritos degenerados e viciados procuram as criaturas vítimas da bebida alcoólica, porém, enfraquecidas de vontade ou escravas de paixões inferiores, a fim de transformá-las num prolongamento vivo e pelas quais possam absorver as emanações do álcool. Através do estômago dos seus "canecos vivos" e em infame simbiose fluídica, conseguem sugar os fluidos etílicos que se exsudam na decomposição digestiva.

Mas a confecção de um "caneco vivo" exige tempo, porque é fruto de um trabalho obstinado do obsessor, ajustando-se ao "duplo-etérico" do viciado encarnado, isto é, o campo energético, espécie de cavalo que se liga vitalmente ao carro físico! De princípio, precisa afastar as boas amizades, proteções e circunstâncias que envolvam o candidato a recipiente alcoólico; é necessário isolá-lo, tanto quanto possível, da própria família, através de conflitos, desentendimentos e repulsas! Alguns obsessores perseveram anos, vigiando e subvertendo sua vítima até à degradação máxima, pois quanto mais ela se embriaga e se degrada, mais lhes atende a sensação pervertida. E depois que o vampiro consegue o seu domínio completo sobre o bêbedo encarnado, cerca-o de todos os cuidados e o protege contra acidentes, agressões e até enfermidades, a fim de usá-lo na lastimável função de "caneco vivo"!

Mas como o espírito sem corpo físico não pode usufruir integralmente o álcool ingerido pelo alcoólatra encarnado pois só aproveita os fluidos etéricos volatilizados na operação digestiva, então acicata incessantemente o seu "caneco vivo" para embriagar-se até cair. Daí o motivo por que muitos alcoólatras afirmam que uma força oculta os obriga a beber insaciavelmente, mesmo depois de intoxicados e debilitados! Infeliz fornecedor de vapores alcoólicos aos vampiros do Além-Túmulo, o "caneco vivo" degrada-se, dia a dia, até findar-se qual farrapo humano encharcado pelo lodo do mundo! (Obra: ***A Vida Humana e o Espírito Imortal***, 11ª edição, pp. 257/258)

"Canecos vivos" – mecanismo escravizante

São poucos os encarnados que sabem do terrível perigo que se esconde por detrás do vício do álcool, pois a embriaguez é sempre uma das situações mais visadas pelos espíritos viciados que procuram a desejada "ponte viva" para satisfação de seus desejos no mundo da matéria. Os espíritos desencarnados e ainda escravos das paixões e vícios da carne — em virtude da falta do corpo físico — são tomados de terrível angústia ante o desejo de ingerir o álcool com o qual se viciaram desbragadamente no mundo físico. Devido à fácil excitabilidade natural do corpo astral, esse desejo se centuplica, na feição de uma ansiedade insuportável e desesperadora, como acontece com os morfinômanos, que só se acalmam com a morfina! É um desejo furioso, esmagador e sádico; a vítima alucina-se vivendo as visões mais pavorosas e aniquilantes! E quando isso acontece com espíritos sem escrúpulos, eles são capazes de todas as infâmias e torpezas contra os encarnados, para mitigarem a sede de álcool, assemelhando-se aos mais desesperados escravos do vício dos entorpecentes.

Os neófitos sem corpo físico, que aportam ao Além ardendo sob o desejo alcoólico, logo aprendem com os veteranos desencarnados qual seja a melhor maneira de mitigarem em parte a sede alcoólica. Como já temos dito por diversas vezes, depois de desencarnadas as almas se buscam e se afinizam atraídas pelos mesmos vícios, idéias, sentimentos, hábitos e intenções. Em consequência dessa lei, os encarnados que se viciam com bebidas alcoólicas passam também a ser acompanhados de espíritos de alcoólatras já desencarnados, ainda escravos do mesmo vício aviltante, que tudo fazem para transformar suas vítimas em "canecos vivos", para saciarem seus desejos. (Obra: ***Fisiologia da Alma***, 15ª edição, p. 104)

Carnivorismo – recrudesce paixões animais

Os iniciados hindus sabem que os despojos sangrentos da alimentação carnívora fazem recrudescer o atavismo psíquico das paixões animais, e que os princípios superiores da alma devem sobrepujar sempre as injunções da matéria. Raras criaturas conseguem libertar-se da opressão vigorosa das tendências hereditárias do animal, que se fazem sentir através da sua carne. (Obra: ***Fisiologia da Alma***, 15ª edição, p. 15)

Castidade e sexualidade – libertação dos desejos carnais

A castidade pura é uma qualidade comum às almas nascidas no mundo material em cumprimento de qualquer missão elevada, como no caso de Jesus, que era uma entidade já liberta dos desejos carnais. Buda, depois de casado, recolheu-se à solidão e isolou-se dos desejos da carne para poder desenvolver suas energias de alta estirpe espiritual, enquanto que Jesus, por ser missionário eleito para a salvação do homem, poupou inteiramente suas forças criadoras, desde o berço até a morte na cruz.

É tão evidente que a sexualidade não representa o conjunto das disposições orgânicas das criaturas, que os sábios mais devotados à humanidade sublimam de tal modo suas forças criadoras e as aplicam nos seus objetivos superiores, tornando-se depois indiferentes aos prazeres carnais. Ao contrário: os seres mais fisicamente fortes e avessos ao exercício mental e à indagação filosófica do espírito, amigos do bom repasto e exsudando saúde à flor da pele, quase sempre são mais afeiçoados ao sensualismo. (Obra: *A Vida Além da Sepultura*, 12ª edição, p. 350)

Cebola e alho – fortes emanações astrais inferiores

Citaremos a cebola e o alho, os quais, pelas fortes emanações astrais, criam campos favoráveis a inúmeras bactérias do psiquismo inferior. Convém, porém, acentuar que a evangelização íntima é o verdadeiro antídoto de tais reações psíquicas, cabendo ao homem libertar-se cada vez mais dos "talismãs" e das "orações protetoras", despertando energias adormecidas na intimidade do espírito eterno; pois seria grande equívoco os seres tentarem o recurso de eliminar de sua aura e do seu campo psíquico, faunas e coletividades perniciosas, mediante a simples ingestão de frutas e vegetais terapêuticos. Em breve essas mesmas coletividades, na lei de biologia psíquica, também saberiam criar a chamada "psicoresistência", tornando-se imunes aos impactos vibratórios e cáusticos dos espécimes vegetais. (Obra: *A Vida no Planeta Marte e os Discos Voadores*, 14ª edição, p. 333)

Cérebro físico x cérebro astral – recordações

Aquilo que é visto e vivido pelo cérebro físico transforma-se em conhecimentos definitivos para o espírito, visto que este sempre se encontra presente a todos os acontecimentos em ambos os mundos, o material e o astral; mas aquilo que o espírito só percebe ou de que participa quando em liberdade no astral, não pode ser registrado no cérebro físico, pela simples razão de que se mantém ausente. Deste modo, é muito difícil ao espírito, quando encarnado, recordar com clareza as suas saídas astrais, ou então evocar acontecimentos que só foram vividos noutras existências anteriores, pois embora tudo isso esteja realmente gravado no cérebro do perispírito imortal, continua a ser da mais completa ignorância do cérebro físico de cada nova encarnação.

Uma vez que o cérebro carnal não pode perceber acontecimentos que, durante a noite, são presenciados unicamente pelo perispírito, ou que se registraram em outras encarnações e só foram observados por outros cérebros já "falecidos", é evidente que também não poderá recordá-los através de nova consciência gerada no mundo físico e completamente alheia ao pretérito. (Obra: *A Sobrevivência do Espírito*, 7ª edição, pp. 266/267)

Cérebro físico – produtor de ondas de força

O espírito encarnado pensa pelo mental, sente pelo astral e age pelo físico e, assim, carreia até à periferia do seu corpo toda a carga mental e emotiva que se origina na sua profundidade espiritual, produzindo as várias modificações de fundo nesse trajeto do mundo oculto para o objetivo.

Através da mente, circulam "de cima para baixo" os pensamentos de ódio, de inveja, sarcasmo, ciúme, vaidade, orgulho ou crueldade, incorporando-se, em sua passagem, com as emoções de choro, medo, alegria ou tristeza, que tanto podem modificar a ética dos sentimentos, como agir sobre o temperamento, perturbando a solidariedade celular do organismo físico. O cérebro é o principal campo de operações do espírito; é o produtor de ondas de forças, que descem pelo corpo e graduam-se conforme o seu campo energético. A onda de raiva, cólera ou irascibilidade é força que faz crispar até as extremidades dos dedos, enquanto que a onda emitida pela doçura, bondade ou perdão afrouxa os dedos num gesto de paz. (Obra: *Fisiologia da Alma*, 15ª edição, p. 141)

Cérebro perispiritual – complexidade

São bem grandes as diferenças do potencial radiante das criaturas humanas: enquanto as almas mentalmente evoluídas emitem fulgurações luminosas nos lobos frontais, as desprovidas do conhecimento espiritual se tingem de sombras em torno da importante região frontal. Por meio de seu cérebro maravilhoso, talhado na substância astral e muito mais complexo e eficiente do que a sua cópia física, o espírito dirige e controla o seu perispírito, harmonizando o seu funcionamento de acordo com a qualidade dos seus pensamentos. Quando estes são elevados, realçam a luminosidade dos centros criadores mentais, mas, quando de desregramento ou irritação, submergem a fronte diáfana na fuligem sombria das energias animalizadas. O cérebro do perispírito lembra, também, o automatismo do cérebro físico no seu comando de todas as operações instintivas, que se subordinam às atividades do subconsciente e são produtos de esforço milenário da evolução do homem.

Em face de sua complexidade e pelo fato de sobreviver à dissolução do cérebro de carne, é sempre o instrumento mais lesado em qualquer acontecimento psíquico daninho. (Obra: *A Vida Além da Sepultura*, 12ª edição, p. 318)

Cérebro perispiritual – ponte para a luz ou para as trevas

A semelhança do que se dá com os transmissores e receptores de ondas do vosso mundo, só é possível a sintonia superior entre o cérebro material e o perispiritual quando ambos funcionam sob a mesma frequência de ondas e se enquadram fielmente na mesma faixa de alta vibração espiritual. Quando as correntes espirituais fluem livremente pela recíproca realização do serviço do bem entre encarnados e desencarnados, sois imensamente favorecidos, pois, graças à esse benéfico intercâmbio espiritual, tanto se eleva o vosso potencial criador, sob a direção das hierarquias angélicas, como estas não deixam que fique lesado o admirável patrimônio do perispírito.

No entanto, desde que vos entregueis às funções desregradas da vida animal inferior, o vosso cérebro perispiritual melhor se parecerá a uma ponte a ligar as duas margens lodosas, a da vida física e a do Astral inferior. Então se dá a troca de energias deletérias e lesivas a ambos os patrimônios, o psíquico e o físico. (Obra: *A Vida Além da Sepultura*, 12ª edição, p. 336)

Cerimonial exterior – "contextura iniciática"

Há milênios, o povo não estava em condições de entender a "técnica" ou "processo científico" das cerimônias e liturgias que os sacerdotes e instrutores de alta envergadura espiritual compunham para atrair e ajudar os encarnados na libertação dos liames da matéria. Os atlantes, caldeus, assírios, hebreus e principalmente os hindus e egípcios, inspirados pelos numes da espiritualidade superior, organizavam seitas religiosas, construíam templos apropriados, compunham liturgias, devotavam a Natureza e múltiplos deuses, mas aplainando o caminho para a unificação de Moisés e o Evangelho de Jesus. Apesar do julgamento desairoso de muitos críticos radicalistas, no âmago de quase todas as religiões que ainda estendem seus ramos verdejantes até vossos dias, existe uma "contextura iniciática", velada por símbolos, imagens, altares e objetos, práticas e cerimônias excêntricas, que escapa aos próprios fiéis e a sacerdotes primários.

Impossibilitado de entender e comandar as forças poderosas a serviço da mente humana, o povo ativava os poderes inatos do espírito imortal de modo indireto e pela sugestão do cerimonial exterior. (Obra: ***A Missão do Espiritismo***, 9ª edição, p. 82)

Chacra básico ou kundalíneo

Situa-se na base da espinha dorsal; é o condutor do famoso "fogo serpentino", ou mais conhecido pelos hindus como o "chacra kundalíneo", centro etérico responsável pelo fluxo das energias poderosas que emanam do Sol e da intimidade da Terra, a energia "mãe do mundo", pois ela é realmente o principal fundamento da vida na matéria. Os clarividentes observam que esse fluxo energético, provindo do âmago da Terra em simbiose com as forças que descem do Sol, assemelha-se a uma torrente de fogo líquido a subir pela coluna vertebral do homem, a qual depois ativa as energias instintivas ou inferiores, próprias do mundo animal! Segundo certo ensinamento hindu, o kundalíneo ou "fogo serpentino" proporciona a libertação do ser, quando habilmente controlado pelo chacra básico, situado no extremo da coluna vertebral, desde que esse despertamento seja efetuado por espírito equilibrado, sem vícios e paixões perigosas, despreocupado também dos tesouros e poderes das vaidades do mundo carnal. Assim os iogues tornam-se os "senhores do kundalíneo", mas os tolos, os ambiciosos e os imorais, quando de posse de tal energia incomum, são escravos e joguetes de uma força que os massacra. (Obra: ***Elucidações do Além***, 8ª edição, pp. 230/233)

Chacra cardíaco – amor

Este chacra está situado exatamente à altura do coração físico, pois é o centro de forças responsável pelo equilíbrio e pelo intercâmbio das emoções e dos sentimentos do homem. Quando ele é bem desenvolvido favorece a consciência ou a percepção instantânea das emoções e intenções alheias. É um centro turbilhonante, cor de ouro, emitindo fulgores iridescentes e se hipersensibiliza pela contínua auscultação psíquica no ser. Na sua função de centro cordial situado à altura da região cardíaca, correspondendo à velha tradição de que o sentimento e a emoção geram-se no coração, o chacra cardíaco também recebe eficiente contribuição vital do chacra esplênico, cujo prana róseo, ao atingi-lo, assume um tom do chamado "raio amarelo". Esse raio amarelo penetra no sangue pela via cordial e o vitaliza especialmente para que atenda à função cerebral; e, em seguida, eleva-se até atingir o chacra coronário, no alto do crânio, do que então resulta a consciência dos sentimentos ou das emoções, que costumam estimular as cogitações filosóficas de natureza elevada.

O homem cujo cérebro é fortemente vitalizado pelos fluidos prânicos do chacra esplênico, depois combinados com os do chacra cardíaco, em verdade, suas emoções e sentimentos são mais propriamente resultantes das elucubrações metafísicas. Enfim, o chacra cardíaco, quando bem desenvolvido, confere ao seu portador o dom de auscultar ou sentir os fatos do mundo astral, isto é, o dom do pressentimento, em que sentimos instintivamente os acontecimentos futuros. O chacra cardíaco nas pessoas sinceras, humildes e meigas, de sentimentos nobres e ternos, mostra-se na plenitude de um Sol que despende fulgores dourados, sem analogia nas escalas cromáticas do mundo. É um centro cordial, que as faz compreender e sentir os sentimentos e as ansiedades do próximo. (Obra: ***Elucidações do Além***, 8ª edição, pp. 242/243)

Chacra coronário – gerente, comandante

Situado no alto da cabeça, muito conhecido entre os hindus por "lótus de mil pétalas", possui 960 raios principais e um centro menor em turbilhão colorido, apresentando 12 ondulações ou raios. Este chacra é o centro de forças mais importante do ser humano, de maior potencial e radiações, constituindo-se na magnífica ponte ou elo de união entre a mente perispiritual e o cérebro físico. É, enfim, o centro responsável pela sede da consciência do espírito.[1]

O chacra Coronário é o mais brilhante de todos os centros de forças etéricas situados no duplo etérico: é o regente orquestral dos demais centros de forças, aos quais ele se liga interiormente, ajustando-os e afinando-os para um metabolismo harmônico. Preside-lhes as diversas funções sob uma regência ou comando de inspiração emanada diretamente do Alto. O centro coronário pode assumir as

1 Nota do revisor: André Luiz, na obra ***Entre a Terra e o Céu***, página 126, menciona o chacra coronário como participante de fisiologia do perispírito, mas não se refere ao mesmo centro do duplo etérico. Cremos que o nobre autor espiritual não quis saturar a mente dos espíritas com esse conhecimento mais complexo, pois são poucos os que se devotam realmente aos estudos ocultistas do "homem invisível".

colorações mais exóticas e fascinantes; gira no seu todo com inconcebível rapidez, enquanto o seu centro de diâmetro menor, apresenta-se numa cor branca, lirial e deslumbrante, emitindo fulgores dourados cada vez mais belos. À medida que o homem desenvolve os seus princípios espirituais superiores, ele também se transforma num Sol rutilante de beleza inigualável, irradiando matizes de cores impossíveis de serem definidas pela retina física. É o elo da consciência angélica com o mundo material, enquanto os demais centros de forças recebem-lhe o influxo superior e sensibilizam-se em suas funções de intercâmbio entre o mundo físico e o mundo oculto. (Obra: ***Elucidações do Além***, 8ª edição, pp. 246/247)

Chacra esplênico e o prana

Situa-se à altura do baço físico, é de cor radiante e de excessivo magnetismo, sendo o principal centro energético vitalizador do corpo físico, funcionando ainda como o auxiliar do metabolismo da purificação sanguínea. Sabe-se que extirpando o baço, que é o órgão físico purificador do sangue, a medula óssea redobra em sua atividade hematológica, a fim de compensar a deficiência dessa função. Nesse caso o chacra esplênico também entra em maior intimidade com o duplo etérico e passa a dirigir o metabolismo vitalizador sanguíneo, quase à altura do esterno, base do pulmão, centralizando-se, diretamente, na coluna vertebral e no sistema nervoso central. O dito chacra possui sete raios ou pétalas, e a sua função energética, e muito intensa, torna-o um pequeno sol rodopiante a emitir revérberos cintilantes na absorção do Prana impregnado das forças ativas solarianas. Inúmeros casos de leucemia são devidos à insuficiência do chacra esplênico sobre o baço físico, pois reduz-se a absorção dos glóbulos de vitalidade naturais da atmosfera comum, necessários à revitalização sanguínea. (Obra: ***Elucidações do Além***, 8ª edição, p. 237)

Chacra frontal – intuição

É o sexto centro etérico situado entre os supercílios ou olhos, apresentando-se com 96 raios; nele predomina a cor róseo-amarela, matizada com um pouco de azul-violáceo, pois esse chacra também se nutre do raio róseo-amarelo vitalizante do chacra esplênico e combina-se com algo do raio azul do centro laríngeo. Quando esse centro de forças é bem desenvolvido, dinâmico e rutilante, confere ao homem o dom ou a faculdade da clarividência dos objetos e das coisas do mundo astral, das paisagens distantes e das massas coloridas do mundo astral, assinalando, também, os poderes mediúnicos da psicometria.

O chacra frontal do duplo etérico encontra-se intimamente ligado com igual centro de forças astrais situado em mesmo plano no perispírito. Quando é abundante de Prana e permanece em boa atividade com os outros chacras, ele confere ao homem encarnado ou desencarnado a faculdade de aumentar ou diminuir o seu poder visual, podendo penetrar e observar com êxito a própria vida microbiana impossível à visão comum.[2] (Obra: ***Elucidações do Além***, 8ª edição, pp. 236/237)

Chacra gástrico ou umbilical – saúde

Situado à altura do umbigo, no duplo etérico, em perfeita correspondência com o plexo solar, abrangendo o fígado, os intestinos, os rins e demais órgãos do abdômen, à exceção do baço, que se encontra sob o controle do chacra esplênico. Esse centro de forças etéricas, de natureza mais rudimentar, é responsável pela assimilação e metabolismo dos alimentos ingeridos pelo homem. Alguns espiritualistas preferem chamá-lo de centro gástrico[3] e ele se apresenta na forma de um turbilhão etérico com dez ondulações, raios ou pétalas, variando entre as cores vermelhas e os tons verde cor de ervilha, matizes que resultam da decomposição do Prana absorvido do meio ambiente e ali prismado.

Quando o chacra umbilical é muito desenvolvido, o homem aumenta a sua percepção das sensações alheias, pois adquire uma espécie de tato instintivo ou sensibilidade astral incomum, que o faz aperceber-se das emanações hostis existentes no ambiente onde

---

2 Nota do revisor – Há um relato na obra ***Missionários da Luz***, páginas 231 a 232, do capítulo "Reencarnação", ditada por André Luiz a Chico Xavier, que comprova perfeitamente os dizeres de Ramatís, quando, sob o auxílio magnético do mentor Alexandre, o autor espiritual explica que sentiu aumentar o seu poder de visão astral, pois conseguiu acompanhar, dali por diante, todo o fenômeno da fecundação, quando através dos condutos naturais femininos, corriam os elementos masculinos em busca do óvulo numa prova eliminatória e num avanço de três milímetros por minuto.

3 Nota do revisor – Vide página 128 ***Entre a Terra e o Céu***, de André Luiz, e a obra ***Passes e Radiações***, capítulo "Chacras", de Edgar Armond.

atua e também das vibrações afetivas que pairam no ar. (Obra: ***Elucidações do Além***, 8ª edição, pp. 236/237)

Chacra laríngeo – atividades vocais e audição astral

Situado à altura da garganta física, conhecido pelos hindus que o chamam de "Vishuddha", está próximo do plexo nervoso e na perpendicular do chacra frontal, do qual também recebe certa cooperação. Auxilia o desenvolvimento do ser e a audição astral e etéreo-física. Sua mais importante função é sustentar e controlar as atividades vocais, o funcionamento das glândulas timo-tireóide e paratireóides, estabilizando definitivamente a voz depois da época da puberdade, em que a menina se transforma em mulher e o menino se faz adulto. É um centro de forças etéricas responsável pela saúde da garganta e das cordas vocais. Ele carreia a vitalidade que deve suprir o mecanismo vocal e o dispêndio energético no falar. É um órgão muito ativo e brilhante nos grandes cantores, poetas célebres, oradores sacros e homens que revelam o dom incomum da palavra, o magnetismo, a voz hipnótica. Ajuda também a percepção dos sons provindos do mundo etéreo-físico, da superfície da crosta terráquea e a auscultação dos sons do mundo oculto astralino.

A sua cor predominante é de um azul-claro, matizado de suave lilás ou tom violeta, brando, mas o seu aspecto geral, quando em boa disposição funcional, lembra a tonalidade de formoso raio de luar pousado sobre o mar tranquilo. Tanto se acentua como se reduz em sua cor azul-claro fundamental, assim como varia em tamanho e luminosidade, influenciando-se conforme o potencial e a qualidade verbal da criatura. É um dos chacras que também influi muitíssimo nos demais centros de forças e nos plexos nervosos do organismo humano, porque o ato da materialização das idéias através da fonação é fenômeno que concentra todas as forças etéreo-magnéticas do perispírito, atuando em vigorosa sinfonia com os demais centros etéricos reguladores das funções orgânicas. A sua função e o seu aspecto colorido modificam-se rapidamente e de acordo com a sonoridade, agudeza ou intensidade com que sejam pronunciadas as palavras pelo homem. (Obra: ***Elucidações do Além***, 8ª edição, pp. 243/244)

Chacras cósmicos – sustentações constelares e planetárias

A sabedoria ilimitada — inconcebível no vosso entendimento — permite aos Construtores Siderais prever com exatidão a figura de cada cortejo solar que se balouça no Espaço e ajustá-los todos, astronomicamente, aos eventos sociais e às necessidades espirituais das humanidades. Enquanto assinalais nos vossos compêndios científicos os centros fixos, os eixos imaginários ou os necessários pontos de apoio, que atribuís aos sistemas solares e aos seus satélites, os mentores siderais fixam essas sustentações em "pontos cósmicos", intermediários, que se produzem pelo cruzamento de forças magnéticas turbilhonantes. Nesses cruzamentos, em que se chocam poderosos campos magnéticos "altos" e "baixos", formando "centros" ou "rodas" exuberantes de energias provindas de todas as regiões estelares e denominados "chacras cósmicos", estabelecem-se as bases das sustentações constelares ou planetárias.

Se vos fosse possível ter uma visão global do Cosmo, verificaríeis a existência de indescritível "rede de coordenadas", em cujas malhas ou pontos de intercessões palpitam orbes e sóis, planetas e mundículos, semelhantes a incontáveis punhados de lentejoulas refulgentes ou opacas, a comporem um fascinante e exótico bordado estendido na abóbada do Infinito! (Obra: ***Mensagens do Astral***, 16ª edição, p. 100)

Chacras desenvolvidos – alcance do passado e do futuro

Referimos-vos, somente quanto à capacidade de memorizar, pois o perfeito e harmônico funcionamento dos centros de forças etéricos, permite um alcance mais extenso no "passado" e no "futuro". Abrangendo maior campo de ação na tela etérica do Cosmo, onde se registra todo sucesso vibratório, o espírito pode ampliar o seu campo de consciência física, trazendo para a vigília os acontecimentos que percebeu além do "espaço e do tempo". Nesse particular, recordamos-vos Nostradamus, cujo sistema "chákrico" era harmonioso e cuja conduta moral era equilibrada. (Obra: ***A Vida no Planeta Marte e os Discos Voadores***, 14ª edição, p. 437)

Chacras e desenvolvimento psíquico

Os chacras — que se distribuem à distância de alguns milímetros acima do corpo etérico — são centros que canalizam energias do Cosmo, de várias espécies, que diferem em vibrações, cores e ondulações, segundo o modo de se comportarem em cada região de intercâmbio astroetéreo humano. São forças que fluem pelos corpos vivos, a fim de os manter em atividade e contínuo progresso. Derivam-se de todos os pontos: do Sol, da Terra, dos astros circunvizinhos ou das infinitas combinações que se processam no éter-cósmico.

O vocábulo "chacra" provém da língua sânscrita e se traduz como "roda" ou "disco giratório", espécie de pires que se move lenta ou velozmente, emitindo fulgores rutilantes e ampliando-se de 5 até 15 centímetros em seus diâmetros. Assemelham-se, por vezes, a pequeninos sóis, que cintilam sob o influxo de energias provindas das mais desconhecidas regiões da vida cósmica. Como as faculdades psíquicas dependem muitíssimo do funcionamento dos chacras, para se manifestarem a contento no mundo físico, é óbvio que o desenvolvimento de cada chacra está em perfeita relação com a evolução da própria faculdade psíquica que lhe seja correspondente. (Obra: ***Mensagens do Astral***, 16ª edição, p. 141)

Chacras e duplo etérico

Os centros de forças etéricos, ou mais conhecidos por "chacras", situam-se sobre o duplo etérico e lembram a figura de discos, rodas, pires ou, mais propriamente, as hélices de aviões em rotação vertiginosa. Ligam e desligam, ininterruptamente, o organismo físico, através dos plexos nervosos, e o perispírito por intermédio dos centros internos perispirituais. Aliás, o trabalho dos chacras, nas relações do perispírito e o corpo carnal, regula a passagem das cargas do mundo oculto para o físico e, sob a mesma função, no sentido inverso.

Mas, além da função de medianeiro plástico entre os mundos físico e espiritual, o duplo etérico ainda funciona como um centro de absorvência do "energismo vital" do meio ambiente e, por esse motivo, justifica-se também a sua condição de "corpo vital". (Obra: ***O Evangelho à Luz do Cosmo***, 8ª edição, p. 315)

Chacras – energias sublimes x energias telúricas

Os chacras, quando observados de perfil em seu veloz funcionamento giratório, assemelham-se a verdadeiros "pratos" ou "pires" de energias turbilhonantes com característica depressão no centro; vistos de frente, lembram o movimento vertiginoso das hélices dos aviões, mas despedindo cintilações de cores devidas ao prana ou vitalidade que os irriga e se decompõe de modo prismático. Nas criaturas superiores os chacras em funcionamento giratório lembram o beija-flor imóvel, no espaço, sustentado na sua incrível façanha vibratória, pela dinâmica veloz de suas asas, como centros ativos situados no duplo etérico, entre o corpo físico e o perispírito. Eles haurem as energias sutilíssimas do mundo espiritual superior e as encaminham para o corpo físico, fundindo-as com a vitalidade ou o prana astral; absorvem, também, as forças violentas, primitivas ou instintivas da Terra para o sustentáculo carnal no cenário da matéria. (Obra: ***Elucidações do Além***, 8ª edição, p. 222)

Chacras – turbilhões energéticos (vórtices)

Embora para alguns neófitos espíritas o problema dos chacras ou "centro de forças etéricas" ainda signifique assunto controverso e algo duvidoso, o certo é que os hindus, egípcios, caldeus e outros já trataram dessa matéria antes mesmo da era cristã. As estátuas de Buda, que viveu 600 anos A.C., principalmente a de Todaiju, em Nara, no Japão, erigida em 749, já apresenta o iluminado instrutor espiritual da Ásia com o chacra coronário situado no alto da cabeça e envolvido por uma grinalda de chamas esculpidas na pedra, significando a união das forças espirituais dos mundos superiores com as energias do mundo físico em evolução.

O conhecimento dos centros de forças etéricos, portanto, remonta de longos séculos, pois os hierofantes, clarividentes egípcios e hindus sabiam julgar da capacidade dos seus discípulos e adeptos pela simples visão da transparência, colorido e da extensão do diâmetro de cada chacra do duplo etérico, os quais se apresentam como espécies de "redemoinhos" resultantes do choque das energias etéricas do mundo superior, quando entram em contato turbilhonante com as forças etéricas agressivas e vigorosas do plano físico. Do encontro das energias sutilíssimas descidas do Alto e das forças primárias que sobem da Terra carregadas de impurezas próprias do mundo animal instintivo, resultam os "chacras" ou "motos vorticosos", espécie de discos giratórios etéricos em alta velocidade. O fenômeno é algo semelhante ao que acontece na atmosfera do orbe, quando as correntes de ar frio que descem das nuvens pejadas de água entram em choque com as correntes de ar quente que sobem da crosta terráquea, resultando os redemoinhos de vento ou tufões. (Obra: ***Elucidações do Além***, 8ª edição, pp. 222/223)

Charcos do Astral inferior e limpeza perispiritual

Essa espécie de cinza tóxica fluídica, pegajosa e primária só pode ser expurgada do perispírito após a desencarnação do homem, e sob o tratamento dos charcos absorventes astralinos do Além-Túmulo.[4] Trata-se de uma providência específica, terapêutica e não punitiva, mas em face do seu magnetismo gravitacional muito denso, o espírito ali internado sofre tal ardência no seu processo purificador, que ele se julga situado nas chamas eternas do Inferno.

Mas apesar do processo de cura ou "purificação" nos charcos astralinos, o que lembra algo do uso da lama medicinal aplicada na limpeza da pele, em certos institutos de beleza, na Terra, é muito difícil a absorvência completa da toxicidade do perispírito. Quase sempre, ainda sobeja certa quantidade de resíduos nocivos, porquanto o lodo absorvente astralino apenas soluciona a camada mais periférica do paciente em tratamento. O saldo deletério das toxinas, que ainda resulta da carga fluídica mórbida aderida na vida física, mas impossível de solução no espaço, então, requer a drenagem para a própria terra, ou seja, a fonte original de onde foi mobilizada. (Obra: ***O Evangelho à Luz do Cosmo***, 8ª edição, pp. 321/322)

Chaves verbais – energias etéricas – mantras

Não se constroem "mantras" sob a frialdade científica nem sob caprichos esotéricos de simples ajustes de vocábulos, para que, em seguida, despertem efeitos ocultos ou espirituais, pois podem não se ajustar à alma dessas palavras. Em verdade, são as próprias palavras que se consagram pelo seu elevado uso e assim criam os "mantras", pois se transformam em verdadeiras chaves verbais que, então, congregam energias etéricas ou produzem configurações astrais protetoras, associando idéias que despertam as forças psíquicas nos seus cultores e transformam os vocábulos em poderosos despertadores mântricos. (Obra: ***A Sobrevivência do Espírito***, 7ª edição, pp. 220/221)

---

4 Vide o capítulo "Os Charcos de Fluidos Nocivos do Astral Inferior" da obra ***A Vida Além da Sepultura***, de autoria do espírito Atanagildo, supervisionado por Ramatís.

Ciclo cósmico – matanças e interferências

Conforme já dissemos, perante às leis cósmicas universais que regem os movimentos ascensionais, quando realizais um rito, dito sagrado, e sacrificais um animal, interferis num ciclo cósmico da natureza universal, causando um desequilíbrio, já que interrompeis artificialmente o *quantum* de vida que o espírito ainda teria de ocupar no vaso carnal, direito sagrado concedido pelo Pai. Mesmo o irmão menor ainda não sendo uma alma individualizada, pertence a um grupo celeste[5] que se enfraquece gradativamente quanto mais mortandades houver nas suas contrapartes encarnadas. (Obra: *O Triunfo do Mestre*, 1ª edição, pp. 33/34)

"Cíclotrons vivos" – desencarnados

auxiliares dos magos negros

O mago-negro ou feiticeiro experimentado emprega "poderes invisíveis para obter efeitos visíveis", conforme é o conceito de magia. Igualmente, os cientistas empregam os "poderes invisíveis" dos cíclotrons, para desintegrar o átomo e a bomba atômica, que depois produz efeitos visíveis como foi a destruição de Hiroshima, numa perfeita bruxaria científica. Os feiticeiros oficiais da ciência também operam com forças ocultas, como é a energia atômica, agindo através de objetos adrede preparados como detonadores e com eles controlam a carga maléfica onde melhor lhes convier! Os bruxos amadores, no entanto, também usam alguns espíritos desencarnados, que, à guisa de "cíclotrons vivos", ajudam-nos a acelerar ou dinamizar o campo atômico de objetos de metais, como moedas de cobre, níquel, prata, chaves de bronze, coisas de zinco, de cádmio, pregos de ferro e agulhas de aço, lançando os traços radioativos dos mesmos sobre a aura da vítima enfeitiçada!

Os traços fluídicos desprendidos dos metais de objetos dinamizados como acumuladores de forças, penetram na área psicofísica da criatura desguarnecida por culpa de suas imprudências emotivas e descontroles mentais. Ali, eles se acomodam e condensam-se, pouco a pouco, na sua forma primitiva, assim como acontece com o enxofre no retorno do fenômeno de sublimação. Isso alimenta um

5 A alma-grupo.

campo magnético receptivo, em que o feiticeiro atrai e dinamiza novos traços radioativos de cobre, ferro, cádmio, zinco e chumbo.

A vítima então recebe uma carga de metal fluidificado pelo feiticeiro e catalisado pelos seus asseclas desencarnados, feitiço que, na maioria das vezes, é trabalho exclusivo dos desencarnados. (Obra: ***Magia de Redenção***, 13ª edição, pp. 110/111)

Ciência humana – revela ciência oculta

Ante a prova, que já tendes, de que não existe o "milagre", como derrogação das leis de Deus, é óbvio que os princípios regentes dos fenômenos da vida já existiam muito antes de a ciência humana consagrá-los ou classificá-los academicamente. Fatos os mais insólitos e aberrativos para o vosso entendimento podem ser acontecimentos reais, submetidos a princípios lógicos que se derivam da Lei Maior. (Obra: ***Mensagens do Astral***, 16ª edição, p. 129)

Ciência transcendental e ritmo setenário

Ensina-nos a ciência transcendental que o duplo etérico possui sete chacras ou centros de forças etéricas, os quais correspondem às sete regiões principais do corpo físico e do perispírito do homem; o prana ou vitalidade que alimenta esses chacras também é uma síntese de sete cores, que atestam um tipo de vibração ou variedade de cada zona corporal humana. Aliás, o próprio prana está colocado entre os sete Elementos, que correspondem às sete regiões, ou sete invólucros do Universo ou de Brama, como dizem os orientais, a saber: prana, a vitalidade, manas, o princípio inteligente ou a Mente; o Éter, o Fogo, o Ar, a Água e a Terra.

Eis por que as filosofias e doutrinas espiritualistas da Terra, em sua essência, tratam da revelação cosmogônica pela mesma ordem setenária, embora às vezes variem, entre si, nas suas denominações peculiares e especulações filosóficas, conforme seja a índole, o temperamento e as tradições de cada povo. Assim, por exemplo, os rosa-cruzes referem-se a sete divisões com relação ao homem, na seguinte forma: o mundo de Deus, o dos espíritos virginais, o do espírito divino, o do espírito da vida, o do pensamento, o dos desejos e o da matéria. Embora se verifique aparente diferença com a mesma enunciação feita pela Ioga, na intimidade espiritual ambos concordam, malgrado a última assim especifique a sua definição setenária: espírito, mente espiritual, intelecto, mente instintiva, prana ou força vital, corpo astral e corpo físico". (Obra: *Elucidações do Além*, 8ª edição, pp. 90/91)

Cirurgia do espírito – futuro da humanidade

No entanto, hoje não se ignora que a mente humana pode ser clinicada e cuidada tanto quanto o corpo físico. Embora vos pareça fantasia, a cirurgia do corpo evolui para a cirurgia do espírito; no futuro, caberá ao médico operar determinada afecção mental, como se faz hoje na rudeza de eliminar um quisto ou apêndice. As excrescências e deformações que se produzem em torno da alma, têm suas raízes mórbidas fixadas no passado, assim como o câncer emite suas ramificações nas entranhas do organismo carnal. (Obra: *A Missão do Espiritismo*, 9ª edição, p. 143)

Cirurgias humanas – influência da Lua

As superexcitações dos lunáticos obedecem às influências periódicas da Lua; os vermífugos tóxicos, quando administrados em discordância com o "minguante", podem produzir terríveis efeitos no quimismo hormonal e nos vermes exacerbados pelo "crescente". O resultado de inúmeras operações cirúrgicas que podem produzir hemorragias graves ou choques operatórios gravíssimos, assim como certos casos de septicemia aguda, que exijam o bisturi, podem depender, grandemente, da excitação ou da letargia defensiva dos microrganismos, sob a influência da Lua. Quantas vezes o cirurgião exímio, dolorosamente surpreso, vê o seu paciente sucumbir ante inofensiva amigdalite, ao passo que dias antes havia resolvido satisfatoriamente terrível oclusão intestinal! O "eterismo-vital", que ampara o sistema nervoso e disciplina o metabolismo endócrino do paciente, pode oprimir ou dilatar os seus vasos sanguíneos além da expectativa, se ele for operado sob péssimas condições lunares; pode, outrossim, anular o efeito dos hemostáticos e dos antibióticos preventivos ou perturbar a distribuição correta da linfa, assim como acelerar a força dos agentes alérgenos, conduzindo o fígado à anemia insolúvel. Os velhos cirurgiões costumam afirmar que há dias "favoráveis", nos hospitais, durante os quais tudo sucede bem: as operações se realizam sem acidentes e os enfermos manifestam reações benéficas; no entanto — dizem eles — nos chamados dias "azarados" o hospital se transforma em ambiente aflitivo, em que até insignificantes intervenções acarretam crises perigosas. (Obra: *Mensagens do Astral*, 16ª edição, p. 86)

Coagulação físico-astral – matança dos animais

Quando o suíno é sacrificado, a sua carne reflui sob o impacto violento, febricitante e doloroso da morte; o choque que lhe extingue a existência, ainda plena de vitalidade física, também exacerba-lhe o duplo-etéreo astral, e que está sob o comando geral do espírito-grupo. Essa matança prematura, que interrompe de súbito a corrente vital energética, irrita furiosamente as forças de todos os planos interpenetrantes no animal; os demais veículos se contraem e se confrangem, ao mesmo tempo, atritando-se num turbilhão de energias contraditórias e violentas, que se libertam como verdadeiros explosivos etéricos. Há completa "coagulação físio-astral"; o sangue, que é a linfa da vida e o portador dos elementos mais poderosos do mundo invisível, estagna em seu seio o "quantum" de energia inferior do mundo astral e que o próprio porco carreia para o seu corpo físico.

No instante da morte, as energias deletérias, que flutuam na aura do suíno e lhe intercambiam o fenômeno da vida inferior, coagulam-se na carne sacrificada e combinam-se com o "tônus-vital" degradante, que provém da engorda e do sofrimento do animal no charco de albumina e uréia. A carne do porco fica verdadeiramente gomosa, pela substância astral que se coagula ao seu redor e se fixa viscosamente nas fibras cadavéricas.

Os espíritas e demais estudiosos da alma sabem que todas as coisas e seres são portadores de um veículo etéreo-astral, o qual absorve as energias ambientais e expele as que são gastas nas trocas afins aos seus tipos psíquicos ou físicos.

Quando ingeris retalhos de carne de porco, absorveis também sua parte astral inferior e que adere à coagulação do sangue; essa energia astral desregrada e pantanosa é agressiva e nauseante nos planos etéricos; assim que os sucos gástricos decompõem a carne física no estômago humano, liberta-se, então, esse visco astral, repelente e pernicioso. Sob a lei de atração e correspondência vibratória nos mesmos planos, a substância gomosa, que é exsudada pela carne digerida no estômago, incorpora-se, então, ao corpo etéreo-astral do homem e abaixa as vibrações de sua aura, colando-se à delicada fisiologia etérica invisível, à semelhança de pesada cerração oleosa e adstringente. O astral albuminoso do porco, que também é ingerido com o "delicioso petisco" assado, transforma-se em densa cortina fluídica no campo áurico do homem demasiadamente carnívoro. Deste modo, dificulta-se o processo normal de assistência espiritual daqui, pois os Espíritos Guias já não conseguem atravessar a barreira viscosa do baixo magnetismo, a fim de formularem a intuição orientadora aos seus pupilos carnívoros. A aura se apresenta suja das emanações do astral inferior e ofuscante, que se exsuda da carne do suíno. (Obra: ***Fisiologia da Alma***, 15ª edição, pp. 30/31)

Cocheiro, carroça e cavalo – espírito e seus veículos

Os magos antigos, quando ensinavam aos seus discípulos as relações do espírito com a matéria, empregavam o símbolo corriqueiro de uma viatura puxada por um cavalo sob a direção de um cocheiro. O cocheiro representava o espírito, a inteligência, o princípio diretor; a viatura, o corpo — o princípio movimentado — e o cavalo a força intermediária, o princípio motor, ou seja, o conjunto que hoje o espiritismo denomina de "perispírito". O cavalo, por ter de puxar a viatura e ser mais forte que o cocheiro, precisa de ser controlado por meio das rédeas, que lhe tolhem o desejo de disparar; a princípio, exige contínua atenção para com a sua indocilidade, mas, quando já completamente domesticado, dispensa excessivos cuidados nesse sentido. O cavalo desembestado faz tombar a sua viatura com os choques desordenados, enquanto que o animal dócil é garantia de longa vida para o seu veículo! O perispírito humano, como princípio motor, pode ser comparado, também, a um cavalo pleno de energias, que fica atrelado entre o princípio diretor do espírito e o princípio a ser movimentado nas ações individuais. É um molde preexistente ao corpo carnal e sobrevivente à desencarnação física; é a sede das forças combinadas do mundo material e do mundo astral. Nesse invólucro etereoastral casam-se as energias que ascendem do mundo inferior animal e as que descem do mundo angélico superior; é a fronteira exata do encontro dessas duas expressões energéticas, que ali se digladiam, em violenta efervescência e luta heróica para o domínio exclusivo! O ser humano assemelha-se, então, a uma coluna de mercúrio, pois que fica também colocado entre dois climas adversos, que se defrontam, para a glória do espírito ou para a vitória das paixões inferiores. (Obra: ***Mensagens do Astral***, 16ª edição, pp. 189/190)

Código sideral definitivo – nome sidéreo

Não importa se, em cada encarnação ou cada conta desse suposto colar, a personalidade humana chama-se João, Nero, Maria, Gandhi ou Paulo de Tarso. O certo é que o fio do colar é a individualidade eterna, que se emancipa no tempo e no espaço, fichada nos "Registros Cármicos" por um código sideral definitivo.[6]

Em cada existência física, o espírito plasma um tipo de organismo, cuja estrutura anatomofisiológica depende da herança biológica da família onde se encarna. Em seguida, recebe um nome adequado à raça ou parentela que lhe fornece a vestimenta anatômica, sem que isso lhe altere a identificação individual definitiva e figurada nos registros de origem sideral. A individualidade do espírito não se enfraquece, mas se desenvolve e se encorpa, tanto quanto for o seu comparecimento periódico às sucessivas vidas humanas. (Obra: *O Evangelho à Luz do Cosmo*, 8ª edição, pp. 91/92)

Comandos das trevas e detonadores psíquicos

Os comandos das trevas realizam estudos minuciosos sobre as tendências prejudiciais humanas, pesquisando as vontades fracas e procurando os escravos dos preconceitos e convenções mundanas, para depois vampirizá-los em sua vitalidade psíquica. Muitas vezes eles organizam cuidadosos relatórios das prováveis vítimas a serem obsidiadas, examinando todas as suas reações nos campos de sua manifestação física e natureza moral de suas reflexões inferiores. Assim não lhes custa muito descobrir um desejo mais vigoroso ou imprudente, que possa servir como um "detonador psíquico" procurado para a concretização dos seus objetivos sombrios. Esse desejo muitas vezes palpita como um ideal oculto no âmago da futura vítima, podendo ser uma ansiedade permanente por algum objetivo de auto-exaltação perigosa na esfera social, política ou no comando na vida, disfarçando talvez uma vaidade exuberante ou um orgulho implacável.

É algo persistente que domina pouco a pouco a criatura e supera todos os demais desejos e objetivos acidentais; desenvolve-se sub-repticiamente, à revelia do seu próprio portador. Quantos tiranos, caudilhos, magnatas desonestos e vultos atrabiliários da

6 Nota de Ramatís – Os espíritos são classificados em "Departamentos de Reencarnações", no mundo espiritual, sob uma determinada sigla e número que lhes identifica a individualidade permanente, pois os nomes e as personalidades transitórias são de menos importância.

história viram-se alçados rapidamente às posições mais perigosas ou prestigiosas do mundo, apenas porque descobriram a sua força e o seu desejo vigoroso oculto no subjetivismo da alma e os atiçaram à medida que se formava o clima eletivo para a sua eclosão definitiva. (Obra: ***A Vida Além da Sepultura***, 12ª edição, pp. 322/323)

Combustível marciano – energia magnética

Complexa bateria de condensadores capta a energia magnética do ambiente e a refina e transfere para os acumuladores que se calibram na própria radioatividade dispersa. Quanto ao seu movimento, tais veículos são construídos sobre "roletes" de matéria flexível, que giram em torno de eixos móveis e minúsculos rolamentos que centuplicam os impulsos iniciais. Deslizando alguns centímetros acima do solo, lembram as vossas aeronaves quando decolam dos campos de pouso. Em seguida, alçam-se a maior altura, até que firmam a velocidade em vôo gracioso. Então, os "roletes", girando em intensa velocidade, afiguram-se manchas coloridas. (Obra: ***A Vida no Planeta Marte e os Discos Voadores***, 14ª edição, p. 47)

Compromisso severo e trágico – conjuro

O conjuro é um compromisso severo, pois nesta operação cabalística o evocador associa-se a entes invisíveis, cujo poder e intenções ele quase sempre ignora. Por isso, aqui, no Espaço, vagueiam e arrastam-se milhões de seres tolos, imprudentes e escravizados aos mais espertos, aos quais se vinculam quando encarnados, a fim de praticarem malefícios e imprudências com o auxílio diabólico. Realmente, há feiticeiros improvisados ou profissionais que, movidos por vingança ou desejo do poder, vendem-se a certos espíritos impiedosos e perversos, do Além-túmulo, realizando um negócio bem desvantajoso.[7]

Assim que o corpo do "sócio" baixa à sepultura, logo surgem os credores ou "senhores", que cobram juros escorchantes sob o

7 Nota do médium – Às vezes, opomos dúvida quanto à existência de almas tão impiedosas e cruéis, no mundo astral, espécie de demônios perversos da velha lenda. No entanto, basta refletirmos sobre os tipos humanos que passaram pelo mundo trucidando crianças, velhos e mulheres indefesas, como Gêngis Khan, Tamerlão, David, Anibal, Átila, Nero, Torquemada, Calígula, Hitler e outros criminosos, que a história assinala e que mereceram a execração pública.

mínimo favor prestado e penhoram a liberdade dos endividados da carne! O infeliz então se torna um rebotalho vivo sugado até a última gota de resíduo vital remanescente da Terra!

Por isso, nas adjacências das comunidades astralinas inferiores, vagam bandos de espíritos desajustados, entontecidos e exauridos em suas forças vitais, espécies de trapos vivos que, em vida física, se comprometeram com os veteranos das sombras. (Obra: ***Magia de Redenção***, 13ª edição, pp. 186/187)

Concepção trifásica de Deus – aspectos da Divindade Una

A pedagogia espiritual ensinada pelos velhos mestres orientais para facilitar a melhor compreensão de Deus, sempre conceituou o Universo sob o aspecto trifásico, a fim de que os atributos divinos pudessem ser graduados ao menos esclarecendo a noção de espírito, energia e matéria.

São aspectos que não influem nem modificam intimamente a Realidade Monista divina e indissolúvel, que é Deus, mas apenas apreciações ou equações delimitadas pela mente humana sobre as fases de um mesmo fenômeno. Associando a idéia de um "pano de fundo" de qualquer ocorrência ou fato do Universo, permanece indestrutível um só Deus na sustentação eterna e sábia de tudo o que criou. A concepção trifásica não importa nem modifica Deus, mas apenas é um recurso ou fórmula mental humana de apreciar as três principais manifestações divinas na ação de criar e desfazer o Universo físico. É inegável e ponto definitivo, que o princípio é um só, uma só origem e uma só vontade central criadora de todo o Cosmo.

Aliás, é a própria Unidade Divina considerada sob três aspectos: o aspecto Espírito, estático ou de equilíbrio; o aspecto Energia, dinâmico e relativo ao movimento; e o aspecto Matéria, morfológico, que mostra o Universo nas partes constitutivas das formas e, simultaneamente, a representação da Lei no mundo exterior. (Obra: ***O Evangelho à Luz do Cosmo***, 8ª edição, pp. 83/84)

Concepção trifásica de Deus – aspectos da Divindade Una II

O dogma da "Santíssima Trindade", adotado e cultuado pelos católicos, equivale ao dogma da "Trinamurti", admitido e proclamado pelos hindus, e por outros povos asiáticos, nessa tentativa de expor de modo compreensível os três principais aspectos da manifestação divina. Sem dúvida, muitas religiões exageram materializando em demasia o que é apenas simbólico, embora esse culto aos aspectos trifásicos de Deus não lhe modifique a identidade da Suprema Lei ou Princípio único.

Sob o invólucro místico e religioso das principais religiões de todos os povos, se proclama os "três aspectos" de Deus, porém derivados e não divididos da mesma Unidade. Os hindus devotam a trindade Brahma, Siva e Vishnu; o Budismo menciona Anútaba, Avalokiteshavara e Naudjousri; os germanos, Vota, Friga e Dinar; os egípcios, Osíris, Ísis e Hórus; os persas, Orsmud, Arimã e Mitra. A Igreja Católica refere-se ao Pai, Filho e Espírito Santo, cujo aspecto trifásico também poderia ser admitido pela Ciência do mundo nos aspectos de Espírito, Energia e Matéria, ou ainda, Pensamento, Vontade e Ação, correspondendo, portanto, à Lei de equilíbrio, movimento e forma. (Obra: ***O Evangelho à Luz do Cosmo***, 8ª edição, p. 84)

Condensadores e transformadores de corrente fluídica

Condensadores de enfeitiçamento, já o dissemos, são objetos de contato mais íntimo, furtados às pessoas a serem enfeitiçadas. Os feiticeiros catalisam neles forças primárias, excitadoras enfermiças, que depois projetam-se em direção à aura dos seus próprios donos! Certos objetos, além de sua função de condensadores malévolos, ainda funcionam como transformadores de corrente fluídica, contribuindo para abaixar mais rapidamente o campo vibratório defensivo na aura do enfeitiçado. (Obra: ***Magia de Redenção***, 13ª edição, p. 71)

Conexão de luzes – reunião espírita

Em consequência, as pessoas que se reúnem em torno de uma mesa espírita com o objetivo de efetuar um trabalho mediúnico, espargem suas luzes conforme seja o seu caráter espiritual, porquanto o volume de sua luminosidade corresponde exatamente ao grau de sua natureza psíquica. A conexão de luzes que se faz entre as irradiações das auras de todos os participantes também compõem uma "aura de força" ou de segurança espiritual, baseada no grau e na capacidade espiritual de concentração. Enquanto se estabelece uma "corrente de força" impregnada de elementos vitais e magnéticos dos presentes, que em seguida casam-se aos fluidos dos espíritos desencarnados, produz-se a emanação terapêutica, que beneficia, suaviza e mitiga o sofrimento dos próprios espíritos sofredores, ali presentes.

É evidente que as pessoas corruptas, de mau viver e vítimas das paixões escabrosas não conseguem manter o "tônus vital" necessário para sustentar uma concentração de boa estabilidade mediúnica. Em tal caso, as comunicações dos espíritos não se efetuam com a devida exatidão, mas deixam dúvidas e desconfianças, tanto pelo excesso de animismo dos médiuns, como em face do nível espiritual de quem as efetua. (Obra: ***Elucidações do Além***, 8ª edição, pp. 46/47)

Confrarias iniciáticas do passado – "modus operandi"

É verdade que as confrarias iniciáticas do passado proibiam o desenvolvimento da faculdade mediúnica passiva, assim como o "sujet" se deixa hipnotizar à vontade estranha de outrem. Os seus adeptos não deviam submeter-se ao comando do mundo oculto e à interferência mental de qualquer outro ser, fora da influência dos seus mestres e guias consagrados. Antigamente profligava-se que o desenvolvimento das forças ocultas latentes em todos os homens, só devia ser tentado depois do aprimoramento moral e discernimento mental do discípulo sobre as coisas do mundo! Nos templos ocultistas ensinava-se que o metabolismo psicofísico do homem dependia fundamentalmente do seu nível espiritual.

O perispírito, o controle dos chacras ou centros de forças etéreas eram objetos de estudos meticulosos. Exigia-se a disciplina sexual, pois o fluido que circula pela coluna vertebral em coesão com o "fogo serpentino" dos eflúvios telúricos da terra, fertiliza a mente, quando é endereçado para fins superiores e dispensado do mecanismo sexual. O discípulo era vegetariano e frugal em sua alimentação; dominava todos os vícios e superava os desejos inferiores. Mesmo assediado pela dor era avesso a entorpecentes, mas habituado à oração e às invocações sublimes. Isso o ajudava a imunizar-se contra a investida de entidades inferiores, carnívoras, viciadas, luxuriosas e alcoólatras, que desistiam de agir sobre quem não lhes daria o mesmo prazer ou gozo sensual na prática desregrada. (Obra: ***A Missão do Espiritismo***, 9ª edição, p. 118)

Conjunção planetária e o advento do Cristo

Se o planeta Júpiter, durante sua aproximação astronômica, projeta boa influência magnética sobre a Terra, porque a sua humanidade vibra emoções e pensamentos de elevado padrão moral, é evidente que os jupiterianos, em sentido contrário, hão de sofrer um impacto violento da carga desagradável emitida pelos recalques mentais dos três bilhões de terrícolas.

A conjunção Saturno, Marte e Júpiter, cujo rio planetário transporta uma carga humana moralmente superior à da Terra, então produziu um acasalamento de fluidos bons, que embeberam o vosso mundo de salutar influência e predispôs os terrícolas a sentimentos mais elevados. Assim, os homens bons, amorosos e pacíficos, sob a influência planetária benfeitora do manto suave do signo de Pisces, tornaram-se mais predispostos à bondade, paz de espírito, ternura e mansuetude, compondo na atmosfera da Galiléia um campo psíquico favorabilíssimo para o advento da Era Cristã. E, evidentemente, os maus, os belicosos e os irascíveis, sob tão boa influência, sentiram-se estimulados a melhorar os seus impulsos animalizados. (Obra: *O Sublime Peregrino*, 17ª edição, p. 62)

Conjuntos de leis vivas - Engenheiros Siderais

Os Engenheiros Siderais são entidades espirituais de elevada hierarquia no Cosmo, as quais interpretam e plasmam o pensamento de Deus na forma dos mundos e de suas humanidades. Através da ação dinâmica do Verbo — que podeis conceituar como pensamento "fora de Deus" — aquilo que permaneceria em condições abstratas na Mente Divina revela-se na figura de mundos exteriores. Embora saibais que o pensamento puro do Onipotente é o princípio de todas as coisas e seres, pois "no princípio era o Verbo, e o Verbo estava com Deus, e o Verbo era Deus", como elucida João Evangelista, existem os elos intermediários entre o "pensar" e o "materializar" divino, que se constituem de leis vivas, operantes e imutáveis, que dão origem à matéria e à energia condensada. Esses conjuntos e leis vivas são os Engenheiros Siderais ou espíritos arcangélicos, que apreendem o pensamento divino e o revelam no plano denso da Criação, proporcionando até a vida microscópica, para formação das consciências menores. Essas entidades, que os iniciados conhecem desde os pródromos da Atlântida, são dotadas do poder e da força criadora no "sexto plano cósmico", no qual se disciplina a primeira descida dos espíritos virginais a caminho da matéria, através das sete regiões da ascensão angélica. (Obra: ***Mensagens do Astral***, 16ª edição, pp. 353/354)

Conjuro – vender a alma ao diabo

O conjuro é a imprecação mágica que os feiticeiros fazem, cabalisticamente, a fim de obrigar uma entidade espiritual a manifestar-se para cumprir um serviço ou assumir certa responsabilidade no mundo astral. Isso demonstra a existência de uma certa hierarquia entre os espíritos malévolos, em que os mais poderosos na prática do mal exercem autoridade sobre os de menor capacidade mental. Mas o conjuro também implica uma espécie de obrigação ou "compromisso" entre o evocador e o evocado, pois, satisfeito o pedido ou feito o serviço, o primeiro fica vinculado ao "sócio", para retribuí-lo em vida, ou mesmo depois de desencarnado. Lembra a velha lenda do homem que vende a alma ao Diabo, pois o enfeitiçamento só produz êxito quando consegue a colaboração eficiente e decisiva de espíritos desencarnados e entendidos no assunto. (Obra: ***Magia de Redenção***, 13ª edição, p. 186)

Consciência humana – acúmulo de experiências

A mente do homem não é a sua consciência eterna, mas, sim uma espécie de "estação receptora e emissora", de amplitude restrita ou limitada aos conhecimentos, fenômenos e fatos dos mundos planetários, nos quais ela exercita o seu discernimento mediante o processo mental de raciocinar, atendo-se às contingências ou fases da infância, mocidade e velhice no ambiente de um mundo provisório ou irreal, pois se transforma e desaparece num prazo determinado.

Em tais condições, a consciência humana amplia-se, desenvolve-se pelo acúmulo das memórias daquilo que "ela vê, analisa e considera", em contacto com os ambientes dos mundos planetários onde o indivíduo ingressa nas suas reencarnações. Consequentemente, as lembranças do que vai sendo averbado na tela mental não significam a "realidade" espiritual imutável, mas apenas um "acervo" mental de caráter transitório, pois as idéias ou conhecimentos "mais perfeitos", que vão surgindo na mente, apagam as suas antecedentes, "menos perfeitas".

A mente humana raciocina à parte, sob uma condição relativa e transitória, muitíssimo pessoal em face da Consciência Infinita e Onisciente do Criador. Deste modo, ela, então, cria inibições, desejos, ansiedades, preconceitos, ideais, medos, concepções individualistas, que constituem o seu equipo próprio no desenrolar da sua existência.

A sua personalidade é conformada à sua experiência pessoal no ambiente em que se encontra; mas, de nenhum modo, isso é o real. Assim, a capacidade e o entendimento de cada criatura que se move numa direção simpática a si mesma fortalecem e alimentam o "ego" inferior como uma consciência separada do Ego Espiritual.

Assim se forja a consciência humana, pelo acúmulo de experiências e lembranças captadas pela mente em atuação no mundo material transitório e irreal. Lembra o perfume da flor, mas não é a própria flor. (Obra: ***Mediunidade de Cura***, 12ª edição, pp. 134/135)

Consciência humana x consciência espiritual

A consciência humana compreende o estado de vigília do espírito quando ele se encontra ligado ou imerso no corpo físico. A consciência espiritual, no entanto, age diretamente no mundo divino do espírito como entidade eterna, ou seja, no seu plano "real" e definitivo. É a consciência imutável do ser que preexiste além do tempo "vida humana"; e manifesta-se independente das limitações acanhadas do "eu" ou do "mim", que constituem a personalidade do "ego" deslocado do seio do Cosmo onde "espaço e tempo" são infinitos. (Obra: ***Mediunidade de Cura***, 12ª edição, p. 134)

Contaminação áurica – ingestão de carne

O mestre hindu, meditativo e místico, que procura continuamente o contato com os planos mais delicados, evita a ingestão de carne, que lhe contamina a aura com o astral inferior. Os "guias", muito conhecidos na tradição espírita, sempre lutam com dificuldade quando desejam intuir-vos após os lautos banquetes de vísceras engorduradas, que digeris para atender ao sofisma das proteínas. Principalmente nos trabalhos de materializações, os delicados fenômenos são imensamente prejudicados pela presença de assistentes com os estômagos saturados de carne, e que identificam o clima repulsivo do necrotério onde estão se decompondo vísceras. (Obra: ***Fisiologia da Alma***, 15ª edição, p. 32)

Contato com a vítima dos condensadores de bruxaria – potencializa ação fluídica

Os condensadores de bruxaria absorvem maior cota de energias vitais humanas, quando ficam em contato mais frequente com a vítima enfeitiçada. Daí, a preferência por travesseiros, colchões e acolchoados confeccionados com penas arrancadas de aves, crina tosada de cavalos, lã extraída dos carneiros e até casacos de peles de marta ou de "vison", porque tais coisas, além de bastante impregnadas do tônus vital da fonte de onde provieram, ainda são de uso frequente das vítimas embruxadas. (Obra: ***Magia de Redenção***, 13ª edição, p. 76)

Corpo astral – desenvolvimento após os sete anos de idade

É de senso comum que as crianças são "inocentes" até os sete anos, porque a voz popular pressente que o espírito encarnado ainda não conta com o veículo emocional para expressar suas emoções sob o controle espiritual. Até essa idade domina apenas o instinto puro e os ancestrais hereditários, sem obedecer ao comando do Espírito. (Obra: ***O Sublime Peregrino***, 17ª edição, p. 130)

Corpo astral e viciados no além

A desencarnação não destrói os desejos, pois estes são psíquicos e não físicos. Após a morte corporal, quando a alma se vê impedida da satisfação alcoólica, é justamente quando o seu desejo ainda mais recrudesce e a idéia da impossibilidade de saciar o vício produz-lhe atroz desespero.

Há muito tempo a tradição ocultista vos ensina que o corpo astral, como um dos veículos que compõem o perispírito, é realmente o "corpo dos desejos", no qual sedia-se o desejo do espírito e conservam-se todos os resíduos produzidos pela sua emotividade e paixões vividas nos milênios findos. Através desse sutilíssimo corpo astral, constituído de toda a essência psíquica emotiva desde a sua origem planetária, é que realmente se manifesta o desejo do espírito. Nessa contextura delicadíssima atuam, gritam e dominam todos os ecos e estímulos das paixões, desejos e vícios que hajam vibrado na alma através de suas anteriores encarnações físicas. É por isso que a simples perspectiva de não poderem saciar a angustiosa sede de álcool, trazida da Terra, deixa esses infelizes alcoólatras cegos e enlouquecidos sob os mais cruciantes acometimentos. Rompem-se-lhes as algemas de qualquer convenção ou deveres afetuosos, levando-os a praticar as mais vis torpezas para conseguir o álcool. Aqueles que já presenciaram os ataques etílicos dos alcoólatras e se compungiram pelos seus alucinantes delírios, sem dúvida não observaram vinte por cento do que acontece a esses infelizes desesperados pelo vício, quando lançados brutalmente no mundo astral! Além disso, as entidades das sombras procuram auxiliar os viciados recém-chegados ao espaço, ensinando-os a ter paciência e a buscar o seu "médium eletivo", na crosta terráquea, a fim de torná-lo um dócil "caneco vivo" que, na forma de um canal, lhes mitigará no mundo material a sede ardente do álcool. (Obra: ***Fisiologia da Alma***, 15ª edição, p. 106)

Corpo espiritual – defesas contra investidas maléficas

O homem só se resguarda dos fluidos perniciosos dos maus espíritos, quando se integra no critério moral superior.

No entanto, a criatura não está completamente indefesa a certas influências do mundo oculto, pois o perispírito, através de milênios de adaptações e atividade no seio das energias dos mundos planetários, também desenvolveu a sua capacidade de defesas contra as investidas maléficas. Assim como acontece com o organismo físico, ele consegue regenerar as zonas ofendidas e corrigir as lesões da hostilidade do mundo inferior. Evidentemente, sendo a matriz fisiológica ou etérica da organização humana, é óbvio que também supera as investidas malfeitoras por parte dos espíritos das sombras. O perispírito dispõe de recursos maravilhosos para a sua sobrevivência e proteção no seio das energias inferiores, tal qual o corpo físico mobiliza recursos para defender-se de quaisquer reações nocivas ao seu equilíbrio vital. (Obra: ***A Missão do Espiritismo***, 9ª edição, p. 116)

"Corpo fechado" – conluio com as trevas

É conluio dos espíritos "satânicos" que, por intermédio dos seus bruxos e feiticeiros sediados na carne, operam em favor de súditos afins, proporcionando-lhes a imunização "corpo fechado", isto é, um circuito forte de magnetismo inferior. É mobilização das cargas astralinas agressivas, concentradas num campo magnético denso, sustentando a cortina de fluidos animalizados em torno do protegido. Para o êxito de tal cometimento, esses magos das sombras utilizam-se de talismãs, símbolos, recursos hipnóticos, substâncias odoríferas agrestes ou mesmo apetrechos de uso pessoal do mesmo. Depois submetem tais coisas à baixa frequência vibratória, dentro da lei de que "os semelhantes atraem os semelhantes"[8] e através de exorcismos, liturgias diabólicas e rituais bárbaros, compõem uma atmosfera fluídica isolante ou refratária em torno dos seus adeptos e pupilos.

Assim como a lente sob o Sol concentra-lhe os raios formando um foco luminoso e calorífero de maior potencial, esses magos negros fazem convergir as forças primitivas ou maléficas sobre os objetos, coisas e criaturas a serem alvejadas pela magia negra. Malgrado possam imobilizar energias inferiores para a proteção dos seus comparsas na matéria, noutro sentido, também lhes invertem os pólos magnéticos; e, em vez de promoverem o tradicional "corpo fechado", hostilizam desafetos, enfeitiçam criaturas atendendo solicitações de vingança e semeiam, nas vítimas, enfermidades e perturbações. Assim, a mesma carga de fluidos inferiores que lhes serve para a segurança dos apaniguados das "trevas", eles também podem usá-la para fins maléficos contra os que lhes são antipáticos. (Obra: ***Elucidações do Além,*** 8ª edição, pp. 106/107)

Cristo Cósmico – amor

Há que não esquecerdes a significação do vocábulo "Cristo", no seio do Cosmo.

O Cristo Cósmico, em sua generalidade, é o segundo princípio emanado de Deus que, na forma do Amor, serve de coesão

8 Nota do revisor – "Talismãs e altares, vestes e paramentos, símbolos e imagens, vasos e perfumes, não passam de petrechos destinados a incentivar a produção de ondas mentais, nesse ou naquele sentido, atraindo forças do mesmo tipo que as arremessadas pelo operador dessa ou daquela cerimônia mágica ou religiosa e pelas assembléias que os acompanham, visando a certos fins". Trecho extraído da obra ***Mecanismos da Mediunidade***, capítulo XXV, "Oração", da autoria de André Luiz por Chico Xavier e Waldo Vieira. Edição da Livraria da Federação Espírita Brasileira.

entre o seu Pensamento Original Incriado e os mundos que os Arcanjos ou Engenheiros Siderais revelam sob a vontade divina. Ele significa, pois, o estado absoluto do Amor no Cosmo; cimento de coesão entre os astros e a luz pura que alimenta o amor entre os seres. O Cristo Cósmico revela-se em Deus na plenitude do Amor Eterno; o Cristo Galaxial é o próprio Logos ou Arcanjo das Galáxias, mas destacado na sua expressão de Amor sobre os seus demais princípios do Poder, Sabedoria e da Vontade criadora; o Cristo Solar é também o mesmo Logos Solar, porém acentuado sideralmente no princípio do Amor, distinguido do Poder, da Vontade e da Sabedoria Solar; o Cristo da Terra, consequentemente, é a expressão absoluta do Amor do próprio Arcanjo do vosso orbe! (Obra: ***Mensagens do Astral***, 16ª edição, p. 363)

Cristo Planetário – embebidos em sua essência

É o Arcanjo, o Logos ou Cristo Planetário da Terra, cuja Luz e Essência Vital, em perfeita sintonia com a vontade e o plano de Deus, então alimenta a alma da humanidade terrícola. Os homens vivem embebidos de sua essência sublime e, por isso, sentem no âmago de suas almas uma direção que os orienta, incessantemente, para as melhores aquisições espirituais no mundo educativo da matéria. As criaturas mais sensíveis, os intuitivos e os inspirados, às vezes identificam essa "voz oculta" a lhes falar silenciosa e ternamente nas belezas edênicas, que os aguardam após o desenlance do corpo carnal. Assim, o Logos, o Verbo ou o Cristo do planeta Terra, em determinado momento passou a atuar diretamente pelo seu intermediário Jesus, anjo corporificado na figura humana, transmitindo à humanidade a Luz redentora do Evangelho. (Obra: ***O Sublime Peregrino***, 17ª edição, p. 69)

Cristo – poderoso mantra

Já pensastes no poderoso "mantra" que é a palavra "Cristo", que está impregnada de um sacrifício memorável na figura de Jesus de Nazaré? Quando a pronunciais sob elevada meditação, não sentis porventura que a vossa alma vibra sob um estado de expectativa cósmica, enquanto o júbilo e a esperança completam o vosso gozo espiritual? Os cristãos que se deixavam trucidar nos circos romanos, à simples exclamação de "Ave Cristo", aliciavam forças tão poderosas, que muitos desencarnavam anastesiados por semelhantes energias. (Obra: *A Sobrevivência do Espírito*, 7ª edição, p. 221)

Curas de Jesus – germinação de forças magnéticas

As leis que regulam o fluxo da energia elétrica exigem caminho livre e sábio controle no seu manuseio para resultarem benefícios como o calor, a luz, o frio e a força geradora. Jesus, portanto, lidando com forças mais sutis, disciplinadas por leis da mais alta fonte criadora do Espírito, um Sábio e não um milagreiro, operava de modo inteligente nas suas curas, submetendo-se à técnica e às regras terapêuticas do magnetismo superior.

Sem dúvida, o ingrediente principal que dinamizava essas forças com êxito e eficiência era a natureza angélica de sua própria alma, doando-se na receptividade confiante e merecedora de seus enfermos. Sadio de organismo, sem qualquer deformidade "psicofísica", com um duplo etérico portador do mais puro ectoplasma, em combinação com o mesmo elemento extraído da contextura do próprio orbe, Jesus era uma antena viva diamantífera, de onde fluíam energias vitais que, operando modificações surpreendentes nos enfermos, eram tidas por milagres. A sua palavra criadora era penetrante e hipnótica. Insuflava a vitalidade, o ânimo, a alegria e a esperança nos que o ouviam. O seu falar se impregnava de tal força, que os paralíticos se moviam, os cegos enxergavam e os leprosos se limpavam das chagas corrosivas. Era um fabuloso potencial de energias criadoras que lhes dava a saúde e restabelecia-lhes o dinamismo orgânico. (Obra: *O Sublime Peregrino*, 17ª edição, pp. 237/238)

Curas de Jesus – germinação de forças magnéticas II

Quando Jesus assinalava a confiança nos olhos súplices dos enfermos, envolvia-os com as ondas do seu mais profundo amor, ativando-lhes a germinação de forças magnéticas através das próprias palavras e gestos com que os atendia e, à semelhança de misterioso turbilhão, fazia eclodir poderosos fluidos no mundo interior dos infelizes enfermos. Sob os gritos de júbilo desatavam-se os músculos rígidos ou se ativavam nervos flácidos; desentorpeciam-se membros enregelados, enquanto as correntes vitais purificadoras regeneravam todo o sistema orgânico, restituindo a vista a cegos, saturando as cordas vocais nos mudos, sensibilizando sistemas auditivos, desatrofiando tímpanos, curando surdos. A influência excitante e criadora que o olhar do faquir exerce sobre a semente enterrada no solo para obrigá-la a dinamizar suas energias ocultas e crescer apressadamente, Jesus também a exercia, através do poder assombroso e dinamizador do seu olhar. Um corpo chagado tornava-se limpo no prazo de alguns minutos, sob o energismo incomum que o Mestre projetava na alma e no organismo dos enfermos. (Obra: ***O Sublime Peregrino***, 17ª edição, p. 238)

D

Defesa radioativa natural – "amuleto inato"

Existe no homem uma "defesa radioativa" natural, que provém do seu duplo etérico e do próprio campo eletromagnético de minerais organogênicos, como ferro, cádmio, cobre, chumbo e outros de traços conhecidos. Alguns indivíduos são bioeletricamente mais ou menos defensivos ou influenciáveis pela lei da gravidade, pelos raios infravermelho, ultravioleta, magnetismo lunar, impactos cósmicos, e, principalmente, pela ação astrológica exercida nos minerais da circulação sanguínea. Já nos referimos, nesta obra, a pessoas cujo astro dominante ou ascendente de nascimento as imuniza contra a aura tóxica e radioativa do vegetal "pau-de-bugre", enquanto outras, por culpa do astro desfavorável, precisam até de médico para solucionar-lhes os graves distúrbios alérgicos semelhantes aos edemas de Quink. A aura das pessoas de bom ascendente astrológico é imune ao chicoteamento etérico do "pau-de-bugre", enquanto as opostas absorvem a carga magnética violenta desse vegetal e altera-se imediatamente o seu metabolismo endocrínico. Poder-se-ia dizer que tais criaturas já possuem inatamente o seu amuleto radioativo e capaz de espancar ou eliminar os maus fluidos, enquanto outras socorrem-se de talismãs ou berloques de minerais, para então gozar da mesma imunidade. (Obra: ***Magia de Redenção***, 13ª edição, pp. 149/150)

Defesas magnéticas – "mau olhado"

Os objetos ou cousas na cor vermelha podem desempenhar duas funções proveitosas contra o mau-olhado: primeiramente, absorvem a emanação nociva e concentram o raio vermelho, enquanto pelo seu aspecto ou natureza excêntrica atraem e desviam o olhar nocivo, que deveria incidir sobre certa planta, ave ou criança.

Mas não é apenas a cor vermelha que se presta para neutralizar o raio vermelho produzido pelo inusitado fenômeno do mau-olhado; quaisquer objetos de aspecto gritante, excêntrico e incomum ou até assustador podem atrair a atenção das pessoas, fazendo-as descarregar ali a sua dose fluídica nociva. Por isso, é algo comum encontrarem-se ferraduras, chifres de animais, amuletos gigantescos, carantonhas burlescas, imagens excêntricas ou demais objetos insólitos colocados em portões ou nas portas de residências do interior, que têm a função de atrair a veemência do mau-olhado. Trata-se de singela defesa magnética para desviar o fluido ruim através de um recurso excêntrico, mas eficaz, que então condensa a carga maléfica, evitando que ela incida e prejudique pássaros, plantas, flores, animais e crianças mais delicadas. (Obra: ***Magia de Redenção***, 13ª edição, p. 146)

Defumação – desagrega miasmas e bacilos psíquicos

Desde o instante em que as ervas principiam a germinar no seio da terra até o momento em que são colhidas, elas extraem do solo toda a sorte de minerais, vitaminas, proteínas, sais químicos e umidade, além de imantadas pelos raios solares, eflúvios elétricos e magnéticos provindos da própria Lua, além de impregnados do ectoplasma terráqueo, supercarregadas de éter-físico, prana e da energia vigorosa que é o fogo "kundalíneo".

Enfim, todo o potencial que se elabora no seio da planta, durante os meses de sua vivência no solo seivoso da terra, depois é liberto em alguns minutos da defumação, projetando em torno um potencial de forças, que, além de sua manifestação propriamente física, ainda desagregam miasmas e bacilos astralinos disseminados no ambiente humano. A queima de ervas defumadoras também obedece a uma determinada disciplina mental ou concentração, atraindo a cooperação de espíritos de pretos-velhos, caboclos e bugres, simpáticos a tal processo tradicional de defesa psíquica, os quais ajudam a amenizar na limpeza das pessoas enfeitiçadas. (Obra: *Magia de Redenção*, 13ª edição, pp. 170/171)

Defumação – liberação de energias

Considerando que a matéria é energia condensada em "descida" vibratória do mundo oculto, a defumação representa uma operação inversa ou liberação de energias, as quais passam a repercutir novamente nos planos etéricos e astralinos de onde se originaram. O perfume, ou a exalação natural das plantas, também age na emotividade e na mente do ser, pois o seu odor associa idéias e reminiscências místicas, conforme acontecia nos templos iniciáticos do Egito, da Grécia, Índia e Caldéia. A defumação composta de incenso, sândalo e mirra, tão tradicional e estimulante para o espírito, que produzia uma condição receptiva e inspirativa simultaneamente nos planos físico, astral e etéreo, ainda hoje é uma espécie de bálsamo espiritual, quando feita nos templos católicos. (Obra: *Magia de Redenção*, 13ª edição, p. 171)

Degraus vibratórios – desvestimentos das formas materiais

Os mundos materiais formam os degraus vibratórios que a alma excursiona, em sua "longa" viagem de retorno ao seu verdadeiro ***habitat*** de Luz Eterna. A "descida" ou a bíblica "queda angelical" vos exige que a posse do "antigo estado edênico" se faça sob o disciplinado processo de **desvestimento** das formas materiais. A Luz está em vós e nunca deixou de estar convosco; palpita na vossa intimidade e vos cria os anseios que traduzis em "desejos de libertação". Não são as prosaicas mudanças de faixas vibratórias, que realmente vos darão o conteúdo da Luz Eterna que permanece íntegra em vossa intimidade espiritual, mas é o maior alcance dessas zonas de vibração mais elevadas, que vos permitirão maior liberdade da Luz Espiritual. (Obra: *A Vida no Planeta Marte e os Discos Voadores*, 14ª edição, p. 192)

Descargas fluídicas e limpezas astrais

Não vos deixeis impressionar pelos rótulos acadêmicos nem pelas posições sociais do mundo; o Criador lança mão de certos recursos, para que o intelectual e o rico compreendam que nem sempre a sua sabedoria e a sua riqueza podem assegurar-lhes os dotes do espírito. Quantas vezes a negra velha deixa os seus afazeres domésticos para atender ao intelectual carregado de fluidos maus, ou socorrer a família rica, que a procura em custoso automóvel, para o benzimento do filhinho! Esse exército de apagadas criaturas, que mourejam diariamente nas tarefas agressivas das "descargas fluídicas", intercalam em suas vidas de pobres, já atribuladas, o trabalho das orações, dos benzimentos e das "limpezas astrais" para com os mais cultos, ricos e também munidos do diploma acadêmico! (Obra: ***Mensagens do Astral***, 16ª edição, pp. 116/117)

Descida vibratória de Jesus – mais de mil anos

De início, já é tempo de a humanidade entender que Jesus de Nazaré não é especificamente o Cristo, ou Deus, mas o sublime médium, o mais qualificado representante da Divindade na face da Terra, a fim de transmitir a mensagem libertadora do Evangelho. O espírito que conhecemos por Jesus de Nazaré, o melhor homem do mundo, viveu trinta anos sob a mais intensa atividade "psicofísica", a fim de esmerar-se até alcançar a hipersensibilidade para sentir o espírito planetário em si. Mas, por tratar-se de entidade de alto gabarito psíquico, Jesus despendeu mais de mil anos do calendário terreno, para conseguir reduzir a sua vibração e atingir uma frequência compatível da organização carnal de um homem à superfície da Terra. O nascimento de "Avatares", ou de entidades de alto gabarito espiritual, como Jesus, exige a mobilização de providências incomuns por parte da técnica transcendental, medidas essas que ainda são ignoradas e incompreendidas pelos terrícolas. É um acontecimento previsto com muita antecedência pela Administração Sideral, pois do seu evento resulta uma radical transformação no seio espiritual da humanidade. Até a hora de espírito tão elevado vir à luz no mundo terreno, devem ser-lhe assegurados todos os recursos de defesa e assistência necessários para o êxito de sua "descida vibratória". (Obra: ***O Evangelho à Luz do Cosmo***, 8ª edição, pp. 174/175)

Descida vibratória – Jesus

No caso de Jesus, tratava-se de uma entidade emancipada no seio do sistema solar, uma consciência de alta espiritualidade, que não podia reajustar-se facilmente à genética humana. Tendo se desvencilhado há muito tempo dos liames tecidos pelas energias dos planos intermediários entre si e a crosta terráquea, ele precisaria de longo prazo para, na sua descida, atravessar as faixas ou zonas decrescentes dos planos de que já se havia libertado. E então, para alcançar a matéria na sua expressão mais rude, teve de submeter-se a um processo de abaixamento vibratório perispiritual, de modo a ajustar-se ao metabolismo biológico de um corpo carnal. Jesus não poderia ligar-se, de súbito, à substância grosseira da carne, antes que a Ciência Divina lhe proporcionasse o ensejo favorável e as providências indispensáveis para uma graduação de ajuste à frequência comum da Terra. (Obra: ***O Sublime Peregrino***, 17ª edição, pp. 33/34)

Descida milenar do Mestre Jesus – verdadeiro sacrifício

A piedade e o amor excelsos de Jesus faziam-no sofrer mais pelo descaso dos homens em promover a sua própria felicidade, do que mesmo pela ingratidão deles. O seu verdadeiro sacrifício e sofrimento, enfim, foram decorrentes da penosa e indescritível operação milenar durante o descenso espiritual vibratório, para ajustar o seu psiquismo angélico à frequência material do homem terreno. A Lei exige a redução vibratória até para os espíritos menos credenciados no Espaço, cuja encarnação terrena, às vezes, se apresenta dificultosa nesse auto-esforço de ligar-se à carne. Mas Jesus, embora espírito de uma frequência sideral vibratória a longa distância da matéria, por amor ao homem, não hesitou em suportar as terríveis pressões magnéticas dos planos inferiores que deveria atravessar gradualmente em direção à crosta terráquea.

Ele desceu através de todos os planos inferiores, desde o mental, astralino e etérico, até poder manifestar-se com sucesso na contextura carnal e letárgica da figura humana. Abandonando os píncaros formosos do seu reino de glória, imergiu lentamente no oceano de fluidos impuros e agressivos, produzidos pelas paixões violentas dos homens da Terra e dos desencarnados no Além.

Após ajustar o seu corpo mental e reativar o mecanismo complexo do cérebro perispiritual, em seguida, Jesus desatou o corpo astralino para vibrar ao nível das emoções humanas. Atingindo o limiar do mundo invisível e do material, então fez o seu estágio final, incorporando-se no Éter Físico ectoplásmico, para compor o "duplo etérico" e os centros de forças conhecidos por "chacras",[1] que deveriam se desenvolver e estruturar-se durante a gestação carnal. Em seguida, integrou-se definitivamente na atmosfera do mundo físico, corporificando-se, mais tarde, no mais encantador menino que a Terra já havia conhecido! (Obra: ***O Sublime Peregrino***, 17ª edição, pp. 39/40/41)

"Desejo central" – forja de anjos ou sofredores

Esse desejo corresponde a uma força passional oculta, de forte exaltação psíquica, resultante de todas as energias consequentes da experimentação milenária da consciência. É conquista que funde num só campo de forças tudo o que a alma experimentou e absorveu no trato energético com o mundo exterior. Figura no âmago da consciência como sua finalidade mais importante, que supera todos os demais desejos e ações que não vibram com esse "desejo central". Mas ele tanto pode ser o fruto de más raízes, que a consciência espiritual lançou para o fundo do seu psiquismo, como pode ser também um oceano de energias represadas que, ao romperem as suas comportas, podem acender as mais sublimes luzes messiânicas a favor da humanidade.

No subjetivismo do ser, esse desejo vai fazendo a sua investida lenta, mas tenaz, porque não é força estável, mas sim energia inquieta à procura de expansão e domínio. Em alguns seres, a sua eclosão pode cessar quando atingidas as bordas da vaidade pessoal em consequência de posses econômicas ou posições sociais comuns à vida epicurística, quiçá no orgulho pessoal dos cargos e gloríolas políticas, embora sem grandes expansões notórias. Em outros, porém, é força perigosa que, ao eclodir, transforma as instituições clássicas do mundo e subverte as leis tradicionais, impondo programas tirânicos, o fausto, ou a rapinagem que sacrificam o gênero humano.

Mas na alma superior, o "desejo central", embora ainda indefinido, expande-se como um potencial de reservas abençoadas e produz as grandes renúncias e os iluminados guias da humanidade.

---

1 Vide as seguintes obras que abordam assunto semelhante: ***Os Chacras***, ***O Plano Astral*** e ***O Plano Mental***, de C. W. Leadbeater: ***O Duplo Etérico***, de Powell, obras editadas pela Editora Teosófica Adyar S.A. e Editora Pensamento, e ***Elucidações do Além***, de Ramatís, editada pela **EDITORA DO CONHECIMENTO**.

Francisco de Assis, quando sentiu aflorar a força íntima do seu "desejo central", consumiu-se no desempenho do serviço amoroso aos infelizes; Jesus, dominado pelo mesmo impulso oculto, transformou-se num vibrante instrumento vivo de heroísmo e amor, cujo potencial energético exsudou-se em torno da cruz do martírio, a favor da felicidade do homem. O "desejo central" desses sublimes seres recebeu o alento das hierarquias angélicas, enquanto que, nos grandes tiranos ou flagelos da humanidade, o alento partiu do poder das trevas. (Obra: ***A Vida Além da Sepultura***, 12ª edição, p. 325)

Desencarnação – transferência vibratória mental

Mudais de plano vibratório sem modificardes o vosso interior, porquanto a morte do corpo físico não é fenômeno miraculoso, que faça eclodir a sabedoria no espírito ocioso ou a ternura na alma cruel. O vosso organismo carnal, à semelhança de um biombo espesso, torna-se um forte interceptador da luz do espírito; o seu desaparecimento, ou a sua desintegração no seio da terra, favorece a alma para que esta clareie o seu campo de consciência e ative a memória preexistente ao nascimento físico. O fenômeno pode ser comparado à luz de uma lâmpada que se projeta a maior distância, assim que lhe afastem os biombos ou anteparos que lhe reduziam a expansividade luminosa. Na verdade, é a nossa mente que se transfere de um plano vibratório mais denso para outro mais sublimado, qual um facho de luz que deixa de iluminar a superfície opaca de um vaso de pedra, para focalizar-se unicamente no seu líquido interior. (Obra: ***A Sobrevivência do Espírito***, 7ª edição, p. 14)

Desintegração etéreo-astral – limpeza

Quantas vezes os desvãos tristes dos velhos casarões são apenas ambientes onde germinam idéias fúnebres, proliferam pessimismos incontroláveis e vivem criaturas compungidas, em atmosfera prenhe de gemidos, de queixas, rebeldias e temores! Subitamente, o raio benéfico rompe as cortinas desses fluidos densos; doutra feita, o fogo abençoado dissolve a substância infecta e, em breve, o ambiente extensamente sombrio e fúnebre, até mesmo nas redondezas, transforma-se em clima arejado sob o qual se ergue outra morada sadia, enquanto os vermes mentais buscam outras zonas mais simpáticas! (Obra: ***Mensagens do Astral***, 16ª edição, p. 340)

Destino glorioso – angelitude

É a auto-realização, a transformação preliminar, garantia de um futuro venturoso, quando o espírito sentir, conscientemente, os seus poderes criativos e a possibilidade de plasmar nas formas do mundo toda a intuição superior, como poesia, arte e imaginação sublime. Não importa se o homem, em princípio, confunde as quinquilharias dos mundos físicos transitórios com valores autênticos de sua futura felicidade. O certo é que ele jamais se perderá nos labirintos educativos das vidas materiais, porque o seu destino glorioso é a angelitude e a luz que o guia queima no próprio combustível de sua centelha interna. Sem dúvida, precisa crer e confiar na pedagogia traçada pelo Criador, cujo resumo o ser possui em sua própria intimidade espiritual, na síntese microcósmica do "reino divino". (Obra: ***O Evangelho à Luz do Cosmo***, 8ª edição, p. 74)

Determinismo kármico da Terra e livre-arbítrio

O determinismo kármico da Terra, limitado pelo determinismo cármico de sua constelação solar, reduz também o livre arbítrio e a plena ação da vontade humana; o mundo material, com sua substância letárgica, significa o ergástulo que aprisiona o espírito, cuja natureza essencial é a de liberdade no Além. Em consequência, esse livre arbítrio — ou essa vontade a que vos referís — só pode ser exercido mais amplamente desde que também vos liberteis cada vez mais da substância material que compõe e limita o corpo exterior do planeta.

À medida que mais vos integrardes ao Cristo planetário, que é o espírito excelso que nutre o vosso orbe, sem dúvida também crescerá o vosso livre arbítrio em relação aos demais seres pois, angelizando-vos, também sereis mais conscientes da Verdade Eterna. (Obra: ***Fisiologia da Alma***, 15ª edição, p. 206)

Deus – ciência cósmica e a voz do silêncio

Há que entender, também, que Deus, acima de tudo é "Ciência Cósmica". Podeis conseguir a angelitude exclusivamente através dos caminhos silenciosos da meditação, ouvindo apenas aquela "Voz do Silêncio" que opera na intimidade espiritual. Mas não modificareis o processo único do mecanismo científico, que só eleva os estados inferiores para os estados superiores, através das mudanças de faixas vibratórias. Embora vos entregueis à idéia de que o vosso êxtase é apenas um "estado sublime e divino", na intimidade do mundo interno, os fenômenos que se sucedem, conduzindo-vos a essa sublimidade, estão perfeitamente subjugados pelas leis implacáveis que regem as alterações vibratórias. Enquanto vos sentis eufóricos porque vencestes um estado inferior e lograstes um estado superior espiritual, na realidade científica do Cosmo, o vosso espírito conseguiu alcançar "frequências vibratórias" mais velozes e sutis, que já existem palpitantes na intimidade sideral. A frequência vibratória do "amor" humano é distintíssima da que se comporta sob a força destrutiva do ódio. (Obra: ***A Vida no Planeta Marte e os Discos Voadores***, 14ª edição, p. 190)

Deus e a ampliação da consciência humana

Se considerarmos Deus simbolizado por raios, que partem geometricamente de um centro e se perdem no infinito, a consciência do homem é sempre a figura de uma esfera limitada sobre o centro desses raios. Assim, embora essa consciência humana se amplie e se desenvolva incessantemente em todos os sentidos, em face de sua limitação relativa em cada fase, ela jamais alcançará os raios infinitos. (Obra: ***O Evangelho à Luz do Cosmo***, 8ª edição, p. 30)

"Deus te abençoe" – poderoso mantra

Há pouco, referimo-nos à palavra amorosa, construtiva e catalisadora de forças e emoções superiores, como é a expressão verbal "Deus-te-abençoe", vigoroso "mantram", que dinamiza na criatura a esperança e o júbilo espiritual. Assim como a praga ou a maldição de mãe, a de madrinha é força tenebrosa e mais destrutiva do que a proferida por estranhos, a bênção, no mesmo caso, também produz resultados mais sublimes e benfeitores. Com o magnetismo energético e hipnótico das palavras, podemos despertar energias e promover transformações miraculosas. Jesus levantava paralíticos com sua palavra criadora, desatando energias adormecidas e produzindo verdadeiros milagres. (Obra: ***Magia de Redenção***, 13ª edição, p. 50)

Devas maiores x devas menores – infinita hierarquia cósmica

Os "Devas Maiores", mais conhecidos no Ocidente por Arcanjos, são considerados agentes onipresentes e superfísicos da Vontade Criadora do Pai; os senhores e diretores de todas as energias, leis, princípios e processos galaxiais, constelares, solares, interplanetários e planetários. Os "Devas Menores", ou anjos da pedagogia católica, atuam nos diversos reinos da Natureza, operando intimamente desde o reino mineral, vegetal, animal e principalmente hominal. Senhores do psiquismo, pródigos de sabedoria e poder criativo, eles criam, disciplinam, orientam, aperfeiçoam e sublimam todas as manifestações da Vida nos mais diversos planos e regiões dos orbes físicos.

Consequentemente, os "Devas Menores" ainda representam um elevado estado do Psiquismo Cósmico, mas já se constituem nas consciências psíquicas que comandam e coordenam os reinos mineral, vegetal, animal e hominal. Inclusive, ainda se subdividem em novos subcomandos instintivos e responsáveis para cada espécie diferente de mineral, vegetal e animal de cada reino. Nesse descenso psíquico procedido pela Consciência Cósmica através das galáxias, constelações e orbes, vão-se elaborando, pouco a pouco, numa síntese regressiva, os próprios núcleos das futuras consciências humanas.

Essa infinita e imensurável hierarquia espiritual de elevada estirpe, poder e sabedoria, que cria, disciplina e aperfeiçoa os mundos em cada "Grande Plano" ou "Manvantara" da Criação, tem o seu limite extremo superior na Consciência Espiritual de Deus e o extremo inferior na consciência do próprio homem. (Obra: *O Evangelho à Luz do Cosmo*, 8ª edição, p. 102/103)

Devas – "seres brilhantes" que governam os universos

A Consciência Espiritual de Deus é o único Comando, controle e fundamento do Universo. Ela pode dispor de tantos centros de governo psíquico, no macro ou microcosmo, conforme sejam as características criadoras exigidas nos campos, sistemas ou quaisquer unidades da Vida. Mas, em verdade, Deus serve-se dos seus próprios filhos para exercer esse governo disciplinado e criativo universal, uma vez que eles também são potencialmente o próprio Cosmo em "miniatura".

Daí os motivos por que os povos orientais, os primitivos

celtas, mostram-se familiarizados com a idéia da existência de "deuses", que rodeiam o "Trono do Senhor", e são incumbidos das criações e providências mais avançadas e complexas do Universo. Em face de sua aparência luminosa e muitíssimo refulgente, que se ressalta desses "deuses" tradicionais, reconhecíveis por exímios clarividentes, eles são conhecidos pela denominação de "Devas"[2] que na linguagem do sânscrito significa "seres brilhantes".[3] (Obra: *O Evangelho à Luz do Cosmo*, 8ª edição, p. 102)

"Dhâranã" – abstração de maya

O oriental é essencialmente introspectivo; a sua agudeza mental "sente", muito antes, aquilo que os outros geralmente só percebem através da matemática da forma. Na profundidade do seu espírito vibra a misteriosa "voz sem som" que, no "caminho interior", adverte da realidade que transcende o reino de Maya — a Ilusão! É por isso que o que dizemos lhes é eletivo; eles sentem na intimidade dos seus espíritos o exótico perfume que se evola, e uma "voz familiar" lhes segreda: — "Antes que a Alma possa ver, deve ser conseguida a harmonia interior, e os olhos da carne tornados cegos a toda ilusão. Antes que a Alma possa ouvir, a "imagem" tem que se tornar surda aos rugidos como aos segredos, aos gritos dos elefantes em fúria como ao sussurro prateado do pirilampo de ouro". Estas palavras quase não têm sentido para o ocidental inato, porque para isso é preciso fazer o espírito mergulhar profundamente no seu interior, abstrair-se da complexidade ilusória da forma exterior, que o oriental sabe ser profundamente enganadora. Ele inverte fundamentalmente o problema, interessando-se em primeiro lugar pelo que a pitoresca linguagem iniciática chama o "Dhâranã", ou seja a abstração completa de tudo que pertença ao universo exterior, ao mundo dos sentidos; enfim: — à dor de cabeça do cientista ocidental. As nossas palavras revivem-lhes certas emoções fixadas na retina espiritual, enquanto que para os "não eletivos" podem até parecer

2 Nota do médium – Sob o ensino religioso do Catolicismo, consta que o nosso orbe terráqueo é fruto do psiquismo criativo de três arcanjos: Gabriel, Miguel e Rafael, cada um deles tendo assumido uma responsabilidade específica na vivência e formação das almas terrenas.

3 Nota do médium – Vide a obra *O Reino dos Deuses*, excelentemente ilustrada a cores, que explica amplamente a existência e a função desses "Devas". Obra editada e distribuída pela "FEEU" (Fundação Educacional e Editorial Universalista. Caixa Postal 2931 — Porto Alegre, Rio Grande do Sul). Os "Devas", aliás, também foram espíritos que se burilaram nas lutas reencarnatórias, habitando e aperfeiçoando-se nas diversas moradas do Pai.

ridículas ou obscurecedoras da realidade prática. (Obra: *Mensagens do Astral*, 16ª edição, pp. 452/453)

Dia de Brahma e noite de Brahma

É óbvio que Deus não traçou divisões em si mesmo, porquanto a sua manifestação é eterna, contínua e ilimitada. Mas a filosofia oriental procurou distinguir, no Onipotente, a fase da sua "descida" à forma exterior-matéria e, depois, o "retorno" ou a dissolução da substância, como a libertação do Espírito Cósmico da forma. Em consequência, a "expiração" é a descida angélica para fora, ou exterior, e que no Oriente se denomina o "Dia de Brama", isto é, quando Deus cria. A segunda fase é a "aspiração", ou seja, a "Noite de Brama", quando então Deus dissolve o Cosmo exterior.

O "Grande Plano" — denominação mais apropriada para a mente dos ocidentais — ou o "Manvantara", da escolástica oriental, abrange, então, essas duas fases de expirar e aspirar, ou seja, a Noite de Brama e o Dia de Brama. Perfaz cada fase o tempo de 2.160.000.000 de anos terrestres, somando ambas o total de 4.320.000.000 de anos, tempo em que Brama, ou Deus, completa uma "respiração", ou seja, um Grande Plano ou Manvantara.

Há que notar a precisão desses Manvantaras ou "Grandes Planos", já enunciados no tempo de Antúlio, na Atlântida, o qual, devido a esse conhecimento, pôde prever a precessão dos equinócios, que mais tarde os egípcios confirmaram, assinalando-a na edificação das pirâmides e oculta sob as suas medidas sibilinas. (Obra: *Mensagens do Astral*, 16ª edição, p. 372)

Dinamização homeopática e energias ocultas

Trata-se de um processo por meio do qual a energia dinâmica que existe na intimidade da matéria, proveniente de todos os reinos da Terra, é liberada e potencializada. Na realidade, dinamizar é radioativar, ou seja acelerar a fuga da energia condensada na substância que se desintegra pelo atrito, fricção ou fissura, e que assim se potencializa, centuplicando as suas emissões energéticas. A substância material, ou propriamente energia condensada, quando é desintegrada e potencializada pelo processo homeopático, transforma-se em energia livre que, depois de ingerida pelo enfermo, se transforma num poderoso catalisador e ativa as reações das energias latentes no corpo físico. A dose homeopática infinitesimal e dinamizada, que é a própria substância transformada em energia livre, pode atingir a profundidades inacessíveis à medicação alopática. (Obra: ***Fisiologia da Alma***, 15ª edição, p. 178)

Doenças – mecanismo oculto

A saúde e a enfermidade são o produto da harmonização ou desarmonização do indivíduo para com as leis espirituais que do mundo oculto atuam sobre o plano físico; as moléstias, portanto, em sua manifestação orgânica, identificam que no mundo psíquico e invisível aos sentidos da carne, a alma está enferma! O volume de cólera, inveja, luxúria, cobiça, ciúme, ódio ou hipocrisia que porventura o espírito tenha imprudentemente acumulado no presente ou nas existências físicas anteriores forma um patrimônio "morbo-psíquico", uma carga insidiosa e tóxica que, em obediência à lei da Harmonia Espiritual, deve ser expurgada da delicada intimidade do perispírito. O mecanismo ajustador da vida atua drasticamente sobre o espírito faltoso, ao mesmo tempo que o fardo dos seus fluidos nocivos e doentios vai-se difundindo depois pelo seu corpo físico.

Durante o período gestativo da nova encarnação, esses resíduos psíquicos venenosos, provenientes de energias gastas morbidamente, vão-se condensando gradativamente no corpo físico à medida que este cresce e, por fim, lesam as regiões orgânicas que por hereditariedade sejam mais vulneráveis. Esse processo de o espírito drenar o seu psiquismo doentio através da carne humana, a Medicina estuda e classifica sob grave terminologia técnica, preocupando-se mais com as "doenças", em lugar de se preocupar mais com os "doentes". Embora a ciência médica classifique essa drenação, em sua nomenclatura, sob a designação de lepra, pênfigo, sífilis, tuberculose, nefrite, cirrose ou câncer, trata-se sempre de um espírito doentio a despejar na carne a sua carga residual psíquica e deletéria, que acumulou no passado, assim como pode tê-la acumulado no presente. A causa da moléstia, na realidade, além de dinâmica, é oculta aos olhos, ou aos sentidos físicos; o enfermo sente o estado mórbido em si, mas o médico não o vê nem pode apalpá-lo, como se fora uma coisa objetiva. Quando ocorre a sua materialização física, enfermando a carne, alterando os tecidos, deformando órgãos ou perturbando os sistemas vitais, é porque o morbo-psíquico atingiu seu final, depois, quase sempre, de longa caminhada oculta pelo organismo do doente, para atingir a periferia da matéria e nesta se acomodar ou acumular. É que o espírito, através de vigoroso esforço, termina focalizando os resíduos num local orgânico vulnerável, na tentativa de sua eliminação tóxica. Por isso, não é no momento exato que o indivíduo acusa os sintomas materiais da doença que realmente ele fica doente; de há muito tempo ele já vivia mental e psiquicamente enfermo, embora o seu mundo exterior ainda não houvesse tomado conhecimento do fato.

As inflamações, úlceras, tumores, fibromas, tuberculoses, sarcomas, quistos, hipertrofias, cirrose, adenomas, amebíases, etc., são apenas os sinais visíveis identificando a manifestação mórbida que "desceu" do psiquismo enfermiço para a exterioridade da matéria. (Obra: ***Fisiologia da Alma***, 15ª edição, pp. 139/140)

Dor – desequilíbrio eletromagnético psicofísico

Todas as manifestações materiais são resultantes do eletromagnetismo que imanta, une ou separa os corpos físicos e espirituais.

A dor é o produto desse desequilíbrio eletromagnético psicofísico na estrutura do conjunto humano. Assemelha-se a uma sobrecarga gerando um curto circuito ou a queima de componentes, que ocorre na rede magnética ou eletrônica formadora do perispírito, repercutindo nas regiões orgânicas mais afins ou vulneráveis, perturbando a harmonia energética. Sem dúvida a dor tem origem nas alterações do psiquismo, quando excitado ou deprimido pelas paixões, vícios, sensações primárias ou emoções descontroladas, expressando-se na periferia do organismo. São as expressões psicossomáticas, já reconhecidas por alguns médicos atônitos diante dos fenômenos observados.[4]

Consequentemente, a dor e a enfermidade variam de acordo com o estado moral, intelectual e consciencial de cada criatura. Há doentes que encenam um dramalhão tragicômico por causa de um simples resfriado; outros, mesmo sabendo serem portadores de câncer incurável, mantêm-se otimistas, tranquilos e confiantes no seu destino espiritual, servindo ainda como exemplo de resignação. (Obra: ***Sob a Luz do Espiritismo***, 3ª edição, pp. 15/16)

4 Tudo depende do modo como interpretarmos o fenômeno da dor; para uns é castigo de Deus com o fito de punir os pecados dos homens; para outros é efeito cármico de faltas cometidas em vidas anteriores; raros, porém, aceitam a dor como processo auxiliar da evolução espiritual. A verdade é que ela só se manifesta diante de qualquer resistência física, moral ou espiritual, que perturbe o sentido utilitário, benfazejo e harmônico da Vida.

Dor e estabilidade magnética e perispiritual

São os pensamentos e os atos do espírito que determinam a maior ou menor soma de dores por que há de passar, pois do equilíbrio e da paz da consciência espiritual do ser é que resulta a estabilidade magnética ou eletrônica do perispírito e do corpo físico. Como o Ideal de Deus é a Harmonia e o Equilíbrio perpétuo no Cosmo, qualquer instabilidade que se manifeste no mais íntimo fluir da vida requer sempre o imediato reajustamento, para que não perturbe o Todo harmônico. Eis então a dor, surgindo como o processo necessário a esse reajustamento. (Obra: ***Fisiologia da Alma***, 15ª edição, p. 246)

Dores e sofrimentos – estágios do processo kármico

Embora considereis como dores e sofrimentos as várias fases ou estágios do processo cármico que transforma animais em anjos, ele não tem o caráter de punição ou de vingança das faltas praticadas pelo homem nesta ou nas encarnações passadas. Essas dores e sofrimentos, como etapas de aperfeiçoamento progressivo, conduzem as formas brutais às mais elevadas expressões de estética espiritual. A caminho de novos aspectos de beleza e aquisição de consciência futura, a pedra desbasta-se na dor mineral, a vegetação desperta na dor vegetal, pela poda ou pela enxertia, o animal progride pela dor carnal, sensibiliza-se sob os impulsos do instinto, e o homem se liberta das paixões aviltantes.

É inegável que sois dono de vossa vontade ou do vosso livre-arbítrio, podendo praticar as vossas ações em benefício ou em prejuízo da coletividade, mas é preciso que vos lembreis de que a Lei do reajustamento e do equilíbrio ascensional do espírito intervém imediatamente, assim que exorbitais em vossas ações e delas resultam consequências prejudiciais ao próximo e desarmonia à ética evolutiva. A sabedoria popular antiga, certa da constante e eficaz presença da Lei Cármica por detrás de qualquer acontecimento inevitável ou trágico, preferia curvar-se humildemente à resignada convicção de que "Deus sempre sabe o que faz". Esta certeza também deveria participar de vossas convicções espirituais, pois é fora de qualquer dúvida que uma coisa ainda impossível no Cosmo é o fato de alguém se tornar eternamente infeliz. (Obra: *A Vida Além da Sepultura*, 12ª edição, p. 380)

Drenagem de fundos deletérios e lei de gravidade

A fim de o espírito drenar a sua carga fluídica nociva de vidas anteriores, ele precisa retomar nova existência física, cujo corpo carnal, então, passa a funcionar como um "mata-borrão" vivo, capaz de transferir o residual tóxico do perispírito para o solo terreno, depois da morte. Daí o motivo porque o Catolicismo considera a Terra um "vale de lágrimas", no qual a alma lava-se dos seus pecados e purifica-se através do sofrimento, que é fruto oneroso ao efetuar a sua drenagem perispiritual terapêutica.

No decorrer de cada encarnação, desde a infância até a velhice, o organismo carnal do homem absorve as toxinas ainda aderidas ao seu perispírito, as quais se desprendem sob a própria lei de gravidade do magnetismo específico da Terra. A ação imantadora do corpo físico propicia a atração fluídica e purificadora do perispírito intoxicado, enquanto a morte carnal conduz esse "mata-borrão" vivo para o túmulo, onde a fauna dos sepulcros ultima a tarefa desintegrante dos miasmas e resíduos perniciosos, os quais terminam se incorporando no próprio campo etereofísico da Terra. (Obra: *O Evangelho à Luz do Cosmo*, 8ª edição, p. 322)

Duplo etérico – aparência

Os clarividentes treinados vêem o duplo etérico como um veículo vaporoso, que cobre o corpo em todos os sentidos e interpenetra-lhes os poros físicos e perispirituais. A sua configuração é transparente e a sua emanação etéreo-física ultrapassa o corpo do homem de 1/4 de polegada em todos os sentidos. E além de sua configuração ainda se forma uma aura radioativa semelhante a um imenso ovo que despede, por vezes, umas chispas argênteas. É a "aura da saúde", muito conhecida dos ocultistas e magos, a qual atinge de cinco a dez centímetros além do corpo físico. Vemo-lo também num tom róseo esbranquiçado, fracamente luminoso, impregnado ainda por tons azulíneos e emitindo algumas fulgurações violáceas. Há casos em que a sua cor pende para os matizes do alumínio transparente ou do vidro fosco, dependendo tudo isso do estado de saúde do homem e de sua maior ou menor capacidade de absorção de Prana. A contextura do duplo etérico varia conforme seja o tipo biológico humano, pois ele será mais sutil e delicado nos seres superiores e mais denso nas criaturas primitivas. (Obra: ***Elucidações do Além***, 8ª edição, p. 191)

Duplo etérico e radiestesia

Conforme já temos dito, os objetos, as substâncias, os cabelos, os órgãos dos seres vivos, as cartas, os apetrechos de vestuários, a água corrente ou estagnada, os lençóis radioativos ou minerais do subsolo tanto são portadores de vigorosos fluidos peculiares à sua natureza, como também captam ou acumulam no campo etérico de suas auras as emanações fluídicas do meio em que atuam ou de que participam.

O mineral, o vegetal e os seres vivos são constituídos simultaneamente de átomos etéricos e físicos, os quais se interpenetram numa contínua sucessão de forças, atritando-se e influenciando a manifestação da vida em ambos os planos etérico e material. Os átomos étericos formam o duplo etérico como o fiel e imutável registro de tudo o que se sucede em seu redor ou na sua intimidade. É justamente esse duplo etérico que o radiestesista ausculta pelo pêndulo no seu campo vibratório, identificando-lhe o teor vibratório positivo ou negativo, enquanto o psicômetro o lê de modo regressivo, isto é, de diante para trás. (Obra: ***Elucidações do Além***, 8ª edição, p. 137)

Duplo etérico – "fio elétrico" de ligação

O duplo etérico é um corpo ou veículo provisório, espécie de mediador plástico ou elemento de ligação entre o perispírito e o corpo físico do homem. É constituído de éter físico emanado da própria Terra;[5] e conforme já dissemos, dissolve-se no túmulo depois da

---

5 Nota do revisor – Conforme a concepção oriental, o Éter Cósmico é a essência virgem que interpenetra e alenta o Universo; é a substância "Virgem" da escolástica hindu. O Éter físico, no entanto, é mais propriamente uma exsudação, o qual éter ou radiação desse Éter Cósmico, flui através dos poros da terra, que funciona à guisa de um condensador de Éter. Sob tal aspecto, o Éter Cósmico perde a sua característica de essência "virgem" ou "pura", para tornar-se uma substância impregnada das impurezas do planeta durante a sua exsudação. Se considerarmos o Éter Cósmico semelhante à água pura, no seu estado natural, o éter físico então será a água com as impurezas depois de usada pelo homem.

morte física do homem. Ele recebe os impulsos do perispírito e os transfere para a carne, agindo também em sentido inverso.

Em rude analogia, citamos a função valiosa do fio elétrico, o qual recebe a carga de eletricidade da usina ou fonte produtora e depois ilumina a lâmpada ou move o motor. Sem esse fio modesto, aparentemente sem importância, o mundo oculto da eletricidade não poderia atuar sobre o mundo visível da matéria. O duplo etérico, portanto, à semelhança de um fio elétrico, cumpre a função de mensageiro submisso, que transmite ao corpo o que o espírito sente no seu mundo oculto, ou sejam, as emoções que a alma plasma na sua mente espiritual imponderável. (Obra: ***Elucidações do Além***, 8ª edição, pp. 186/188)

Duplo etérico – funções mais importantes

A sua função mais importante é transmitir para a tela do cérebro do homem todas as vibrações das emoções e impulsos que o perispírito recebe do Espírito ou Alma imortal. E ele também absorve o Prana ou a vitalidade do mundo oculto, emanada do Sol, conjugando-a com as forças exaladas no meio físico; e em seguida as distribui pelo sistema nervoso e por todas as partes do organismo do homem. Embora seja um intermediário entre os centros sensoriais da consciência perispiritual e os centros da consciência cerebral física, o duplo etérico é resultante da emanação radioativa do próprio corpo físico da Terra. (Obra: ***Elucidações do Além***, 8ª edição, p. 192)

Duplo etérico – medianeiro plástico – "ponte viva"

Entre o perispírito e o corpo carnal, então, existe um medianeiro plástico ou ponte viva, espécie de elo ou conexão, que transmite instantaneamente para o mundo físico qualquer pensamento, desejo ou sentimento do espírito. Igualmente, cabe-lhe, também, a tarefa recíproca de conduzir de retorno, para a consciência perispiritual, tudo o que sucede com o corpo carnal e deve ser analisado, corrigido e gravado.

Embora ainda seja pouco conhecido dos espíritas, o veículo que liga a margem oculta do reino espiritual com a margem do mundo material é o "duplo etérico", ou conhecido "corpo vital" dos ocultistas, esotéricos, rosa-cruzes, teosofistas e iogues. Organismo confeccionado de "éter físico", isto é, da substância que atua simultaneamente onde termina o mundo físico e começa o espiritual. O "duplo etérico" opera sob perfeita sincronia com o perispírito, numa ação e reação íntima para o exterior, e do mundo exterior para a intimidade espiritual. (Obra: ***O Evangelho à Luz do Cosmo***, 8ª edição, pp. 314/315)

E

Eclosão da luz crística e auto-conhecimento

Durante a eclosão da luz crística que se manifesta na intimidade de toda criatura, isto é, num processo endógeno ou de "dentro para fora", o espírito do homem deve aperceber-se do mistério de sua origem divina, mas sem surpresas, sem violência e a coesão de **conhecer-se a si mesmo**. Ele deve reconhecer e compreender o processo que o torna um "ser-indivíduo", à parte, no Cosmo, embora sem fundir-se com o Todo Criador, mas de modo gradativo e sem os hiatos desconhecidos. Seria um absurdo a consciência plena do homem ser-lhe revelada num passe de magia ou fruto de uma revelação integral e instantânea. (Obra: ***Elucidações do Além***, 8ª edição, pp. 80/81)

Ecologia espiritual – separação do joio e do trigo

Realmente, esses tipos de cidadãos adulterados pelos vícios, estigmatizados pelas paixões desenfreadas de uma civilização cada vez mais epicurista, transformam-se em pesado ônus para os bem-intencionados. Cultores de doutrinas excêntricas, negativistas e sensualistas, que ironizam a meiguice e a humildade dos seguidores do Cristo, operam negativamente no esquema evolutivo do planeta Terra e devem ser apartados das almas que ainda confiam em Deus e na mensagem do Evangelho. É uma consequência ecológica, quando o excesso de ervas daninhas principia a impedir o desenvolvimento das plantas úteis, que a melhor solução para o jardineiro é arrancá-las e atirá-las fora do jardim ameaçado, a fim de desafogar e proteger as espécies superiores. (Obra: *O Evangelho à Luz do Cosmo*, 8ª edição, p. 23)

Ego espiritual e descida vibratória

O espírito, realmente, encarna-se; não nasce, não cresce, não envelhece e não morre propriamente na carne. É centelha cósmica da Chama Criadora, que é Deus; portanto, não renasce nem é destruído. O ego espiritual desce vibratoriamente ao mundo carnal, a fim de desenvolver a consciência e ter noção de si mesmo, passando a existir como entidade emancipada, porém subordinada às leis do próprio Criador, pois, embora o espírito seja eterno e disponha do seu livre-arbítrio, jamais se isola do Todo. E o seu autoconhecimento, ele o adquire mediante as deduções do seu mundo interior, que resultam do seu contato com o mundo exterior.

Assim, o espírito do homem não vive propriamente os períodos de infância, juventude e velhice, conforme acontece ao corpo físico. Nascer, crescer, envelhecer e morrer são apenas etapas adstritas à concepção de tempo e espaço entre o berço e o túmulo. O espírito manifesta-se temporariamente através do equipo de carne, nervos e ossos, que é a sua instrumentação de trabalho e aprendizado consciencial no ambiente do planeta. (Obra: *A Vida Humana e o Espírito Imortal*, 11ª edição, p. 17)

Elemental causador do câncer – gigantesca "ameba fluídica"

A sua configuração mais comum aderida ao perispírito lembra gigantesca ameba fluídica, que emite tentáculos sob movimentos larvais incessantes, ou assume a forma de exótica lagosta ou reptil aracnídeo, interceptando o curso nutritivo das correntes "vitais-magnéticas", para alimentar a sua vida parasitária e vampírica. A sua ação é interpenetrante na veste perispiritual e condensa facilmente toda substância mental que, por efeito do mau uso dos dons do espírito, baixa em sua frequência vibratória; também atua fortemente ao nível das emoções descontroladas e interfere principalmente na função do "chacra esplênico", que é o centro etérico controlador e revitalizante das forças magnéticas que se relacionam através do baço. No perispírito, que é a matriz da organização carnal, já se pode observar, então, a caracterização subversiva das células neoplásticas do câncer, cuja proliferação anárquica repercute pouco a pouco em direção ao corpo físico, em concomitância com o fluido pernicioso que opera subrepticiamente no seu incessante abaixamento vibratório. Infelizmente, é o próprio espírito do homem que enfraquece o seu comando biológico e concorre com os seus desatinos mentais e paixões violentas para que a manifestação cancerígena se processe mais cedo!

Ante a desarmonia verificada nesse comando eletrônico, responsável pela aglutinação atômica que edifica a carne, o miasma astralino intercepta o fluxo vital e perturbam-se as linhas de forças magnéticas que predispõem a harmonia orgânica, resultando a rebelião incontrolável das células.

Os clarividentes encarnados podem observar, com certa clareza, que esse miasma cancerígeno emite uma série de tentáculos ou pseudópodes que, emergindo do perispírito, depois se interpenetram invisivelmente pela pele e pelos órgãos físicos, aos quais se aferram com vigor, traçando antecipadamente o curso anárquico das formações celulares. Doutra feita, estendem-se pela intimidade da medula óssea, do fígado ou do baço, vampirizam os glóbulos vermelhos e caracterizam a hiperplasia do tecido formador dos glóbulos brancos.

As células físicas embebidas por essa essência aviltante e parasitária se disturbam e atropelam-se em sua genética, materializando-se na carne sob a conformação heterogênea e nociva dos neoplasmas malignos. (Obra: *Fisiologia da Alma*, 15ª edição, pp. 300/301)

"Endereço vibratório" – catalisador na bruxaria

O "endereço vibratório" é o objeto ou coisa pertencente à vítima, e que o feiticeiro depois ajusta ao seu trabalho catalisador de bruxaria. Serve de orientação para a carga maléfica tal qual os polícias fazem o cão de caça cheirar um lenço ou algo do fugitivo, do qual estão no encalço.

Assim, o maior êxito do feitiço fundamenta-se sobre a mesma lei de afinidade comum dos experimentos de física e química, a qual disciplina as relações e a propriedade dos corpos entre si. Ademais, as coisas impregnam-se das emanações dos seus possuidores, e por esse motivo podem servir de "endereço vibratório" para as operações de magia à distância, conforme é de uso e necessidade na bruxaria. Quanto aos efeitos mortificantes que atuam sobre as vítimas enfeitiçadas, os feiticeiros os conseguem através da "projeção" de fluidos agressivos e enfermiços, que desdobram nos campos eletrônicos dos objetos preparados sob o ritual de abaixamento vibratório. (Obra: ***Magia de Redenção***, 13ª edição, p. 28)

Energia elemental, magia negra e câncer

Certos tipos de câncer, que se prolongam por várias encarnações do mesmo espírito, são resultantes da magia negra, do enfeitiçamento ou da hipnose para fins lucrativos, egoístas, lúbricos ou de vingança que alguns espíritos têm praticado contra seus semelhantes desde os tempos imemoriais da extinta civilização atlântida. Para isso conseguir, esses espíritos dominavam e manipulavam um dos elementos primários ou energia fecundante do astral inferior, que deveria servir de veículo para suas operações perniciosas.

Tendo sido esse elemento usado depreciativamente, terminou incorporando-se ao perispírito dos seus próprios agentes delituosos, transformando-se em energia nociva ou fluido tóxico que, ao ser expurgado para a matéria, desorganiza as bases eletrônicas do aglutinamento das células, dando ensejo à formação de neoplasmas malignos ou provocando a leucemia pelo excesso dos glóbulos brancos. (Obra: ***Fisiologia da Alma***, 15ª edição, p. 302)

Energia elemental, magia negra e câncer II

Qualquer estudante de Magia sabe que toda energia ou elemental primário a ser usado para esse fim deve, em primeiro lugar, ser atraído pela mente do magista, em quantidade necessária para sustentar a operação projetada. Daí os grandes perigos da operação da magia, quando mal intencionada, pois a energia elemental que for convocado do mundo oculto astralino incorpora-se por todos os interstícios do perispírito do indivíduo, permanecendo como força submissa que, depois, obedece instantaneamente à vontade e à emoção boa ou má da alma. Só é possível o êxito do magista quando ele também consegue penetrar diretamente no seio das forças vivas que utiliza, pois o fenômeno não se concretiza sob comando a distância, como ainda pensam alguns desavisados praticantes da arte mágica.

Em consequência, quando a energia ou o elemento primário convocado do mundo oculto é manuseado em benefício do semelhante, ele afina-se e melhora a sua natureza primitiva e hostil, porque atua sob influência espiritual superior e volatiza-se facilmente do perispírito de quem o utilizou. Mas esse elemental de natureza criadora se for empregado para fins degradantes ou destrutivos, torna-se agressivo, virulento e parasitário, aderindo e contaminando o organismo perispiritual daquele que o usou ignobilmente. Ele permanece como excrescência nociva e circulante nas criaturas, nutrindo-se com as energias delicadas e depois descendo para a carne na patogenia do câncer, cumprindo-se o carma do ódio, da vingança, da crueldade e de outras ações contra o próximo. (Obra: ***Fisiologia da Alma***, 15ª edição, pp. 302/303)

Energia nuclear – karma dos envolvidos

Assim que os Técnicos Siderais fizerem funcionar os "refratores" etéricos do mundo invisível sobre a crosta do vosso orbe, a energia que já está se corrompendo nas suas imediações astrais, obedecendo ao fenômeno do "choque de retorno", incrustar-se-á nos agentes que a puseram em liberdade e nos que contribuíram, quer mental, quer fisicamente, para a sua eclosão.

A explosão atômica é portadora de poderosa energia que está sendo utilizada para fins controvertidos; por isso, conforme a intensidade da ação provocada, dar-se-á a reação em sentido contrário. Sábios, militares, políticos, confeccionadores, pesquisadores subvertidos, jornalistas que alimentam pela imprensa a idéia destrutiva atômica, defensores, e outros comprometidos mental e moralmente nas explosões atômicas, absorverão a carga deletéria na conformidade de sua atuação, mesmo que tenha sido de ordem psíquica.

Sob o mecanismo cármico futuro, que calculamos num mínimo de 6.000 até 30.000 anos de purgação, esses infelizes terrícolas estarão funcionando como "canais" vivos, em cada reencarnação, para drenar o solo das toxinas e do deletério efeito do mau uso da energia nuclear.

O corpo chagado, no porvir, sob a cruciante vertência do veneno letal, representará o "fio-terra" no sacrifício carnal de conduzir para o seio da natureza a energia que lhe foi violentada e aproveitada para fim ignóbil, qual seja o de romper os tecidos orgânicos das almas em aprendizado espiritual no vosso mundo.

(Obra: *Mensagens do Astral*, 16ª edição, pp. 322/323)

Energias primárias ou instintivas – intimidade das criaturas

Em verdade, as energias primárias ou instintivas do mundo animal encontram-se adormecidas na intimidade da própria alma porque se trata do residual de forças que já lhe serviram quando da estruturação do corpo físico.

Os "pecados", ou seja, as atitudes, os pensamentos ou as emoções de ordem animal despertam essas forças e as excitam, fazendo-as aflorar à superfície do perispírito. Embora o termo não se ajuste perfeitamente à nossa idéia, diríamos que esses fluidos vigorosos e elementais terminam por "coagular" na intimidade do perispírito quando inflamados pelos impactos de emoções deprimentes e violentas. (Obra: ***Mediunidade de Cura***, 12ª edição, p. 55)

Engenheiros siderais e o Grande Plano

Há um grupo de entidades superplanetárias, às quais melhor se ajusta a designação de Engenheiros Siderais, que traçam com antecedência de bilhões, trilhões ou sextilhões de anos — se assim quiserdes formar uma idéia de "tempo" na vossa mente — o esquema das rotas e órbitas dos astros, planetas, asteróides, corpos ou poeiras cósmicas, que formarão as futuras galáxias distribuídas na abóbada celeste.

A concretização dessa edificação sideral se faz dentro dos princípios disciplinados e eternos que derivam da mente divina, que abrange a execução completa do "Grande Plano" em desenvolvimento. Em virtude de essas órbitas ou planos de tráfego sideral consumirem, também, bilhões, sextilhões, etc., de anos-Terra, para se completarem, as criaturas humanas não podem avaliar ou sequer ter uma idéia do seu desenvolvimento total, que escapa a qualquer exame dentro da exiguidade de cada existência terrícola. (Obra: ***Elucidações do Além***, 8ª edição, p. 50)

Entidades superplanetárias – Engenheiros Siderais

Como os mais altos intermediários do pensamento incriado do Absoluto, até se plasmar a substância física, os Arcanjos Siderais consolidam os mundos e os alimentam em suas primeiras auras constelares ou planetárias, assim como as aves aconchegam os seus rebentos sob o calor afetuoso do amor materno. Todas as formas de vida estão impregnadas dos princípios espirituais; tudo tem alma e tudo evolui para estados mais sublimes, desde o elétron que rodopia no seio do átomo até às galáxias que giram envolvidas pelos poderosos "rios etéricos", que as arrastam como paina de seda ao sabor da corrente líquida. "Assim como é o macrocosmo, assim é o microcosmo" — reza a tradição espiritual desde os primórdios da consciência humana.

A separação é grande ilusão, uma aparência própria da ignorância humana, que está situada nos mundos materiais, pois o sonho de Ventura é um só para todos!

Os Engenheiros Siderais, ou Arcanjos da mais alta hierarquia cósmica, como entidades superplanetárias, ainda condensam e avivam o espírito descido até o microcosmo e ativam-lhe a dinâmica ascensional. (Obra: *Mensagens do Astral*, 16ª edição, p. 354)

Envenenamento áurico da Terra

O acúmulo de resíduos e da substância mental deprimente, originado do desequilíbrio das paixões humanas ou da inversão dos valores espirituais, afeta a aura astroetérica do orbe e chega a produzir modificações perigosas à sanidade corporal, ao reino vegetal e mesmo aos alimentos e líquidos, ocasionando enfermidades estranhas e envenenando, pouco a pouco, a vida no mundo. E a Terra já principia a exalar magnetismo deteriorado; é preciso, portanto, que se processe a necessária limpeza tantas vezes processada em outros planetas que se encontravam nas atuais condições terráqueas. Essa aura magnética corrompida já se estende além dos limites da precisa segurança etérica, e transmite influências perniciosas aos mundos adjacentes, que as registram na forma de "malignidade astrológica". Daí a necessidade da limpeza da Terra pela Técnica Sideral, que providencia então a absorção dos fluidos opressores por outro orbe mais primitivo. (Obra: *Mensagens do Astral*, 16ª edição, pp. 334/335)

"Escada de Jacó" - nossas futuras moradas

Inúmeros planetas em que a brisa é melodia celestial e os seres vivos se assemelham a focos de luz policrômica, em que a humanidade é um todo sinfônico de luz, perfume e sons, constituem, todos, vossas futuras moradas. E assim virão a ser a Terra, Marte e Mercúrio; pois na sua eterna pulsação de vida e ansiedade, a cadeia de orbes que se prendem ao invisível colar cósmico, forma a alta e imensurável escada de Jacó que o homem terá de subir para alcançar a Verdade espiritual que lhe facultará a conquista da felicidade celestial absoluta.

Jesus traçou o roteiro definitivo para vos libertardes das reencarnações expiatórias; porém, infelizmente, ainda preferis a ganga inferior em vez da "túnica nupcial" a envolver vossa alma criada para a Luz e para o Bem em todos os recantos do Universo. (Obra: ***A Vida no Planeta Marte e os Discos Voadores***, 14ª edição, p. 39/40)

Escafandro da carne – abafador da memória transcendental

Na verdade, o escafandro de carne é um grande abafador da memória transcendental do espírito, mas esse mal ainda mais se avoluma diante da proverbial negligência de quase todos os homens para consigo mesmos quando, além do desinteresse pela sua própria estrutura espiritual e pelo despertamento de suas forças mentais, ainda atrofiam os seus delicados centros psíquicos sob o guante dos vícios e das paixões animais. Os terrícolas, em geral, vivem isolados no seio da carapaça física, não sabendo que serão bem contristadores a surpresa e o temor quando, após a desencarnação, comprovarem que a sua verdadeira individualidade não se resumia no corpo de carne entregue à cova terrena, mas residia justamente no espírito, tão subestimado e esquecido na existência física. (Obra: ***A Sobrevivência do Espírito***, 7ª edição, p. 271)

Escolas de retificação espiritual – mundos físicos

Os mundos físicos ou materiais não são vales de lágrimas, penitenciárias do Espaço ou celas planetárias de expiações espirituais, na feição comum com que conheceis essas definições; na realidade, significam sempre, e eternamente, abençoadas escolas de retificação espiritual. O Criador, que é infinitamente Sábio, Bom e Justo, não teve em mente criar departamentos corretivos, mas, sim, institutos de aprimoramento sideral. A dor e o sofrimento são "processos" de aperfeiçoamento espiritual, à semelhança da lixa que beneficia e dá polimento à madeira, do ácido que asseia a vidraça ou do cinzel que desbasta o carbono e o transforma em rutilante preciosidade de ourivesaria. (Obra: *A Vida Além da Sepultura*, 14ª edição, p. 122)

Esfinge – representação das paixões humanas

A esquisitice dos símbolos encobre grandes verdades. A Esfinge, por exemplo, apresentando-se com cabeça de mulher, corpo de touro, garras de leão e asas de águia, o que dá idéia de uma monstruosidade, é uma representação perfeita mas simbólica das paixões humanas, análogas aos instintos desses animais. (Obra: *Mensagens do Astral*, 16ª edição, p. 135)

Esperanto – idioma mântrico

As letras não foram invenções a esmo nem produtos de caprichos extemporâneos; elas nasceram como símbolos necessários para identificação dos estados interiores da alma, e por isso estão impregnadas do espírito e das idéias que as originaram. Eis, pois, o que ocorre com o Esperanto; ele possui as bases e as raízes das principais línguas do mundo e buscou mais profundamente na fonte iniciática desses idiomas os seus traços mais evidentes e exatos, para então se constituir na mensagem verbal definitiva e capaz de interpretar todas as idéias sob uma só linguagem. E por isso ele possui, mais do que qualquer outro idioma, a força original e mântrica do psiquismo vigoroso que edificou a linguagem do terrícola, pois uma vez que a elevação de espírito, interior, é que produz a maior sequência mágica num "mantra", é evidente que o Esperanto, como idioma universal e compilado por um dos homens mais sábios e desinteressados, é também a linguagem mais credenciada para fazer de seus vocábulos criteriosos, límpidos, certos e fluentes, um dos mais belos idiomas mântricos do orbe. (Obra: *A Sobrevivência do Espírito*, 7ª edição, p. 222)

Espermatozóide – "comutador automático" ligando o Astral ao físico

Para habitar a carne, o espírito deve reduzir o seu perispírito ou invólucro espiritual, que lhe dá a configuração humana, até alcançar a forma de um "feto" perispiritual, ou seja, a condição "pré-infantil", capaz de permitir-lhe o "encaixe" no útero-perispiritual da futura mãe encarnada, na contraparte imponderável do útero físico.

Não se trata de redução na sua faculdade mental ou capacidade astralina, já desenvolvidas no curso pretérito de sua evolução. Ele fica apenas temporariamente restringido na sua liberdade de ação durante o encolhimento perispiritual, colocado no ventre materno, onde deve materializar-se para atuar no ambiente físico. O espermatozóide, na sua corrida instintiva em direção ao ovário feminino, é tão-somente o "detonador psíquico", espécie de "elo" ou "comutador automático", que em sua essência ectoplásmica funciona ligando o mundo astral ao mundo físico. É apenas um microrganismo nutrido de "éter-físico" do orbe terráqueo, o qual desata o energismo criador nesse limiar oculto da vida e acasala as forças do espírito com o campo físico da carne. Em seguida, o molde perispiritual do encarnante situado no útero da mulher preenche-se gradualmente de substância física, ante o automatismo atômico e a contextura molecular própria da Terra.[1] (Obra: ***A Vida Humana e o Espírito Imortal***, 11ª edição, p. 18)

Espiritismo = lâmpada - Evangelho = luz

O espiritismo, portanto, é lâmpada destinada a iluminar a humanidade; e o Evangelho é a Luz que o alimenta nesse desiderato superior. Mas não é o homem que deve aguardar a aproximação do Evangelho; porém, buscá-lo pelo exercício constante dos preceitos que ali estabelecem a norma da vida superior. O Evangelho é fonte criadora de homens incomuns; justos e não fortes, altruístas e não egoístas, humildes e não exaltados, ternos e não cruéis, pacíficos e não belicosos. Será o reino de homens santos ou de gigantes vencedores de suas próprias paixões, componentes de uma civilização de aristocracia espiritual, onde os brasões mais nobres não ostentam as armas da morte, mas trazem a insígnia da vida eterna e do Amor do Cristo. (Obra: ***A Missão do Espiritismo***, 9ª edição, p. 62)

---

1 Não há uma encarnação ou desencarnação absolutamente semelhante a outra, acontecimento que depende, fundamentalmente, da especificidade magnética e do desenvolvimento psíquico do espírito encarnante ou desencarnante. Há casos em que os técnicos siderais aguardam primeiramente a cópula humana, para então processarem a redução perispiritual do encarnante até atingir a forma fetal. No caso de espíritos primários, que devem encarnar instintivamente atraídos pelas forças da carne, a redução do perispírito é feita com bastante antecipação à cópula e depois ligada imediatamente ao ato físico. (Nota de Ramatís.)

Espírito abortado – vingança obsessiva

Desse modo, o espírito vingador, dominado pela indomável obstinação de ferir a mulher que lhe negou o corpo carnal, não consegue atuar de modo direto na sua ação obsessiva e limita-se a semear intuições incorretas, pensamentos desnorteantes ou sugestões sub-reptícias, conduzindo sua vítima a acidentes, a prejuízos e aos azares da vida humana. O êxito de certas providências mobilizadas pelos maquiavélicos "veteranos" do Além-túmulo é consequência de o obsessor ajustar-se à faixa vibratória da vivência doméstica de sua vítima, semeando intrigas, estimulando o vício e ocasionando discussões entre os demais familiares, até o conflito perturbador.

Às vezes, ele consegue inserir "suportes de magia", construindo uma espécie de "ponte etérica", que ajuda o vampirismo pela sucção dos fluidos vitais e produz um círculo coercitivo em torno da mãe culpada. Intoxica-lhe o ambiente fluídico, excita-lhe os sentimentos negativos, abala-lhe a segurança espiritual através do desânimo e da descrença, furtando-lhe o "tônus vital" até o desfalecimento final, e mina-lhe a existência humana sadia, por essa queda vibratória mental e emotiva. Se não ocorresse a interferência socorrista do mundo espiritual, para romper o campo físico-etérico que rodeia a vítima encarnada, o obsessor conseguiria conduzi-la, ao fim, a uma vida aparvalhada, frustrada e à aniquilação irreversível. (Obra: ***Sob a Luz do Espiritismo***, 3ª edição, p. 128)

Espírito do homem – miniatura de todas as energias cósmicas

O espírito do homem, como um fragmento do espírito de Deus, descido à forma exterior da matéria, possui no seu invólucro perispiritual a miniatura de todas as energias e substâncias do Cosmo. O espírito-puro, nessa tradicional descida angélica, até atingir a substância física, vai incorporando gradativamente os elementos de todos os planos que se situam no caminho. Em sentido contrário, as adaptações imaturas para o "mais alto" sempre oferecem maiores dificuldades, porque exigem um processo de vigorosa libertação das energias inferiores. Vezes há em que a própria vontade e a capacidade do espírito são débeis para a ascensão, enquanto que as adaptações para os planos inferiores são mais fáceis porque ele comanda energias também inferiores e se deixa plasmar pelo vigor atuante do "mais baixo".

É mais difícil ao celerado equilibrar-se especificamente na morada dos santos, do que estes suportarem a atmosfera nauseante da prisão do delinquente. O batráquio do charco não resiste à rarefação do ar das montanhas, mas o condor dos Andes sobrevive ao nível do mar. (Obra: ***Mensagens do Astral***, 16ª edição, pp. 294/295)

"Espírito-grupo" e consciência instintiva

Nenhum ser vivo, na Terra, é "massa" inconsciente absoluta ou pasta nuclear impermeável aos fluidos e às energias do mundo oculto; a sua representação material é apenas uma fugaz aparência da realidade preexistente e modelada no invisível. Embora as aves, os animais ou os insetos não possuam consciência individual já definida, eles estão subordinados ao comando de uma consciência psíquica coletiva, ou grupal, muito conhecida dos teosofistas, rosa-cruzes, ocultistas e iogues, como o "espírito-grupo" diretor e coordenador de cada espécie inferior, em evolução.

A consciência instintiva aprimora-se pouco a pouco pela seleção e graduação do próprio animal na sua escala ascendente, até merecer o equipo cerebral que lhe favoreça atingir o porte humano. Depois de modelar o duplo etérico situado entre si e o corpo de carne, ela afina-se e apura-se, elaborando o veículo astral,[2] que, depois, serve-lhe para manifestar a sua própria emotividade.

Transferindo-se da espécie animal mais primitiva para a imediata mais evoluída, o psiquismo do animal sensibiliza-se na sua contínua ascese e progressão para alcançar o cérebro do selvagem, do hotentote ou do homem da caverna. Atuando através de um sis-

---

2 Nota do revisor – O corpo vital ou "duplo etérico", situado entre o psiquismo e a carne do homem ou do animal, e que depois da morte de ambos dissolve-se no meio etereofísico, encontra-se ligado à altura do baço, através do "chakra esplênico", o principal centro de forças etéricas responsável pela purificação sanguínea e absorção das energias do ambiente "fisiomagnético"! O corpo astral ou veículo da emoção, fixa-se no fígado do homem; e, juntamente com o corpo mental, forma o conhecido perispírito da terminologia espírita. Daí, pois, o fato de que as angústias, preocupações, aflições, frustrações, a cólera, o ciúme, a inveja, inclusive os descontroles nervosos, afetam a região hepática à altura do plexo solar ou abdominal. Em face dos desatinos habituais da humanidade terrena, a maioria dos homens sofre do fígado e a sua vesícula é preguiçosa, sendo bastante comum o tradicional tipo hipocondríaco, que vive sob tensão emocional ou abatimento moral, escravo do metabolismo hepático. É por isso que os chineses, na antiguidade, antes dos negócios, quanto às preocupações alheias, num gesto de cortesia, indagavam primeiramente, se o competidor encontrava-se bom da "barriga", ou do fígado!

tema anatomofisiológico mais evolvido, é possível à alma instintiva centralizar e memorizar as suas ações e reações durante o intercâmbio com os fenômenos da matéria, aprendendo a mobilizar a substância mental e despertando um entendimento ainda infantil, mas já de ordem racional e progressiva. E, à medida que desenvolve a sua consciência individual, desprende-se gradualmente do comando instintivo do "espírito-grupo" que comanda a sua espécie e que é a fonte primária de sua formação psíquica.

Nesse trabalho árduo, lento e milenário, a consciência instintiva, pouco a pouco, aprende a usar o órgão mental de transição, que, no futuro, lhe dará ensejo para treinar a razão incipiente e assim receber certos delineamentos com circunvoluções fisiológicas condicionadas à estrutura ou constituição do futuro cérebro humano. (Obra: ***Mediunidade de Cura***, 12ª edição, pp. 64/65)

Espíritos da "esquerda" – instrumentos inconscientes

Os espíritos da "esquerda" mais habituados ao mal são entidades primárias, que obedecem cegamente aos seus chefes sem lhes indagar dos objetivos ou intenções. Desde que lhes seja feita a paga de praxe ou as obrigações secundárias da magia africana, a eles pouco importa fazer o bem ou o mal. São instrumentos inconscientes nas mãos dos magos ou feiticeiros, que aceitam as "encomendas" dos interessados e verdadeiros responsáveis pela continuidade dessa prática nefasta, que é a magia negra. As falanges cumprem a vontade desses magos ou chefes assim como os carregadores de uma gare ferroviária transportam indiferentemente uma caixa contendo medicamentos salvadores, ou uma bomba-relógio. (Obra: ***A Missão do Espiritismo***, 9ª edição, p. 194)

Espíritos sofredores – inconscientes do mal que fazem

Nem todos os obsessores têm consciência de suas tarefas nefandas ou vinganças impiedosas; muitos deles não passam, também, de loucos ou desesperados, que se agarram vigorosamente à vítima indefesa, como o parasita adere ao caule da árvore em crescimento, atendendo ao sagrado direito de tentar a sua sobrevivência. A esses espíritos é melhor que seja dado o tratamento do amor e da ternura espiritual, aliviando as suas dores acerbas e as torturas psíquicas, muito antes de se pretender enxotá-los de junto dos invigilantes encarnados que os atraem continuamente pelos seus próprios vícios e ociosidade espiritual. Algoz e vítima, ambos doentes, pedem a mesma medicação que o Sublime Jesus receitou sem rebuços: "Faze aos outros o que queres que te façam!". (Obra: *A Vida Além da Sepultura*, 12ª edição, p. 316)

Espírito virginal e composição de veículos de manifestação

O espírito virginal emanado de Deus não pode se ligar, de súbito, ao plano denso da matéria. Deste modo, ao emanar do Criador, tem de operar em si mesmo uma incessante e gradativa "redução vibratória" ou "descida espiritual", até conseguir ajustar-se ao padrão do mundo material.

Ainda inconsciente, deixa o seu "lar sideral" e viaja em direção ao mundo físico. No primeiro plano da descida, a mente, então, modela o seu veículo mental, incorporando a energia para pensar; em seguida, no Plano Astral, compõe o veículo astral e emotivo, que lhe dá a faculdade de sentir; depois, no Plano Vital, incorpora o veículo vital para viver no plano exterior; e, finalmente, alcança o último plano, modelando o corpo carnal para agir na matéria. Em verdade, nessa descida, o espírito desprendido da Consciência Cósmica permanece intimamente ligado a Deus, pois, somente reduz o seu estado vibratório, mas não se desprende da fonte criadora. (Obra: *Sob a Luz do Espiritismo*, 3ª edição, pp. 147/148)

Esquema cósmico – "esquerda" e "direita" do Cristo

Mas, conforme as profecias bíblicas anunciando o "Fim de Tempos", desde Isaías, Miquéias, Jó, Malaquias, Daniel, Ezequiel, João Evangelista e o próprio Jesus, incluindo-se, também, os profetas modernos como Santa Odila, o Cura d'Ars, Catarina Emmerik, o campônio Maximino, o profeta de Maiença, Frau Silbiger, Paracelsus, Mãe Schipton e Izgur, até o famoso vidente que foi Nostradamus, cujos tempos já estais vivendo, a humanidade terrena encontra-se sob o mais grave e espinhoso exame de conduta espiritual. Dia a dia, conforme as profecias bíblicas, a Administração Sideral do orbe julga os "vivos" e os "mortos", isto é, os encarnados e os desencarnados, promovendo dois grupos distintos de espíritos. À direita do Cristo, símbolo do Amor, sentar-se-ão os bons, as ovelhas e o trigo, cujos espíritos "herdarão a Terra" já higienizada e verticalizada, retornando em futuras reencarnações, a fim de apurarem nas ciências e nas artes a sua potencialidade divina. À esquerda, situar-se-ão os dois terços de almas integradas pelos maus, lobos ou joio, os reprovados no "Juízo Final", e que deverão emigrar para outro planeta, onde possam recomeçar as lições negligenciadas, até alcançarem o grau de altruísmo elegível para habitar mundos pacíficos, sadios e venturosos. (Obra: ***O Evangelho à Luz do Cosmo***, 8ª edição, p. 22)

Esquema da criação – descida do pensamento de Deus

Conforme elucida João Evangelista, "no princípio era o Verbo, e o Verbo estava com Deus, e o Verbo era Deus". Através da ação dinâmica do Verbo, conceituado como o pensamento "fora de Deus", a condição abstrata na Mente Divina ou Cósmica se revela na figura de "matéria", ou de mundos exteriores, isto é, o pensamento puro de Deus como princípio de todas as coisas e seres.

O Gênesis então relata essa "descida" do Pensamento puro do Onipotente até se exteriorizar na forma de matéria componente do mundo exterior. "No princípio criou Deus o céu e a Terra; a Terra, porém, era vã e vazia; e as trevas cobriam a face do abismo; e o espírito de Deus era levado sobre as águas", demonstrando que a energia cósmica provinda de Deus ainda estava na forma líquida e a caminho de forjar a substância matéria. Em seguida, o Criador vai compondo e criando a Terra e a destaca do mar; depois o reino vegetal com as árvores e a sementeira procriadora; depois, os répteis, os peixes, as aves e os animais, cada um segundo sua espécie, porém, numa escala progressiva conforme denuncia a ciência nos diversos períodos de formação planetária. Finalmente, cria o homem à sua imagem e que presida aos peixes do mar, às aves do céu, às bestas, e a todos os répteis, que se movem em toda a Terra, e domine toda terra. Após essa enunciação e término da criação propriamente dita, o Senhor abençoou o que fizera, mandando que todos os seres "crescessem e se multiplicassem". E assim Deus descansou no sétimo dia, isto é, criado o mundo "exterior" emanado de Si Mesmo, deixou que a vida e o progresso das espécies, coisas, seres e homens se fizesse sob o impulso interior de "serem feitos à sua imagem". Durante seis dias ou longos períodos geológicos de materialização do mundo físico, o Senhor trabalhou operando na transmutação das energias em substâncias sólidas e na materialização do seu Pensamento Incriado até plasmar a vida planetária com seus reinos mineral, vegetal, animal e hominal. O descanso de Deus, estágio muito conhecido, entre os sucessos do "Dia de Brama" e "Noite de Brama", na consecução de cada ***Manvantara***, significa o período em que toda a criação segue automaticamente o plano ou impulso inicial da Divindade, cumprindo-lhe o pensamento e a vontade criadora. É o retorno do Espírito fragmentado nas espécies "vivas" na matéria, o "filho pródigo" em busca do lar sideral de onde partiu, um dia, em descenso vibratório até forjar a sua consciência de "ser" e "existir". (Obra: ***A Missão do Espiritismo***, 9ª edição, pp. 240/241)

"Esquema evolutivo" – lei comum a todos os filhos

O esquema evolutivo determinado por Deus é um só: a sensação do animal, a emoção do homem, a sabedoria e o amor do anjo e a criação plena do arcanjo. São condições inerentes a todos os espíritos, porquanto Deus não modifica o processo de sua criação fora do tempo e do espaço. Não existem duas espécies de processos evolutivos, em que uma parte dos espíritos progride exclusivamente no "mundo interno" e a outra inicia-se pelo "mundo externo". A matéria, conforme prova a ciência moderna, é apenas "energia condensada"; em consequência, não há mérito para o ser evoluir apenas no seio da "energia livre" ou qualquer demérito em submeter-se aos grilhões da "energia condensada". (Obra: ***O Evangelho à Luz do Cosmo***, 8ª edição, p. 181)

Esquema pré-encarnatório e fatalismo

Há um programa básico e disciplinador das encarnações dos espíritos comprometidos entre si por mazelas pregressas, no qual se delineiam os principais acontecimentos da vida física, e os objetivos das prováveis evoluções espirituais. Daí, o motivo de existirem certos destinos fatais e inexoráveis na vida dos seres humanos, causadores de dramas, tragédias e catástrofes, contrariando o merecimento e as intenções dos encarnados. Em verdade, ao chegar o momento nevrálgico de a criatura cumprir determinada "cláusula" do seu programa cármico, esquematizado antes de renascer, nenhuma força ou interferência extemporânea do mundo poderá desviar ou modificar o acontecimento previsto.

Malgrado as revoltas, os desesperos e mesmo as acusações contra Deus. É sempre o esquema "pré-encarnatório" desenvolvendo-se em suas etapas previstas no Espaço e aceitas pelo grupo de almas interessadas na composição da mesma família terrena. (Obra: ***Sob a Luz do Espiritismo***, 3ª edição, p. 103)

Essênios e a fraternidade dos profetas

Eles permaneciam no equipo carnal na função de verdadeiros catedráticos da espiritualidade e no passado já haviam servido na "Fraternidade dos Profetas". Na época de Jesus, entre os anciãos essênios estavam encarnados os profetas Ezequiel, Miquéias, Nehemias e Job, componentes do Conselho Supremo e todos sob a tutela do profeta Jeremias. Aliás, os anciãos essênios formavam o grupo de espíritos que desde os primórdios da Atlântida vinham elaborando os estatutos preliminares da efusão espiritual na Terra e o preparo da lavoura para as "sementes" abençoadas do Cristo-Jesus. Em tempos remotos foram conhecidos como os "Profetas Brancos"; depois, por "Antulianos", "Dactylos", "Kobdas" e finalmente Essênios. Atualmente já estão se disseminando outra vez pela Terra, a fim de organizar elevada confraria de disciplina esotérica em operosa atividade no mundo profano para a revivescência do cristianismo nas suas bases milenárias. Jesus também já havia estado com eles na Atlântida, quando viveu na Terra a majestosa personalidade de Antúlio, o profeta sublime, que em época tão recuada já fundara a "Fraternidade da Paz e do Amor", cujos adeptos ficaram conhecidos pela tradição esotérica como os "Antulianos". E Jesuelo, o notável discípulo atlântido, que lhe foi fiel até os últimos instantes da invasão dos bárbaros e da destruição do "Templo da Paz e do Amor", onde sucumbiu Antúlio, também retornou à Judéia para o advento do Cristianismo, encarnado na figura de João, o Evangelista. (Obra: ***O Sublime Peregrino***, 17ª edição, pp. 292/293)

"Estação radiofônica" poderosa – cérebro perispiritual

As células nervosas do corpo físico, além de suas propriedades e manifestações objetivas, são núcleos sobrecarregados de eletricidade inteligentemente armazenada pelo perispírito. Os neurônios não servem unicamente para atender o curso das sensações exteriores, mas são também responsáveis pelas mensagens que os neurônios perispirituais lhes transmitem, como fruto das impressões internas enviadas pela consciência do espírito. Se são complexos os elementos físicos classificados pela ciência e que no cérebro carnal funcionam à semelhança de interruptores, fusíveis, condutores, condensadores e osciladores constituídos pelos "plexos", agrupamentos de gânglios nervosos e filamentos neurocerebrais na área do sistema nervoso, muito mais importantes e complexos são eles quando se referem ao cérebro do perispírito. Este significa admirável estação radiofônica, submissa ao serviço da mente, e ativada por indestrutível potencial de energias, ondas e emissões da mais alta frequência vibratória, o que presentemente ainda é inacessível mesmo à mais avançada instrumentação científica.

É central elétrica, funcionando entre o plano invisível e o material, atendendo às mensagens que são captadas no campo da vida física e expedindo as sugestões provindas do mundo interior do espírito. Daí os múltiplos problemas complexos e dolorosos que oferecem os infindáveis casos de obsessões e fascinações, pois, durante a execrável função obsessiva e a troca de poderosas energias magnéticas subvertidas, fica lesado o maravilhoso patrimônio do cérebro perispiritual, tornando-se infeliz depósito de venenos produzidos pela mente satanizada e o odioso desejo de vingança.

É por isso que nas instituições astrais, devotadas ao serviço de desobsessão, estuda-se o assunto desde a mais diminuta interferência mental, que varia potencialmente em cada obsessor quando atua sobre a região cérebro-nervosa de suas vítimas. Na realidade, o cérebro do obsessor casa-se ao cérebro da vítima, sob o efeito da mais degradante simbiose, e, por isso, o tempo de cura varia para cada caso, tanto quanto tenha sido a intensidade vibratória da influência maligna produzida pelo entrelaçamento dos perispíritos do algoz e do obsidiado. (Obra: *A Vida Além da Sepultura*, 12ª edição, pp. 319/320)

Estímulos magnéticos planetários e Astrologia

Os espíritas e os ocultistas sabem que a Vida é resultante do potencial de forças manifestas do mundo oculto para o exterior. A matéria compacta para os sentidos humanos é somente um aglomerado de elementos invisíveis, como as moléculas e os átomos, os quais ainda se subdividem em elétrons, pósitrons, radiações, ondas, nêutrons, mésons, prótons etc. Há bilhões e bilhões de átomos numa simples gota d'água, pois se ela fosse ampliada até ficar do tamanho da Terra, cada um dos seus átomos não seria maior do que uma bola de futebol. Atualmente, os cientistas mais capacitados já admitem a existência de "campos mentais", formados de energia distinta e superior, e dotada de impulsos inteligentes. Aquilo que os velhos hindus, há milênios, explicavam nos seus compêndios esotéricos sobre a imortalidade da mente após a desintegração do corpo carnal, os cientistas modernos já aceitam como evidente, afirmando que o campo mental do homem sobrevive.

Em consequência, os planetas, quando tomam determinadas posições nos signos astrológicos, constituem-se em verdadeiros condensadores de forças ocultas que se atritam, encorpam-se, elevam-se, expluem-se e arremessam-se em seu potencial para todos os sentidos e direções. Obviamente, a humanidade de um orbe físico sofre na sua contextura etérica, astral e mental a ação de uma carga semelhante, que for emitida pela humanidade do mundo que lhe está mais próximo. E conforme seja o estado espiritual dos habitantes desse orbe mais próximo, é evidente que também se poderá acusar os seus bons ou maus estímulos magnéticos. Independente da distância física existente entre os astros, eles estão interligados ocultamente pelas forças que emanam de todo o Universo e fluem em todos os sentidos. (Obra: *O Sublime Peregrino*, 17ª edição, p. 61)

Eter cósmico – duplo etérico de Deus

O Éter-Cósmico podemos conceituar como o próprio Corpo Vital ou Duplo-Etérico de Deus, cujos sistemas de galáxias, em efusão, seriam, na fisiologia cósmica, centros de forças à semelhança dos "chacras" que se distribuem pelo duplo-etérico do homem. Em consequência, tudo o que palpita em Deus está envolto por esse Éter-Cósmico, mas na proporção e qualidade exatas para cada coisa, corpo ou ser vivo.

É assim que uma galáxia, que é formada de incontável número de sistemas de sóis, planetas ou mundículos, é também um corpo etérico resultante da soma de todos os corpos ou duplo-etéricos de todos os astros que lhe formam o manto estelar. A constelação solar que vos serve de morada, além da sua expressão física, possui também o seu duplo-etérico, que significa a "matriz" oculta, de todo o sistema. A Terra, como um planeta que gira dentro desse sistema, também possui, por sua vez, o seu próprio corpo etérico, mais individualizado à sua forma, às suas necessidades e responsabilidades no Cosmo. O éter do corpo físico da Terra infiltra-se e interpenetra todas as coisas que nela existem, sejam as montanhas, os mares, rios, minerais, florestas, vegetais, animais, insetos, vermes, pássaros ou seres humanos. Assim como existe o duplo-etérico da floresta material, na forma de outra floresta luminosa, semelhante a um cenário de celofane — onde vivem os espíritos dos silvícolas, julgando-a o seu campo de caça — há também o duplo-etérico de cada pinheiro, arbusto ou lâmina de capim! A reprodução é exata, perfeita e hermética; é uma outra Terra, com todos os seus pertences, sem faltar a figura etérica do esvoaçante grão de areia! Serve de morada a fadas, gnomos, sílfides, salamandras, ondinas, nereidas e outros tipos de elementais e energias ainda ignoradas na própria tradição esotérica. (Obra: *Mensagens do Astral*, 16ª edição, pp. 379/380)

Eter cósmico e história universal

Em torno de cada objeto, animal, planta e do próprio homem existe uma "aura" invisível e receptiva, que capta, registra ou fotografa na sua "chapa" etérica todas as imagens ou vibrações que ocorreram na sua "presença".

Como analogia, podemos dizer que, assim como gravais as vibrações sonoras na cera de carnaúba para a confecção dos discos fonográficos, o Éter Cósmico grava ou registra todos os fatos circunjacentes. A mais sutil vibração de gesto ou de um pensamento, desde a queda de uma folha seca até a violência do furacão, permanece eternamente fixada na tessitura delicada do éter, num tipo de faixa vibratória que poderíamos denominar de "campo refletor". Sons, odores, imagens e demais frequências vibratórias são fenômenos que, no futuro, quando a vossa ciência estiver uníssona com a Fé que "remove montanhas", poderão ser captados através do aparelhamento indescritível aos vossos conhecimentos atuais. O cientista, no futuro, conseguirá captar as ondas sonoras registradas no éter, tornando-as audíveis, e proporcionará fascinante estudo investigando o passado, quando então o homem terreno usufruirá a grata alegria de ouvir cânticos, ruídos, melodias e a multiplicidade de sons que vibram na aura do orbe. A frase evangélica que diz: "não cai um cabelo de vossa cabeça, que Deus não saiba", resguarda uma grande verdade psicométrica. (Obra: ***Elucidações do Além***, 8ª edição, p. 122)

Eter cósmico – rios de energias e astrologia

Embora as coletividades humanas se situem carmicamente sob vigorosas influências astrológicas, há que não esquecer o conceito sensato da astrologia: — "os astros dispõem, mas não impõem". Apesar disso, não podeis extinguir a poderosa corrente de forças vitais, que flui de orbe para orbe, que incorpora ou se adelgaça, expandindo-se ou reduzindo-se conforme a influência de outros planetas, aquém ou além de vossa morada planetária. Se pudésseis vislumbrar no "éter-cósmico" o panorama de um sistema de planetas em torno de um sol, ficaríeis surpreendidos ante a reciprocidade assombrosa dos poderosos rios de energias que se formam e se despejam, de astro para astro, na forma de canais fulgurantes de magnetismo cósmico, e que são registrados pela Astrologia. A ciência astronômica anota-lhes a existência no tipo de "energia gravitacional", mas a astrologia "sente" a sua força na forma de energismo "astroetéreo". Na sua modesta peregrinação em torno do Sol, a Terra tanto pode beneficiar-se com um banho de fluidos benéficos que a envolverão de bom magnetismo astrológico, como pode receber rajadas de forças opressivas, que lhe invadam os reinos da crosta, excitem coletividades, despertem instintos e alimentem vontades destruidoras. (Obra: ***Mensagens do Astral***, 16ª edição, p. 83)

Etimologia e o "espírito" das palavras

A Etimologia tem de fato por função, no vosso orbe, o estudo da origem e da razão da existência de cada palavra e sua significação; mas é evidente que ela se relaciona especificamente ao caráter material da palavra e ao seu som. No entanto, os técnicos espirituais se preocupam principalmente com o fundamento espiritual da palavra, ou seja, com a profundeza da raiz do verbo, em que se oculta a força íntima da palavra. Quando dizeis o "Verbo", o "Logos" ou a "Palavra", na realidade estais dizendo a Lei, o Espírito das coisas criadas ou a idéia original da Vida, que permanece oculta nessa enunciação. Na própria expressão bíblica "O Verbo se fez carne e habitou entre os homens", está implícita a idéia de que o Espírito corporificou-se em forma visível aos sentidos humanos. Daí, pois, a necessidade de se realizar no Além um estudo que parece incompreensível ao vosso entendimento de encarnados, mas que é profundamente científico e se relaciona diretamente com o "espírito" de cada palavra e se estende, então, ao idioma da qual ela participa. (Obra: ***A Sobrevivência do Espírito***, 7ª edição, p. 188)

Evangelho – a lei do Cosmo

O Evangelho não é simplesmente um repositório de máximas e advertências morais, nem somente código de preceitos exclusivos de qualquer instituição humana religiosa, devidamente credenciada para representar Deus na Terra. Em verdade, o Evangelho relatando a experiência vivida integralmente por Jesus, em 33 anos de sua vida física, é para demonstrar a todos as leis que governam e disciplinam o Universo. Os conceitos do Mestre Jesus, paralelamente à sua conduta e ação incomum, podem ser aceitos como um compêndio humano a expor os objetivos de Deus na Sua Criação. Enfim, repetimos: o Evangelho não é um Código Moral adequado a um certo tipo de humanidade, mas um tratado perfeito de bem viver, que pode orientar em qualquer época qualquer tipo humano, em qualquer longitude terrestre ou astronômica. Proporciona uma transmutação consciente evangélica, onde o homem termina vivendo a sua melhor experiência para Deus.

O Evangelho, portanto, é o "Caminho" da evolução indicado pelo Criador à criatura, constituindo-se numa fonte íntima de libertação do Deus em nós. (Obra: ***O Evangelho à Luz do Cosmo***, 8ª edição, p. 125)

Evocação e magia cerimonial

Na evocação através da magia cerimonial tudo é feito de modo a identificar o espírito evocado. Por isso, havia o rito de limpeza fluídica, o uso de roupagens imaculadas e defumadas com alfazema, além do asseio corporal com ervas odorantes. Fazia-se a "ionização" ou dinamização etérica do ambiente, em conjugação com a harmonia mental dos presentes e o recitativo vibrante de "mantras" eletivos ao padrão espiritual da entidade evocada, quer fosse um guia, anjo, santo ou espírito familiar.

O ambiente da evocação é preparado de modo a evitar-se qualquer influência mortificante aos espíritos evocados, os quais são sempre de melhor estirpe sideral que os evocadores. Tudo é feito impregnado do mais santo recolhimento, considerado, de antemão, uma graça divina. O respeito hierárquico, aliado ao sentimento de júbilo pelo acontecimento tão incomum, produz uma atmosfera de vibrações eletivas a espíritos de alta envergadura espiritual. (Obra: ***Magia de Redenção***, 13ª edição, p. 188)

Evolução cíclica e espiral – astrologia

Como a evolução humana é cíclica e em forma de espiral, fazendo a humanidade retornar sempre aos mesmos pontos já percorridos, embora abrangendo-os de planos cada vez mais altos, aproxima-se o momento do retorno cíclico em que os cientistas verificarão a lógica e a sensatez da astrologia. As suas leis, desconhecidas ou ridicularizadas, descobrirão em breve a beleza que se oculta nessa manifestação do pensamento criador de Deus, através do magnetismo cósmico que existe entre os astros! A astrologia pode ser considerada, sem receios, o espírito da astronomia; é o excesso de materialidade do homem do século XX que o distancia das leis espirituais cármicas que se situam na esfera astrológica. Assim como há ritmos zodiacais que disciplinam os elétrons em suas órbitas no seio do átomo, também existem os seus equivalentes que orientam os cursos dos astros no seio do Cosmo. Os sábios da antiguidade eram profundamente conhecedores destas assertivas, apesar de não possuírem instrumentação necessária para os conduzir às ilações científicas dos modernos aparelhos de laboratórios. (Obra: ***Mensagens do Astral***, 16ª edição, pp. 80/81)

Evolução e impulso interno ascendente

A evolução é fruto de uma operação espontânea, um impulso ascendente que existe no seio da própria centelha por força de sua origem divina. À medida que se consolida o núcleo consciencial ainda no mundo do Espírito, a tendência expansiva dessa consciência primária é de abranger todas as coisas e formas, por cujo motivo ela não estaciona, num dado momento, no limiar das formas físicas, mas impregna-as impelidas pelo impulso criador de

Deus. Assim, o mais insignificante átomo de consciência espiritual criado no seio do Cosmo jamais poderá cercear o ímpeto divino que o aciona para a angelitude e, consequentemente, para a própria condição arcangélica. Isso comprova-nos a Justiça, a Bondade e a Sabedoria de Deus, sem quaisquer privilégios ou diferenciações na escalonada do Espírito em busca de sua eterna ventura. Todo Arcanjo já foi homem; todo homem será Arcanjo — essa é a Lei! (Obra: *O Sublime Peregrino*, 17ª edição, p. 70)

Exames bacteriológicos, parasitológicos e pesquisas luéticas – influência da Lua

A Lua exerce com intensa profundidade, na Terra, uma poderosa ação "astroetérea", que só é conhecida dos astrólogos. A ciência médica, por exemplo, ignora que inúmeros diagnósticos clínicos são enganosos devido à ação inoportuna da astralidade lunar do momento, sobre os famigerados "humores", de que falava a medicina antiga. O desprezo a essa influência é grandemente responsável pelo mau resultado da colheita de material destinado aos exames bacteriológicos, parasitológicos, ou de pesquisas luéticas, que dependam, essencialmente, de positivação ou negação da existência dos germes patogênicos. As coletividades microbianas aumentam ou se nulificam sob a ação "astroetérea" da Lua, no corpo humano. É prova disso a enorme contradição entre iguais exames de laboratório que, em poucas horas, ora se apresentam "positivos", ora "negativos", sem que esta anomalia possa ser perfeitamente explicada. Como a vida microbiana constitui uma fauna invisível aos sentidos comuns, com vida mais intensa na região "astroetérea", que é o seu clima eletivo, é justamente esse campo microgênico o que mais sofre influência sob as variações "astroetéreas" da Lua. Reparai que inúmeras crises de enfermidades, tais como o tifo, repetem-se de sete em sete dias, e isso porque estão debaixo da influência setenária das fases lunares. A brucelose pode ser conhecida, em suas duvidosas manifestações mórbidas, através da perícia astrológica do "clímax" lunar, que se registra no espaço de determinadas horas. (Obra: *Mensagens do Astral*, 16ª edição, pp. 85/86)

Excitação magnética – objetos de bruxaria

Os objetos usados e trabalhados pelos feiticeiros desempenham a função de captadores de energias inferiores e servem de condensadores, que baixam as vibrações fluídicas do ambiente em que são colocados. Embora sendo matéria, tais objetos vibram no campo etéreo-astral, porque são também energia condensada. Sob a vontade vigorosa dos feiticeiros, que agem na intimidade eletrônica da substância, ou seja, no seu "elemental", produz-se uma excitação magnética ou superatividade, mas em sentido negativo, que depois atinge a aura da vítima a que eles estão vinculados pelo processo de bruxaria, rebaixando o campo vibratório para alimentar expressões deprimentes de vida oculta. (Obra: ***Magia de Redenção***, 13ª edição, p. 36)

Expansão da consciência – esforços da ciência e evolução social

Já tendes maior alcance de pensamento e de consciência, graças aos tenazes esforços da ciência, às meditações dos filósofos e à evolução social, para compreenderdes melhor a realidade cósmica da Criação. Chegastes à desenvoltura do vosso intelecto que, liberto da canga dos dogmas asfixiantes, exige, para o seu equilíbrio, um sentimento mais amplo do Amor, brilhante refulgência do Divino Jesus!

A consciência humana, atuando em vários níveis da vida, é, basicamente, um instrumento de aferição contínuo, tão valioso quanto dinâmico, e o seu melhor aproveitamento será conseguido na mais incessante atividade crística e no menor apego às fórmulas envelhecidas da tradição dogmática. Ela se expande ao registrar e agir, em relação aos novos produtos de sua experimentação, e o seu volume será cada vez mais rico e pródigo tanto quanto o for a grandeza de sua própria experiência. Daí o motivo por que os dogmas religiosos e as doutrinas sectaristas, ou os agrupamentos fanaticamente ciosos de seus postulados estáticos, oferecem menores probabilidades de êxito, pois que se isolam e impedem a maior expansão da consciência, ante a menor comprovação das experiências alheias. (Obra: ***Mensagens do Astral***, 16ª edição, pp. 30/31)

Explosões atômicas e duplo etérico da Terra

A estultícia mental do cientista terrícola o faz ignorar que, ao violentar o campo físico do seu orbe, está produzindo lesões em certas zonas originárias, no plano étereoastral, e ofendendo os moldes etéricos dos reinos vegetal, mineral e animal! Assim como a bomba atômica, ao estourar no vosso mundo exterior, produz consequências, que podeis avaliar pelos sentidos humanos e pelos estragos materiais, também no lado de cá — na substância original etéreoastral, no seu molde ou no duplo-etérico original — fica perturbada a delicadeza da aglutinação radiante, que é a fonte das energias responsáveis por uma vida regular na crosta do planeta que habitais. Lesardes, portanto, os reinos da Natureza e os seus moldes etéricos no Invisível, é como se estragásseis a emulsão do negativo da chapa fotográfica, do que resultaria saírem deformadas as cópias a serem tiradas futuramente!

Como decorrência dessa imprudência insana, certos tipos de hortaliças, legumes e frutas tornar-se-ão, em breve, corrosivas para, a delicadeza do sistema endócrino, e capazes de alterar o quimismo dos hormônios, favorecendo inesperados gigantismos e hipertrofias clamorosas! As alterações da cromatina seminal e a impossibilidade de os genes seguirem corretamente as linhas do biologismo humano, produzirão criaturas anômalas, sob um duplo-etérico deformado! (Obra: *Mensagens do Astral*, 16ª edição, p. 324)

F

Faculdade mediúnica e seu aprimoramento

É evidente que, se a faculdade mediúnica é destinada a objetivos mais sublimes, e bem mais complexa e importante do que as profissões comuns do mundo, ela também exige um roteiro inteligente, sensato e criterioso, sob o mais devotado carinho e desprendimento de seus cultores.

Nesse aprimoramento mediúnico estão em jogo os elevados ensinamentos da vida evangélica, e a sua finalidade é a de proporcionar ao homem a sua mais breve libertação espiritual. Entretanto, o êxito depende muitíssimo das condições morais e dos conhecimentos do médium, o qual deve se afastar de tudo aquilo que possa despertar o ridículo, a censura ou o sarcasmo sobre a doutrina espírita. O médium desenvolvido, na acepção da palavra, é fruto de longas experimentações em favor do próximo; só o serviço desinteressado, a imaginação disciplinada e o equilíbrio moral-emotivo é que poderão garantir-lhe o sucesso nas suas comunicações com o Alto. (Obra: ***Mediunismo***, 13ª edição, p. 20)

Fadas, gnomos, silfos, ondinas, salamandras, nereidas, deuses

Qualquer tribo, raça, povo ou civilização do presente ou do passado ainda conserva no seu folclore a tradição vivida por gênios, fadas, gnomos, deuses, silfos, bruxas, ondinas, salamandras, nereidas ou seres exóticos, que se divertem no mundo invisível e tanto ajudam como hostilizam a vida dos homens. Antigamente havia tratados sibilinos, métodos ocultos e práticas de magia sublime ou repulsiva, que os magos consideravam os processos mais eficientes para o homem entrar em contacto com os habitantes do mundo invisível. A magia era praticada junto aos rios, ao mar, no campo e na mata virgem, pois a Natureza sempre foi o palco adequado para desenvolver a vontade, a coragem e o espírito curioso do ser humano. (Obra: ***Mediunidade de Cura***, 12ª edição, p. 27)

Faixa protetora do Evangelho e comando mental

Deveis manter em nível superior as vossas ações e pensamentos, valendo-vos da faixa protetora do Evangelho, que é muitíssimo extensa e abrange todas as atitudes e modos de ação do espírito ligado à matéria. As comunicações mais recentes, de espíritos missionários, por meio de médiuns de confiança, ensinam-vos que os estados de confiança e de otimismo espantam as trevas em torno da aura humana, enquanto que as atitudes de compungimento, melancolia, pessimismo e saudosismo amargurado hostilizam o sentido benfeitor da vida doada por Deus e estabelecem nuvens sombrias que aumentam o desespero e a descrença nos bens espirituais.

Assim sendo, compreendereis que não basta evitar o vício em sua expressão unicamente material, quer seja o do fumo, o da bebida, o jogo ou a perversão, mas é preciso que vos liberteis do vício do culto aos pensamentos negativos e dos rosários de lamúrias quando tudo não vos sucede a contento dos vossos caprichos e desejos. O "sede pacíficos", do Mestre Jesus, adverte contra as rebeldias mentais, quando a alma, teimosamente, considera as vicissitudes humanas como infelicidades propositais, ao passo que são apenas produtos do burilamento angélico. Esse ensinamento de Jesus implica na idéia de resignação para com as diretrizes do Criador e em se admitir que Ele está certo, porque é o mais Justo e o mais Sábio. E que, apesar dos males mais intensos da vida humana, ninguém conseguirá roubar do espírito do homem a sua felicidade eterna.

A mente, sob o impulso dinâmico criador e positivo, é potencial que remove o manto de sombras que os perversos do invisível estendem sobre as criaturas; mas aqueles que se amoldam à natureza enfermiça dos pensamentos negativos, na verdade, são produtores de fluidos que constituem as energias usadas pelos operadores das trevas. (Obra: *A Vida Além da Sepultura*, 12ª edição, p. 402)

Fé e intuição – a "voz do silêncio"

A fé é o produto da intuição, e a intuição é a linguagem oculta do Senhor a confabular em nossa intimidade. É a "Voz do Silêncio" da Divindade, em incessante intercâmbio com a sua criação, independente de fronteiras do tempo e do espaço. O homem socorre-se da instrumentação na pesquisa científica no mundo transitório da matéria, como recurso para desenvolver a sua capacidade de investigação através da vivência oculta do Espírito eterno e consciente. Em planetas mais evoluídos do que a Terra, não é a forma que orienta o homem, mas é o homem que orienta a forma. Não é o invólucro material o que deve induzir a existência íntima do espírito imortal; mas é o espírito indestrutível, quem modela a casca exterior perecível. O cientista busca o real da periferia da forma para a intimidade psíquica; então a sua fé se robustece, após satisfazer as exigências do raciocínio humano. E conforme diz Allan Kardec: "A fé só é fé quando pode encarar a razão face a face." (Obra: *O Evangelho à Luz do Cosmo*, 8ª edição, pp. 144/145)

Feitiçaria na África – meio de defesa

Ademais, a feitiçaria entre os negros era praticada no sentido de encantamento, como processo técnico disciplinado pelas leis dinâmicas da Magia. Não lhes ocorria na mente que estavam praticando atos perversos ou malignos, mas apenas servindo-se dos mais avançados recursos para a sua sobrevivência na face do mundo. O encantamento através de objetos, aves, animais, vegetais ou resíduos humanos fazia parte de sua luta heróica, imunizando-se contra as feras e os répteis, defendendo-se contra as calamidades da natureza e liquidando os inimigos. Em verdade, os homens civilizados também mobilizam outra forma de feitiço, empregando bombas atômicas, gases mortíferos, lança-chamas e até germes virulentos na magia negra do genocídio.[1]

1 Só o "feitiço" da bomba atômica causou a morte de 120.000 pessoas, na magia negra científica dos novos sacerdotes da Ciência, que dominaram as forças ocultas da Natureza para fins malignos. Os magos africanos perdiam noites e noites no batuque para dinamizar as energias inferiores do Invisível; os magos negros

Os africanos praticavam a magia indistintamente, como um processo de dinamismo e ação no controle das energias do mundo oculto, apoiados pelos seus "orixás", ou espíritos da Natureza. Não distinguiam a magia negra como atividade maligna, ou a magia branca no sentido benfeitor; mas apenas a magia, com os diversos processos de encantamento ou feitiçaria. (Obra: ***A Missão do Espiritismo***, 9ª edição, p. 154)

Feitiço, bruxaria, sortilégio, enfeitiçamento – magia negra

Feitiço, sortilégio, bruxaria e enfeitiçamento significam operação de "magia negra" destinada a prejudicar alguém. Antigamente, a palavra feitiço ou sortilégio expressava tão-somente a operação de encantamento, ou no sentido benéfico de "acumular forças" em objetos, aves e animais e seres humanos. Daí, o feitiço significar, outrora, a confecção de amuletos, talismãs, escapulários e orações de "corpo fechado", cuja finalidade precípua era proteger o indivíduo.

O encantamento ou enfeitiçamento de objetos ou seres sempre implicava na presença de um mago, porque era um processo vinculado à velha magia. Mas em face de sua proverbial subversão e incitado pelo instinto animal inferior, o homem logo percebeu nessa acumulação de forças e dinamização do éter físico de objetos ou seres vivos, um ótimo ensejo para tirar o melhor proveito a seu favor. Logo surgiram os filtros mágicos e as beberagens misteriosas, para favorecer amores e casamentos, enquanto se faziam amuletos com irradiações nocivas, com finalidades vingativas. A palavra feitiço, que definia a arte de "encantar" a serviço do bem, então passou a indicar um processo destrutivo ou de magia negra! (Obra: ***Magia de Redenção***, 13ª edição, p. 29)

Feitiço e magnetismo

O feitiço é o processo de convocar forças do mundo oculto para catalisar objetos, que depois irradiam energias maléficas em direção às pessoas visadas pelos feiticeiros. O fenômeno é perfeitamente lógico e positivo, porque toda a ação enfeitiçante é ativada no campo das energias livres, em correspondência com as energias integradas nas coisas, objetos e seres. O trabalho mais importante dos feiticeiros ou magos consiste em inverter os pólos dessas for-

modernos perdem dias fazendo o mesmo através de reatores e ciclotrons poderosos.

ças, empregando-as num sentido agressivo e demolidor, conforme acontece com as próprias energias da natureza descobertas pelos homens. (Obra: ***Magia de Redenção***, 13ª edição, pp. 29/30)

Feitiço mental – força do pensamento

Sem dúvida, quer seja feitiço verbal ou mental, o pensamento é sempre o elemento fundamental dessa prática maléfica, pois não existem palavras sem pensamentos e sem idéias. Quando o homem fala, ele mobiliza energia mental sobre o sistema nervoso, para então acionar o aparelho de fonação e expressar em palavras as idéias germinadas na mente. E o feitiço mental ainda pode ser mais daninho do que através da palavra, pois é elaborado demorada e friamente sob o calculismo da consciência desperta, em vez de produto emotivo do instinto incontrolável. O enfeitiçamento verbal produzido pela maldição ou pela praga pode gerar-se num arrebatamento de cólera, contrariedade ou desforra de natureza mais emotiva ou explosiva, produzindo mais fumaça do que ruínas! Faltando-lhe a premeditação, que confirma o impacto ofensivo, também pode ser menos prejudicial. (Obra: ***Magia de Redenção***, 13ª edição, p. 59)

Feitiço negro x feitiço branco

Mas depois que essas práticas africanas foram transplantadas para outros povos, surgiu a diferenciação; o feitiço passou a ser considerado magia negra, porque além de um processo preferencial dos negros, tratava-se de atividade paralisante, enfermiça e mortífera. E o seu oposto, o ato de desmanchar o feitiço, ficou conhecido como magia branca, bem assim como todo encantamento ou rito, que só objetiva beneficiar o ser humano. Também se poderia dizer feitiço negro, quando é prática adversa e feitiço branco, se ajuda o próximo.

Em face de tais considerações, os umbandistas preferem denominar "Linha Branca de Umbanda", a fim de distingui-la da "Linha Negra" dos magos que operam de modo destrutivo. Mas é desnecessária essa denominação, porque umbanda, na própria acepção do vocábulo, embora neste caso refira-se a uma doutrina e não à vibração mística, é expressão de atividade benfeitora. (Obra: ***A Missão do Espiritismo***, 9ª edição, pp. 154/155)

Feitiço verbal – força das palavras

O seu autor é responsável perante a Lei do Carma e fica sujeito ao "choque de retorno" de sua bruxaria verbal, segundo a extensão do prejuízo que venha a resultar das palavras ou gestos reticenciosos desfavoráveis ao próximo.

A palavra tem força, pois é o veículo de permuta do pensamento dos homens, os quais ainda não se entendem pela telepatia pura, conforme acontece noutros planetas adiantados.[2] Consoante a significação, a intensidade e o motivo da palavra, ela também se reveste de igual cota de matéria sutilíssima do éter-físico, sobre aquilo que ela define. Quando a criatura fala mal de alguém, essa vibração mental atrai e ativa igual cota dessa energia das demais pessoas que a escutam, aumentando o seu feitiço verbal com nova carga malévola. Assim, cresce a responsabilidade do maledicente pelo caráter ofensivo de suas palavras, à medida que elas vão sendo divulgadas e apreciadas por outras mentes, atingindo então a vítima com um impacto mais vigoroso do que o de sua força original. O malefício verbal segue o seu curso, pessoa por pessoa, assim como a bola de neve se encorpa lançada costa abaixo!

A mobilização de forças através do verbo é predominantemente criadora,[3] é uma ação de feitiçaria de consideráveis prejuízos futuros para o seu próprio autor, pois as palavras despertam idéias e estas, pelo seu reflexo moral de "falar mal" de outrem, produzem a convergência de forças repulsivas, as quais se acasalam à natureza do pensamento e do sentimento, tanto de quem fala como de quem ouve. Sem dúvida, esta espécie de bruxaria através de palavras, também varia conforme a culpa e a responsabilidade da criatura. (Obra: ***Magia de Redenção***, 13ª edição, pp. 43/44)

Feitiço volta contra o feiticeiro II

Os pensamentos malignos, que se chocam com as auras das pessoas "altamente evangelizadas", refratam-se e retornam imediatamente pela linha de menor resistência à imprudente criatura

2 Vide o capítulo "Idioma, Cultura e Tradições", da obra ***A Vida no Planeta Marte e os Discos Voadores***, Ramatís, **EDITORA DO CONHECIMENTO**.

3 "No princípio era o Verbo, e o Verbo estava com Deus, e o Verbo era Deus", como elucida João Evangelista sobre o ato de "pensar" e "materializar" divino. Vide o capítulo "Ante o Serviço", da obra ***Nos Domínios da Mediunidade***, de André Luiz, edição da FEB, página 39, em que a praga paterna deu origem à paralisia do braço do filho desnaturado.

que os enviou, que recebe a carga mortífera centuplicada sob o velho axioma de que "o feitiço volta-se contra o próprio feiticeiro"! Os feiticeiros experimentados jamais se arriscam a enfeitiçar pessoas de elevado padrão espiritual, pois eles sabem que o rebate é imediato e tão violento, quanto seja o energismo defensivo da fonte que os repele!

Infeliz do espírito ou feiticeiro que ousa projetar a sua carga maléfica sobre qualquer núcleo de forças de alta voltagem espiritual! Jamais ele se rearticula para tentar outra operação semelhante! (Obra: ***Magia de Redenção***, 13ª edição, p. 130)

Feixe de forças projetado – benzimento

O benzedor projeta sobre o paciente um feixe de forças em frequência vibratória dinamizada pela sua condição amorosa de curar. Todos nós estamos impregnados de forças curativas e poderíamos operar verdadeiros milagres, assim como as cachoeiras e cascatas são fontes de energias, que sabiamente aproveitadas, podem iluminar o mundo. Desde que soubéssemos mobilizar e disciplinar as energias que nos rodeiam, poderíamos produzir acontecimentos que o bom-senso julgaria miraculosos! Os benzedores enfeixam as energias que flutuam no ambiente onde eles atuam e as projetam sobre os enfermos, e o êxito da cura depende da maior ou menor receptividade psíquica dos mesmos. (Obra: ***Magia de Redenção***, 13ª edição, p. 160)

Fenomenologia mediúnica e mitologias planetárias

A fenomenologia mediúnica tem sido acontecimento comprovado por todos os povos e civilizações como as da Atlântida, Lemúria, China, Hebréia, Egito, Pérsia, Caldéia, Cartago, Assíria, Grécia, Babilônia, Índia, Germânia ou Arábia. Comprova-se isto pela sua história, lendas ou pelo seu folclore, cujos fenômenos foram evidenciados até nos objetos e nos propósitos guerreiros dos povos mais primitivos. Os escandinavos, principalmente os "vikings", narram seus encontros com bruxas, sereias, e entidades fascinadoras, que surgiam das brumas misteriosas perseguindo-os durante as noites de lua cheia. As histórias e as lendas musicadas por Wagner em suas peças sinfônicas ou óperas magistrais confirmam o espírito de religiosidade e a crença no mundo invisível por parte dos povos germânicos e anglo-saxões. Eles rendiam sua homenagem aos deuses, gênios, numes e os consideravam habitantes de um mundo estranho, muito diferente do que é habitado pelos homens. As lendas brasileiras também são férteis de fenômenos mediúnicos. No cenário das matas enluaradas surge o "boitatá" lançando fogo pelas narinas; nas encruzilhadas escuras aparece o fantasmagórico "saci-pererê", saltitando numa perna só e despedindo fulgores dos olhos esbraseados; na pradaria sem fim, corre loucamente a "mula-sem-cabeça", ou na penumbra das madrugadas nevoentas, os mais crédulos dizem ouvir os gemidos tristes da alma do "negrinho do pastoreio". (Obra: ***A Missão do Espiritismo***, 9ª edição, pp. 21/23)

Fenômenos ectoplasmáticos – Jesus e os essênios

O ingresso no Círculo Interno desfazia os laços e as ligações da personalidade humana com as especulações utilitaristas da vida material, pois o Essênio, dali por diante, transformava-se numa peça viva da confraria a serviço incondicional da redenção do espírito humano.

Quando o ambiente dos santuários maiores se saturava de vibrações puras e energéticas, pela presença de iniciados de alto quilate espiritual, ou de visitantes da estirpe de Jesus, então ali se condensava ectoplasma suficiente para proporcionar a materialização de entidades superiores e a produção da "voz direta". Isso sucedeu na "Transfiguração", no Monte Tabor, porque ali também se congregavam muitos anciãos do Conselho Supremo da Confraria dos Essênios. Então o influxo das vibrações angélicas de Jesus, conjugadas às energias emanadas dos iniciados dos demais santuários, produziram a "tela ectoplásmica" hipersensível, que permitiu aos espíritos de Elias e Moisés projetarem as suas características pessoais, dando o testemunho de que também haviam sido precursores da obra de Jesus, embora operando apenas na lavradura do terreno. (Obra: ***O Sublime Peregrino***, 17ª edição, pp. 296/297)

Filhos teratológicos e desencarnações prematuras

Há casos em que infelizes esposos se vêm a braços com filhos teratológicos, porque foram responsáveis por suas cruéis desgraças, cumprindo-lhes suportar agora a terrível prova de reparação kármica. No entanto, nessas mesmas condições de infelicidades podem-se encontrar almas boníssimas e abnegadas, sem culpas no pretérito, mas que, em voluntária missão de amor e sacrifício, concordam em se tornar pais de espíritos delinquentes, com o intuito de ampará-los piedosamente em suas provas dolorosas, evitando-lhes o mergulho definitivo nas trevas das abjeções e rebeldias. No primeiro caso, trata-se de retificação espiritual imposta compulsoriamente pela lei da "colheita obrigatória" até o último ceitil; no segundo, é apenas o sacrifício espontâneo aceito por almas de escol, que se deixam inspirar pelo divino conceito do "amai-vos uns aos outros", do sublime Jesus.

Da mesma forma, nem todos os espíritos superiores se encarnam para a morte prematura e consequente provação dos pais, assim como nem todos os deserdados da sorte devem sucumbir só depois de adultos. Igualmente, nem todas as desencarnações prematuras são expiações deliberadamente cármicas para os seus progenitores, pois, antes da reencarnação, certas almas aceitam a incumbência dolorosa de gerar um corpo físico destinado a um espírito amigo, que necessita pouco tempo de vida física para completar o término de suas reencarnações. É evidente que esses pais hão de sofrer intensa dor pela ausência do filho querido, morto prematuramente, sem que com isso resgatem culpas pregressas. Se estiverem absolutamente certos do acordo espiritual "pré-reencarnatório", não sofreriam tão acerbamente e aceitariam a morte física apenas como breve ausência do espírito que fora seu filho carnal. (Obra: ***A Vida Além da Sepultura***, 12ª edição, pp. 378/379)

Final de ciclo – convocação da Lei Suprema

Assim, a Suprema Lei convocou a presença de todos os infratores e marginais encarnados e desencarnados, a fim de explicarem a sua ação lesiva no orbe terráqueo, e a sua recusa em cumprir os princípios e os estatutos da vida superior. A humanidade terrícola atinge o final do seu curso primário iniciado há 28 mil anos, na Atlântida e, por esse motivo, se encontra no limiar da mais severa e aflitiva "prestação de contas" ante o tribunal divino de sua própria consciência. Em face desse profético "Fim de Tempos", que promove o reajuste do planeta terreno e do homem seu habitante, o orbe será credenciado à condição de um futuro ginásio de educação espiritual, porém destinado tão-somente aos espíritos aprovados no atual "Juízo Final", já em franco processamento. Mas, considerando-se que todo exame requer a matéria ou um ponto sorteado para se verificar a capacidade dos examinados, portanto, desde a época de Jesus esse tema já foi anunciado por João Evangelista, de modo cabalístico, e que não vos é difícil de identificar como a "Besta do Apocalipse". (Obra: ***O Evangelho à Luz do Cosmo***, 8ª edição, pp. 27/28)

Fluido sexual e magos do passado – vitalização mental

O mesmo fluido sexual que alimenta as relações genésicas e o processo procriativo no campo físico, quando represado e depois sublimado para uma condição espiritual superior, desencadeia poderoso energismo que então supre os gastos mais avançados da mente! Os antigos iniciados aprendiam a controlar e distribuir o fluido sexual de modo a vitalizar poderosamente o cérebro, atuando habilmente através dos "chakras", ou centros de forças etéricos da contraparte física conhecida por "duplo-etérico". Sob tal processo oculto, mas de resultados positivos, eles alcançavam a condição de homens incomuns e depositários de poderes extraterrenos, conhecimentos que jamais transpunham o silêncio augusto dos templos iniciáticos, pois eram proibidos no mundo profano dominado pelo mais estúpido dos fanatismos religiosos.[4] (Obra: ***A Vida Humana e o Espírito Imortal***, 11ª edição, p. 56)

Fogo etéreo – limpeza perispiritual

Quando há perigo de "petrificação" da escória aderida ao perispírito de almas embrutecidas no excesso das satisfações animais, há o recurso espiritual do "fogo etérico" ou "fogo purificador" ministrado pelos técnicos do Senhor. Isso lhes queima o excesso da crosta petrificada na mentalização e materialização de crimes, ódios, crueldades, tiranias e violências, que exerceram nas vidas

4 Sabe-se que através da ***Krya Yoga***, o discípulo aprende a mobilizar o seu fluido sexual de modo a fazê-lo subir pelo imo da medula espinhal, até atingir o cerebelo, o córtex cerebral, a região do tálamo e hipotálamo na circunvizinhança da glândula hipófise, numa espécie de lavagem energética a todas as células da massa cinzenta. Então, sob a ação fulgurante do "chakra coronário", o centro de união divina do homem e o mundo espiritual, o fluido sexual é purificado e o residual ou escória regressa à região inferior do "chakra kundalíneo", através da região exterior da medula, onde é reativado para as funções tradicionais. Sob tal influxo, que pode ser repetido muitas vezes, o homem retempera o seu magnífico centro de comando "psicofísico", que é o cérebro, passando a atuar em nível superior, graças à sublimação da energia sexual poupada e purificada!

físicas e ainda mais lhes aviva a idéia do Inferno. Porventura, também não usais processos incômodos e severos para a desintoxicação do corpo físico, como o "banho turco" ou a "sauna", que ajudam a expelir as toxinas?

Sob processos impossíveis de compreensão por vós, esses retardatários sofrem a ação benfeitora do fogo etéreo no seu perispírito compacto pelas substâncias petrificantes, que assim se desintegram e se volatizam, proporcionando alívio das dores e da ansiedade.[5] (Obra: ***Sob a Luz do Espiritismo***, 3ª edição, pp. 32/33)

Fogo kundalínico – despertamento

Conforme vos ensinam as obras de Ocultismo, através do desenvolvimento disciplinado dos "chacras etéricos", em sincronia com o despertamento do fogo cundalíneo, que serpenteia pela medula perispiritual, podem se manifestar poderes extraterrenos nas almas perseverantes e tenazes. No entanto, qualquer descontrole mental ou emotivo, pernicioso, pode levá-las a produzirem danos e calamidades alheias quando, por lei sideral, as mesmas forças desencadeadas pela dinâmica do desejo ou do pensamento imprudente se voltam, depois, terrivelmente, contra os seus próprios agentes desarvorados. (Obra: ***A Sobrevivência do Espírito***, 7ª edição, p. 290)

Força das palavras – energias

É óbvio, pois, que, sendo as palavras irascíveis o instrumento que interpreta as emoções desequilibradas ou violências mentais, devem produzir visíveis modificações orgânicas, como chaves do psiquismo desequilibrado, assim como as palavras desarmônicas por natureza exigem esforços à parte, para serem pronunciadas, enquanto outras associam estados enfermiços e fazem abater o ânimo espiritual, influindo no físico. Quando louvais o próximo com palavras de amor ou de paz, elas despertam estados de afetividade, otimismo e esperança, o que já não sucede se as

5 Trecho extraído do capítulo X, "Fogo Purificador", da obra ***Obreiros da Vida Eterna***, ditada pelo espírito André Luiz a Chico Xavier. — "O trabalho dos desintegradores etéricos invisíveis para nós, tal a densidade ambiente, evita o aparecimento das tempestades magnéticas que surgem sempre, quando os resíduos inferiores de matéria mental se amontoam excessivamente no plano".
Vide, também, o capítulo "Que são os charcos do Astral Inferior", da obra ***A Vida Além da Sepultura***, de Ramatís e Atanagildo, **EDITORA DO CONHECIMENTO**.

expressões forem de ódio ou de rancor. As palavras despertam idéias e produzem estados e motivos diferentes, no homem; repetimos-vos: são chaves verbais que vos alteram ao ouvi-las ou ao pronunciá-las, ocorrendo então consequências diferentes no psiquismo e, consequentemente, no corpo físico. (Obra: *A Sobrevivência do Espírito*, 7ª edição, pp. 223/224)

Forças esotéricas da palavra

Sendo a linguagem oral e a escrita os fatores principais que permitem às criaturas humanas manifestarem entre si a sua inteligente cultura, ciência e ideal, é evidente que, quanto mais elevado já lhes tenha sido o progresso, tanto maior coeficiente de forças esotéricas já terá eclodido em sua linguagem. Existe poderosa força oculta na palavra que, sabiamente falada, tanto pode construir como aniquilar; há nela, também, certa musicalidade que, acionada progressivamente, pode alcançar a intimidade atômica da matéria e alterar-lhe a coesão íntima.

A própria Natureza possui a sua linguagem, que se expressa em sons diversos através dos motivos e das funções dos seus reinos, onde cada coisa, ser ou vegetal pode ser considerado como uma letra viva e compor divinas palavras. Que é a vida, senão o Verbo de Deus? (Obra: *A Sobrevivência do Espírito*, 7ª edição, p. 221)

Força sexual – direcionamento criador

Todo gasto excessivo de forças sexuais destrói os elementos preciosos da vida psíquica, responsáveis pela ligação entre o mundo superior e a Terra, por cuja falta o homem é empurrado cada vez mais para o submundo do instinto animal inferior. Em sentido oposto, a economia e o controle das energias sexuais, quando disciplinadas pela mente, beneficiam extraordinariamente o médium. O fluido criador, quando acumulado sem a violência da contenção obrigatória, purifica-se pelo contato com as vibrações apuradas do espírito. Esse magnetismo vitalizante, poupado das glândulas sexuais, depois funde-se ao fluido superior emanado do "chacra" coronário, irriga o cérebro e clareia a mente, despertando a função da glândula pineal à altura do "chacra" frontal e favorecendo a visão psíquica do mundo interior. (Obra: *Mediunismo*, 13ª edição, p. 213)

Forma-pensamento – dardo criador ou destrutivo

Enquanto as ondas mentais transmitem mais propriamente os sentimentos, as divagações e reminiscências de especulação propriamente psíquica, as formas-pensamentos recortam figuras nítidas ou configuram símbolos de uma natureza mais objetiva e compreensível para os clarividentes. Através da onda mental, há casos em que o vidente bem desenvolvido chega a ver a pessoa que a transmitiu, enquanto que a forma-pensamento só se impõe por sua própria imagem.

O pensamento produz uma série de vibrações no corpo mental e este então projeta uma porção de si mesmo, em perfeita conexão com a matéria mental circunstante. Desse fenômeno, gera-se uma forma-pensamento simples e pura, cuja configuração, radiação, vitalidade, brilho e colorido perduram tanto quanto seja a força ou a convicção de quem a emite.

A forma-pensamento, também conhecida por elemental ou elemental-artificial, lembra uma entidade vivente, temporária, mas dotada de intensa atividade e animada pela idéia-mater que a gerou. É um produto da própria alma, mas nutrida pela essência elemental vivificante e eletrônica do corpo. Quando maligna, move-se implacavelmente para impor-se sobre a pessoa escolhida para vítima e alimenta-se pela força do ódio, inveja, cólera, despeito, ciúme ou vingança, que encontra em sua trajetória até arremessar-se no seu alento vital selvático. É tão obstinada como a semente lançada no seio da terra, que germina, malgrado a sufocação do solo, e a ação destruidora dos vermes, que tudo fazem para devorá-la!

A forma-pensamento constitui-se de matéria sutilíssima, embora para alguns seja um produto fantasioso, pois, além de sobrecarregado de substância mental-astralina fortemente vitalizada pelo éter-físico, que se escoa pelo duplo etérico humano, também se impregna da eletricidade e do magnetismo biológico da criatura. Eletrizando-se no seu curso benéfico ou maléfico, ela atinge o objetivo qual dardo criador ou destrutivo, valendo conforme a intenção e o poder de quem a projeta. (Obra: ***Magia de Redenção***, 13ª edição, pp. 63/64)

Frutas = ricas em prana – animais = pobres em prana

Enquanto os vegetais e principalmente os frutos armazenam mais prana, porque neles a forma de vida produz menos consumo dessa energia da vida, os animais absorvem e consomem maior quantidade de prana, em face da incessante atividade e o desgaste com o meio exterior. Portanto, a carne do animal é pobre de prana ou apenas um residual desgastado, enquanto os frutos ricamente pranizados funcionam à guisa de verdadeiros acumuladores dessa energia pura e qualitativa. Justamente porque o prana é a base fundamental do ectoplasma na natureza e no próprio homem, o qual se completa com o éter-físico, água e outras substâncias químicas, então os espíritos diretores de trabalhos de fenômenos físicos e materializações costumam recomendar que, nos dias de tais realizações, os presentes e o médium devem ingerir apenas frutos. (Obra: ***A Vida Humana e o Espírito Imortal***, 11ª edição, pp. 116/117)

Fulgor dos olhos – energia crepitante de Jesus

As criaturas curadas por Jesus diziam que o fulgor de seus olhos penetrava-lhes a medula, qual energia crepitante, transmitindo-lhes misterioso potencial de forças desconhecidas e fazendo eclodir em seus corpos a vitalidade adormecida. Os malfeitores e delinquentes não escondiam o seu terror diante desses mesmos fulgores veementes, que lhes punham a descoberto na alma o cortejo de vícios, pecados e hipocrisias. Raros homens não se prostravam de joelhos, diante de Jesus, clamando perdão para os seus erros, quando esmagados pelos pecados erguiam-se aterrorizados ante a voz imperiosa que lhes dizia: — "Vai e não peques mais." (Obra: ***O Sublime Peregrino***, 17ª edição, p. 153)

Fumo – condensa carga etérica e astralina

O fumo, ou tabaco, condensa forte carga etérea e astralina, que ao ser libertada na queima ou defumação, pelo mago, "pai-de-santo" ou espíritos entendidos, liberta energias que atuam positivamente no mundo oculto. Os pretos-velhos, tarimbados na velha magia africana, concentram o campo de forças do tabaco incinerado, e através do sopro praticam uma espécie de "ionização" rudimentar, mas proveitosa e capaz de acelerar a função catalisadora do perispírito. (Obra: ***Magia de Redenção***, 13ª edição, p. 177)

Função do espiritismo – dinamizar centelha espiritual

Depende do que realmente considerais religião, pois o espiritismo não é mais uma seita que se particularize entre os diversos tipos de associações religiosas do mundo. Contudo, é "Religião", na acepção do vocábulo "religare", processo ou meio de religar o espírito do homem à Consciência Cósmica de Deus. Sua função é dinamizar o "quantum" energético da centelha espiritual que domina em sua intimidade, fazendo-a aflorar cada vez mais à superfície da transitória personalidade humana; e assim consolidando a individualidade eterna do ser consciente de existir no Universo. Não é movimento destinado a reunir homens e incentivá-los à adoração de Deus sob um aspecto particularizado; nem se distingue por cerimônias em templos, dogmas, compromissos ou posturas peculiares a estatutos religiosos. É norma de vida do Espírito encarnado, induzindo-o a libertar-se, o mais cedo possível, da animalidade que o prende aos ciclos encarnatórios nos mundos planetários. (Obra: ***A Missão do Espiritismo***, 9ª edição, p. 50)

Futuro da humanidade e ciência oculta

No futuro, a humanidade compreenderá o fundamento lógico, positivo e científico da magia, alquimia e feitiçaria. A evolução humana se faz por espiral, em ciclos gradativos, pois tudo o que hoje é posto de lado, como crendice ou superstição, amanhã será novamente retomado e estudado, descobrindo-se o seu fundamento sensato. As lendas dos vampiros, as crendices no poder de substâncias mágicas, as orações "fecha-corpo", ou amuletos, talismãs, filtros misteriosos e poderes excepcionais de certas pessoas, em breve serão explicados satisfatoriamente pelos cientistas e parapsicólogos modernos.

As energias fabulosas, que atualmente manejamos do "lado de cá", no campo da ciência transcendental e da terapêutica espiritual, o homem também conseguirá descobri-las e dominá-las para a vivência sadia e prazenteira no mundo físico. Inúmeros inventos e recursos, que hoje assombram a humanidade e foram descobertos no campo da energia oculta, já são considerados obsoletos e anacrônicos em nossa esfera de labor espiritual. No futuro, certos amuletos e talismãs de confecção científica, supercarregados de eletromagnetismo, poderão acelerar o funcionamento dos chacras do duplo etérico, harmonizar a circulação sanguínea, a nutrição vital e o metabolismo endocrínico, assim como dinamizar as auras humanas, desintegrar formas-pensamentos nocivas, concentrar energias defensivas e refratar cargas fluídicas ofensivas. (Obra: ***Magia de Redenção***, 13ª edição, p. 153)

G

Genes – combinação e fusão nos cromossomos

Em verdade, é o espírito eterno atuando através da vestimenta perispiritual, quem imprime o impulso inicial e seletivo para a combinação dos "genes" e a consequente fusão nos cromossomos. Assim, particulariza uma organização carnal em perfeita eletividade com a sua condição psíquica e também qual seja o seu acervo superior ou inferior, já realizado no tempo e no espaço. O certo é que os espíritos de natureza elevada, como Jesus e outras entidades de alto gabarito espiritual, atuam perispiritualmente de modo tão harmônico e correto durante a gestação física, que só aliciam e aglutinam os melhores elementos genéticos, a fim de plasmarem organismos perfeitos e sadios. (Obra: ***Evangelho à Luz do Cosmo***, 8ª edição, p. 310)

Genes – influência do perispírito

Conforme explica a ciência genética do mundo, a constituição do homem é processualmente produto da combinação de certos tipos de pares de genes característicos, que atuam oriundos dos progenitores físicos. Em consequência, os genes seriam os exclusivos responsáveis pelas deformidades, taras, insuficiências mentais e outras anomalias congênitas, inclusive quanto à própria configuração sadia e correta humana. Mas, no futuro, os cientistas terrícolas poderão comprovar que os "genes" são exatamente as partículas ou probabilidades de vida física, que funcionam no limiar dos mundos material e espiritual. Assim, onde termina a última vibração do reino do espírito eterno, e principia a primeira oscilação do início de vida do mundo físico, os genes ali palpitam na função de elos, conexões ou vínculos, atando e detonando o processo criativo do homem.

O espírito do homem, ao encarnar-se, dispõe da quantidade e qualidade de "genes", que lhe proporcionarão um tipo de organismo físico, tanto quanto seja a sua capacidade, habilidade, talento ou graduação espiritual de agrupar, favorável ou desfavoravelmente, a sua base genética. Assim, não é uma formação acidental, a boa ou má combinação de "genes" superiores ou inferiores, que proporcionará o tipo sadio ou enfermiço da organização carnal do homem. Em verdade, os "genes" só se agrupam dependendo da influência íntima do perispírito, que de modo específico os aglutina para depois desencadear o processo criativo de um novo corpo físico. (Obra: ***Evangelho à Luz do Cosmo***, 8ª edição, p. 309)

Gestação em uma planeta superior – cooperação magnética dos pais

Os jovens recém-casados iniciam uma fase de concentração mental, com intervalos periódicos, que culmina em uma espécie de "retiro mental", absoluto, como preparo de suas almas para essa missão sublimada. Após a concepção, os cônjuges procuram, então, plasmar, no plano "astroetéreo", a configuração daquele que virá habitar o seu lar. Atuam em uníssono com o poder mental do "guia" doméstico, para que se forme um "duplo etérico" da mais perfeita contextura e equilíbrio anatômico possível, auxiliando a alma que vai reencarnar no corpo em gestação. Essa "descida" para o plano físico é feita, também, com a contribuição do próprio espírito reencarnante, que une suas forças psíquicas aos demais, a fim de atingir o melhor desiderato na configuração do molde perispiritual de seu futuro corpo. Conhecendo profundamente as leis do mentalismo, os marcianos esforçam-se para desatar, ainda no plano astral, os elementos que na "Mente Divina" podem tecer com pureza a estesia do organismo em gestação. E o orientador desencarnado, de comum acordo com o "médico clarividente", que é o visitador periódico da gestante, anota os progressos da configuração mental dos pais e do reencarnante expondo as corrigendas necessárias e sugerindo os recursos mais apropriados para o sucesso desejado. (Obra: *A Vida no Planeta Marte e os Discos Voadores*, 14ª edição, p. 76)

Gestação humana – laços com a mãe e o pai

Após o espírito reduzir no mundo espiritual o seu perispírito até atingir a forma fetal e depois ajustar-se ao ventre materno para o preenchimento físico, ele também socorre-se das energias do campo magnético perispiritual do progenitor carnal, a fim de facilitar o processo reencarnatório.

Os clarividentes podem explicar que durante os nove meses de gestação, tanto o espírito encarnante como os seus progenitores carnais mostram-se perfeitamente entrelaçados entre os seus perispíritos. Através dessa simbiose fluídica, ou espécie de casulo protetor, são absorvidas rapidamente todas as emanações viciosas, prejudiciais e tóxicas do ambiente, assim como se atenuam os impactos de cargas mal-intencionadas, que possam ferir o espírito indefeso no seu processo encarnatório.

O próprio espermatozóide doado pelo homem ainda continua por certo tempo ligado a ele pelos laços ocultos do éter-físico; e à medida que o encarnante vai desatando na matriz materna a sua configuração peculiar, ele também absorve as energias paternas, malgrado o sustento físico da mãe! Daí, a lenda da "quarentena" dos silvícolas, que guardavam o leito enquanto a esposa gestava, porque tratando-se de encarnação excessivamente dispendiosa de energismo vital, como era o índio, ocorria um verdadeiro vampirismo filial, chegando a produzir forte prostração, sintomas de anemia e baixa função esplênica! (Obra: *A Vida Humana e o Espírito Imortal*, 11ª edição, p. 57)

Glândula timo – ação oculta etéreo-astral

A natureza gradua proporcionalmente o despertar do espírito no seu instrumento de carne, através de diversas etapas conciliadoras e conhecidas como infância, juventude, maturidade e velhice. Mas, assim como periga a carga elétrica de alta voltagem, os raciocínios incomuns e as emoções exaltadas do espírito encarnado podem afetar a coesão molecular do corpo, a rede enzimática, e desarmonizar as coletividades microbianas, quando essa operação ultrapassa a resistência e a capacidade normal. Por isso, a sabedoria do psiquismo criou a glândula timo, que frena o crescimento orgânico prematuro e assim evita uma ação demasiadamente violenta sobre o cérebro ainda em formação. O desenvolvimento adulto precipitado e organicamente frágil daria ensejo para o espírito agir na sua plenitude espiritual, mas atuando em altíssima voltagem sideral, capaz de queimar os neurônios e a rede cerebral.

A providência reguladora do timo, então, impede que o espírito encarnado manifeste, de chofre, todo o seu potencial psíquico antes dos sete anos e além da capacidade do seu equipo carnal, em crescimento. O timo, além de sua função controladora do excesso psíquico sobre o corpo imaturo, ainda frena os estímulos excessivos que fluem do perispírito para o "duplo-etérico,[1] também na fase de desenvolvimento e absorção do "éter-físico" do meio terrestre. Daí justificar-se o aforismo de que a criança é inocente até os sete anos porque ainda não assume a responsabilidade total do organismo, o qual permanece sob o controle técnico do mundo espiritual. A máquina carnal até os sete anos encontra-se em fase de experimentação e reajustamento, assim como qualquer maquinaria do mundo sofre "testes" e correções na fábrica, a fim de não ser entregue ao seu dono com defeitos originais.

Mas durante a fase do nascimento até os sete anos físicos, e pela impossibilidade de o espírito agir plenamente no seu corpo carnal, o instinto animal exerce a sua força criadora e procura impor a sua ascendência vigorosa e primária. Trava-se renhida luta entre o princípio espiritual superior e as tendências inferiores do mundo físico. Daí o motivo por que os pais devem exercer rigorosa vigilância nos filhos até os sete anos, extirpando-lhes energicamente os maus costumes, impulsos danosos, tentativas autoritárias e atrabiliárias, para evitar que uma estigmatização instintiva posteriormente se oponha na forma de uma barreira intransponível à correção espiritual. (Obra: ***A Vida Humana e o Espírito Imortal***, 11ª edição, pp. 21/22)

Governantes – compromisso kármico com os governados

A governança, na Terra, deriva de severos compromissos esquematizados e assumidos no Espaço pelos seus responsáveis,

1 Duplo-Etérico, corpo constituído de éter-físico, medianeiro entre o perispírito e o corpo físico, existente somente durante a encarnação física e dissociando-se 3 a 4 dias após a morte carnal.

uma vez que na movimentação de um povo ou nação também se inclui a recuperação cármica dos indivíduos que constituem o conjunto governado. Cada espírito encarnado está vinculado a um organograma sideral, onde se avaliam todas as possibilidades de êxito e fracasso eventuais na rota cármica. Após a desencarnação, cada homem presta conta dos seus feitos realizados no mundo material e responsável pelas defecções espirituais! Infeliz do governante terreno que, devido à sua ambição política ou inescrupulosidade, altera, perturba ou modifica a vivência dos seus governados, impedindo-os de cumprir certas tarefas cármicas ou afastando-os de objetivos de responsabilidade espiritual! Daí o conceito sideral, que é tão popular no Além-Túmulo e assim expressa: "Mil vezes ser um apóstolo do Cristo, do que um ministro de Estado!"... (Obra: ***A Vida Humana e o Espírito Imortal***, 11ª edição, p. 179)

Governo da mente – grandes iniciados

Assim, poderemos mobilizar o fabuloso poder da mente, modelando os nossos destinos para objetivos venturosos, porque, em nossa intimidade espiritual, ele permanece indestrutível por ser o alento e a sabedoria do Pai. Muitos homens passaram pelo mundo produzindo fenômenos incomuns, que os classificaram de "magos" poderosos, pois, não só dominavam as leis da natureza, como processavam modificações no próprio organismo. Através do poder fabuloso da mente, eles levitavam, desmaterializavam objetos e chegavam a se transportar de um local para outro, além de exercerem toda sorte de interferência no seu organismo, conforme narra a história iniciática sobre os famosos iogues Babají, Lahiri Mahasaya e Nagendra Bhaduri.

Feitos à imagem de Deus, nós também possuímos a miniatura do poder, da glória e da sabedoria divinas. O fracasso, o infortúnio, a ignorância e o mal são frutos exclusivos de nossa incapacidade de mobilizarmos a miraculosa energia da mente. São de profunda significação oculta as palavras de Jesus, quando diz "Aquele que crê em mim, também fará as obras que eu faço, e ainda mais". Evidentemente, o Mestre aludia ao governo da mente, porque o pensamento é a base de todas as manifestações da vida, que nos possibilita crer e fazer. (Obra: ***Sob a Luz do Espiritismo***, 3ª edição, p. 136)

Governo oculto e a harmonia do Cosmo

O Universo é regido por leis perfeitas e imutáveis tanto na dinâmica das suas leis físicas como na regência das suas leis morais. Tudo se move num ritmo harmonioso e seguro. Assim, quanto aos Espíritos, na longa caminhada da sua evolução, proporciona-lhes sempre múltiplas oportunidades ou ensejos de desenvolverem e consolidarem a sua consciência individual, pois esta é a matriz que lhes estrutura o caráter.

Em tais condições, todos os acontecimentos de grande projeção moral e social, que se processam na face dos planetas, estão subordinados a um esquema de absoluta segurança previsto pelo Governo Oculto de cada orbe. A conturbação proveniente de surpresas ou imprevistos não existe nas manifestações panorâmicas da Criação cósmica. (Obra: ***O Sublime Peregrino***, 17ª edição, p. 263)

"Grande descida" – do macro para o micro

Embora as imagens do mundo físico não satisfaçam a quem precisa explicar a realidade do que é sem forma, podemos figurar os Arcanjos Construtores como "Divinos Condensadores" que se interpõem entre a Luz Máxima, refulgente, de Deus, e a graduam pouco a pouco para a razão do homem, através de suas próprias consciências hemisféricas, galáticas, constelares, planetárias e mesmo as que operam no comando dos quatro elementos da matéria, nos reinos, continentes e raças humanas. A série hierárquica dessas entidades, que agrupam em si mesmas o potencial mais alto e depois o transmitem à faixa vibratória mais reduzida em suas próprias auras conscienciais, é que permite logicamente o crescimento e a ascensão dos vossos espíritos para a sublime angelitude. Essa indescritível e sucessiva redução arcangélica, do alto potencial de Deus, identifica tradicionalmente a "grande descida" do macro ao microcosmo, quando Deus está manifesto tanto na probalidade de onda do elétron como nas galáxias estelares. (Obra: ***Mensagens do Astral***, 16ª edição, pp. 356/357)

Guiné-pipi e arruda – recursos energéticos

Reconhecemos que a plantação pródiga de arruda e guiné-pipi em torno das residências terrenas jamais seria recurso eficiente e defensivo, caso os seus moradores continuem alimentando o ódio, o ciúme e a irascibilidade no ambiente doméstico.[6] Embora a arruda e a guiné-pipi não sejam vegetais com o poder miraculoso de afastar os "maus espíritos", elas assinalam e advertem a natureza fluídica e a necessidade de purificação do ambiente, o que pode ser feito pela prece ou pela elevação da conduta moral do ser. Enquanto a arruda funciona como generoso barômetro vegetal a indicar o teor fluídico do ambiente, a guiné-pipi ajuda na absorção dos eflúvios inferiores e num transformismo sacrificial ela os devolve purificados. A verdade é que se trata de mais um recurso abençoado por Deus, no sentido de advertir a criatura humana, quando envolve-se nos maus fluidos do mundo! (Obra: ***Magia de Redenção***, 13ª edição, p. 184)

Guiné-pipi – transformador vegetal

Enquanto a arruda funciona como um barômetro vegetal, a guiné-pipi é o transformador vegetal, pois absorve os fluidos deletérios do meio ambiente e em troca exala eflúvios salutares. A guiné-pipi realiza, no plano do psiquismo vegetal, a mesma operação que é própria das plantas no campo físico, quando elas absorvem o anidrido carbônico e exsudam o oxigênio puro![2]

A existência de plantas cuja seiva, tóxicos ou vapores gasosos podem causar distúrbios psíquicos no ser humano, descontrolando-lhe o comando mental e emotivo, induz-nos a crer na existência do seu extraordinário potencial oculto ainda mais poderoso. A arruda e a guiné-pipi, portanto, além de suas qualidades vegetais físicas e até medicamentosas, ainda funcionam no plano psíquico como barômetro e transformador vegetal. Sua natureza tão generosa Deus pôs a serviço incondicional do homem tão cético! (Obra: ***Magia de Redenção***, 13ª edição, p. 182)

2 Nota do médium – Quando criança, lembro-me que minha mãe havia plantado arruda, por várias vezes, rente à nossa casa recém-mudada e a planta não vingava. Então, a conselho de certa vizinha, ali também foi plantado um pé de guiné-pipi para purificar o ambiente. E a arruda logo vingou, cresceu e se enfolhou, dando flores amarelas e de vistosas corolas.

H

Hercúleo esforço de Jesus – manter-se na carne

O Mestre mobilizava todos os recursos possíveis para evitar sua desencarnação prematura, cujo corpo de carne se ressentia do potencial elevado das vibrações emitidas pelo seu Espírito angélico. Vivia, em alguns minutos, os pensamentos, as emoções, angústias e ansiedades que os terrícolas não conseguiam viver em uma existência. O ritmo do metabolismo de sua vida espiritual ultrapassava o limite áurico de toda a humanidade terráquea, e os seus raciocínios transbordavam fora do tempo e do espaço, exaurindo-lhe o cérebro.

No seu hercúleo esforço para situar-se a contento, na carne, Jesus assemelhava-se a um raio de sol tentando acomodar-se numa vasilha de barro. A sua mente vivia hipertensa, cujo impacto se descarregava sobre os plexos nervosos, oprimiam-lhe o cérebro, os nervos, o sangue e os vasos capilares, resultando, então, perigosos hiatos na rede circulatória. O turbilhão de pensamentos criadores vibrava e descia da superconsciência; ele então recorria aos jejuns periódicos, a fim de o seu espírito conseguir maior liberdade nessas fases pré-agônicas de desafogo da matéria. Outras vezes, o próprio organismo mobilizava recursos biológicos de emergência e vertia suor e sangue, compensando, com essa descarga imediata de humores, a perigosa tensão "psicofísica", fruto do fabuloso potencial de energia espiritual a lhe prensar a carne frágil! (Obra: *O Sublime Peregrino*, 17ª edição, p. 16)

Hierarquia cósmica e vontade divina

Simbolizai o Onipotente como sendo uma infinita esfera translúcida, pejada de mundos e orbes, que flutuam disciplinadamente em seu seio; considerai que essa esfera translúcida e infinitamente ilimitada pode ser dividida mentalmente em duas partes exatas: hemisfério Norte e hemisfério Sul da esfera Deus. Embora Deus continue integralmente em toda a Esfera Infinita, essa simples divisão conceptual, em dois hemisférios, implica em se perceber imediatamente a necessidade de dois novos comandos espirituais — duas novas consciências na figura de dois "condensadores" siderais que devem, então, graduar o altíssimo potencial e a ilimitada energia de toda a esfera, a fim de situar as cotas correspondentes a cada hemisfério, que passa a ter vida à parte, embora sem sair de Deus. Surgem, portanto, os dois Arcanjos Hemisféricos Siderais, que a vontade de Deus situa conscienciamente abaixo de sua Vontade Infinita, e que atenderão a todas as necessidades da nova vida em agitação nesses hemisférios da Esfera Divina.

Desde que nessa alegórica concepção continueis subdividindo mentalmente cada hemisfério, percebereis, obviamente, que de cada Arcanjo desses hemisférios subdividem-se duas consciências menores, às quais eles também transmitem a sua vontade e poder criador, mas abrangendo-as sempre, porque são criações conscienciais de si mesmos. Nessa suposta ordem decrescente e redutora, em que a Fonte Máxima de Energia, que é Deus, desce vibratoriamente e vai compondo novas consciências, cada vez menores, sem que por isso fique fora delas, terminareis compondo as galáxias, os sistemas solares, os orbes, satélites, asteróides e poeiras siderais, nos quais tereis que reconhecer a graduação respectiva de subsequentes consciências espirituais, que comandam e coordenam, em ordem decrescente, mas que sempre obedecem hierarquicamente, à imediata vontade mais alta. (Obra: ***Mensagens do Astral***, 16ª edição, pp. 360/361)

Hipersensibilidade perispiritual - médium

Anormal não é propriamente o termo, mas trata-se de um indivíduo incomum. É criatura inquieta, receptiva e algo aflita, que vive, por antecipação, certos acontecimentos. Sua hipersensibilidade perispiritual atua com veemência na fisiologia do sistema nervoso e endocrínico. Alguns são pacatos e sem qualquer característica excepcional, mas isso resulta de que a sua mediunidade é menos sensível no campo psíquico. Estão neste caso os médiuns sonâmbulos ou de efeitos físicos, cuja mediunidade é de caráter fenomênico, só identificada durante o transe. (Obra: ***Elucidações do Além***, 8ª edição, p. 55)

Hipersensibilização psíquica da humanidade atual

É fenômeno resultante da hipersensibilidade psíquica que presentemente sobressai entre os homens, em concomitância com o "fim dos tempos" ou "juízo final", tantas vezes já profetizado. O século em que viveis é o remate final da "Era da Matéria", que até o momento tem sido regida pela belicosidade, cobiça, astúcia, cólera, egoísmo e crueldade, paixões mais próprias do instinto animal predominando sobre a centelha espiritual. Encontrai-vos no limiar da "Era do Espírito", em que a humanidade sentir-se-á impulsionada para o estudo e o cultivo dos bens da vida eterna, com acentuado desejo de solucionar os seus problemas de origem espiritual. As comprovações científicas da imortalidade da alma, através do progresso da fenomenologia mediúnica, reduzirão bastante a fanática veneração do homem pela existência transitória do corpo físico.

Assim como o organismo carnal do homem em certo tempo verticalizou-se para servi-lo em nível biológico superior, o seu espírito também há de se erguer da horizontalidade dos fenômenos e dos interesses prosaicos da vida física provisória, para atuar definitivamente na frequência vibratória do mundo crístico. (Obra: ***Mediunismo***, 13ª edição, pp. 30/31)

Hipersensibilização psíquica da humanidade atual II

Freme o magnetismo do ser humano à periferia do seu psiquismo exaltado pela energia animal, a qual emerge em sua desesperada tentativa de subverter os costumes, as tradições e a disciplina do espírito imortal. Os homens encontram-se confusos no limiar de duas épocas extremamente antagônicas, pois, justamente com o reiterado apelo do Alto para a cristificação humana, recrudesce também a efervescência do automatismo instintivo da vida animal.

Atuado pelas mais contraditórias circunstâncias, vivendo em minutos o que os seus antepassados não viveram em alguns anos, o homem do século atômico destrambelha os seus nervos e superexcita o seu psiquismo, perdendo terreno no seu controle espiritual e tornando-se um instrumento dócil nas mãos dos espíritos desencarnados malévolos. Essa constante relação dos "vivos" com os "mortos", embora os primeiros sejam inconscientes do que acontece, termina por sensibilizar cada vez mais a criatura humana, com a agravante de que se efetua nela um verdadeiro desenvolvimento mediúnico de inferior qualidade. Daí, pois, a necessidade inadiável de o homem prudente e bem intencionado integrar-se definitivamente nos preceitos salvadores do Cristo e vivê-los incessantemente à luz do dia. (Obra: ***Mediunismo***, 13ª edição, pp. 31/32)

Homem das cavernas x homem consciente – manipulação energética

Eis por que as mesmas forças genéticas que serviram para modelar o corpo de carne do homem das cavernas, como veículo indispensável ao desenvolvimento da sua consciência espiritual, podem causar-lhe distúrbios e doenças, se ele as utilizar agora, em atitudes contrárias à ética de um ser superior. Assim, é natural o animal encolerizar-se, ser cruel, astucioso ou ferozmente egoísta para manter a sua sobrevivência física, porquanto essa sua tara é instintiva, visto ele não ser ainda dotado de raciocínio. Porém, o homem, já consciente de si mesmo na Vida Cósmica, deve repudiar esses impulsos primários do seu ego, que lhe serviram há milênios para a confecção do seu veículo carnal quando ele ainda era um ser ligado ao "espírito-grupo" coordenador da sua espécie. (Obra: ***Mediunidade de Cura***, 12ª edição, p. 62)

Homem – Deus em miniatura

Detrás de toda fenomenologia do mundo, permanece intensa e viva a vontade e o poder da consciência imortal operando na letargia das formas. O Universo é produto da materialização da inteligência criadora; e os homens são os prepostos menores, a auxiliarem na criação incessante. Cada espírito é um deusinho em miniatura, dotado de poderes excepcionais, podendo exercitá-los e aplicá-los conforme o seu amadurecimento e desenvolvimento espiritual. A matéria, como energia condensada nas formas do mundo, sob o impulso vigoroso do ser imortal também poderá retornar à sua forma primitiva de liberdade e modelar novos mundos. (Obra: ***Sob a Luz do Espiritismo***, 3ª edição, p. 41)

Homem – transformador sideral do energismo cósmico

Os atributos divinos miniaturizados no espírito do homem despertam e se amplificam à medida que ele desenvolve a sua consciência humana na experiência de mais vida, sabedoria e poder. O homem ainda vive sob os impulsos e as excitações da energia criativa do instinto animal, a qual lhe organiza a vestimenta de carne na face dos orbes físicos. Mas, depois que supera a animalidade, ele se converte num transformador sideral, capaz de absorver certo impacto energético do Psiquismo Cósmico, a fim de também distribuí-lo, gradativamente, na voltagem psíquica adequada à vida dos seres menos evoluídos. (Obra: ***O Evangelho à Luz do Cosmo***, 8ª edição, p. 99)

Homeopatia – atuação no mundo oculto

Embora a homeopatia também seja medicação de responsabilidade médica e passível de crítica quando prescrita pelos médiuns, ainda é a terapêutica mais indicada para o receituário mediúnico, pois é medicina de ação mais "energética" e "medicamentosa", que atua mais propriamente através do sistema "etereoastral" do perispírito e assim pode ser controlada com certo êxito pelos espíritos desencarnados. Mesmo quando se verifica algum equívoco perigoso por parte do médium receitista homeopata, os efeitos indesejáveis ou contra-indicados na prescrição mediúnica, ainda podem ser atenuados pelo processo de "eterização" por parte dos espíritos terapeutas, pois eles dissolvem no meio ambiente o éter medicamentoso indesejável.

Em virtude de a homeopatia ser medicação dinamizada pelo magnetismo vital das substâncias minerais, vegetais ou animais, os espíritos terapeutas ainda podem concentrar-lhe nova cota de energia do mundo oculto e assim aumentar-lhe o efeito curativo sem os perigos da medicação alopática, maciça, ou das injeções dolorosas e violentas, que, comumente, provocam reações tóxicas indesejáveis. (Obra: ***Mediunidade de Cura***, 12ª edição, p. 93)

Homeopatia – etapa avançada da ciência médica

Essas leis imutáveis e espirituais, que atuam indiscutivelmente sobre as causas e os efeitos na vida humana, estabelecendo tanto a saúde como a enfermidade, agem especificamente no mundo mental oculto, que nutre o pensamento, assim como também no mundo etéreo-astral, que alimenta as emoções e interpenetra a manifestação do espírito humano na forma física. Os sentidos físicos, como recursos identificadores da pessoa no mundo carnal, observam e avaliam as formas; mas estas são apenas uma expressão mais grosseira e transitória das energias livres que "desceram" ou "baixaram" dos planos ocultos e imponderáveis, para então se plasmarem organicamente no cenário da vida material.

E como as doses homeopáticas infinitesimais e dinamizadas conseguem penetrar mais intensamente nesse mundo oculto das forças livres, pois elas interferem até nos sintomas mentais, a homeopatia deve ser considerada como uma etapa avançada da ciência médica moderna, servindo de base experimental para o êxito definitivo da Psicoterapia. (Obra: ***Fisiologia da Alma***, 15ª edição, p. 147)

Homeopatia x espiritismo – simplicidade

A simplicidade! Ambos são simples nos seus postulados e agem diretamente no ser, sem os atravancamentos e as complexidades da medicina alopática ou das religiões dogmáticas. A homeopatia ajuda o homem a eliminar os resíduos da mente indisciplinada e o espiritismo ensina o homem a disciplinar a mente. O veículo mais importante para a administração da homeopatia é a água — a linfa da vida, e do espiritismo é o espírito — a razão da vida. Toda mistura estranha à homeopatia sacrifica-lhe o potencial de cura; toda mistura estranha à modificação do espiritismo enfraquece-lhe a força doutrinária. (Obra: ***A Missão do Espiritismo***, 9ª edição, p. 271)

Horto das Oliveiras – ideoplastia mediúnica de Jesus

O Mestre Jesus foi arrebatado por tão grandiosa e indefinida emoção, que prostrou-se de rosto na terra, como se desejasse fundir a sua natureza espiritual com a substância do mundo que lhe compunha o próprio corpo carnal. Depois, abriu os olhos para a noite quente e estrelada, envolto por infinita paz. Mas, de súbito, sentiu-se pouco a pouco transformado num frondoso arvoredo pejado de ramos carregados de folhas e frutos, que amparavam todos os infelizes e injustiçados do mundo ali chegados em busca de sua sombra dadivosa. Sob a assistência do Alto, Jesus reviu nessa ideoplastia mediúnica o "motivo fundamental" de sua própria vida na matéria, ante o compromisso fabuloso que assumira antes de descer à carne, pois essa árvore protetora nutria-se com o adubo fértil do seu próprio sangue vertido no martírio. (Obra: *O Sublime Peregrino*, 17ª edição, p. 340)

I

Idade sideral e entendimento psíquico

É o tempo de vida da consciência de cada espírito, ou mais propriamente a sua idade sideral, que o situa na faixa vibratória eletiva ao seu maior entendimento psíquico, em vez do conhecimento ou da aquisição obtida na precariedade de uma existência física. Assim como a criança, que sob a disciplina do mundo, desenvolve-se protegida até alcançar a condição de homem adulto e liberta-se das irresponsabilidades da infância, todos os espíritos ainda crianças, ignorantes e virgens, também ingressarão no seio da humanidade angélica e conscientes de sua vida imortal. Esta é a lei: "nenhuma ovelha será perdida do redil do Senhor". (Obra: *O Evangelho à Luz do Cosmo*, 8ª edição, pp. 92/93)

Ideoformismo perispiritual – forma de demônios

No momento em que a centelha se individualiza no seio da Energia Cósmica, o seu psiquismo é dirigido no sentido daquilo que chamamos instinto, cuja função é criar uma nova consciência, que irá se estruturando lentamente até o Infinito. Nesses momentos de maior egocentrismo, a alma pode executar ações que a levem ao Astral Inferior, onde outras almas deformadas pelo ideomorfismo perispiritual, trazem configurações hediondas.

Sob a força desse magnetismo inferior, que imanta o psiquismo e o amordaça à atividade animal, as consciências primárias desencarnadas, e ainda algo inconscientes, quase sempre caem, "especificamente", nas regiões trevosas e muito densas do mundo astral. Nessas zonas, demasiadamente compactas em sua especificidade magnética, predomina uma vida quase física, que é liderada por espíritos brutalizados e excessivamente vitalizados pela animalidade, falsos diabos, perversos, despóticos e escravos indomáveis do sexo, entidades que não guardam qualquer escrúpulo para a sua satisfação ignominiosa, assim que escravizam as almas mais débeis e desguarnecidas pelos seus próprios pecados.

Trata-se de lembranças que todas as almas trazem gravadas em sua intimidade psíquica, desde o mundo astral "trevoso" ou "infernal" e, assim, traduzem, na tela embaçada da memória mental atual, as impressões de um passado impreciso. E, como Satã é cópia deformada do homem, a sua contextura peculiar também pode variar, conforme seja a psicologia e o temperamento de cada povo ou raça. (Obra: ***Sob a Luz do Espiritismo***, 3ª edição, p. 59)

Ideoplastia astral – figuras teratológicas

Enquanto, na Terra, o corpo físico se constitui de conformidade com as experimentações a serem tentadas pelo espírito encarnado, no Mundo Astral o perispírito revela na sua substância quintessenciada exatamente aquilo que é no seu psiquismo. São muito comuns as terríveis decepções quando, após a morte do corpo físico, muitas criaturas vêem aflorar à superfície de si mesmas as expressões e os contornos mais aviltantes e monstruosos, depois de desligadas de corpos belos e atraentes. As falsas virtudes, o verniz da ética social ou as hipocrisias religiosas pulverizam-se sob miraculoso passe de magia quando o espírito desregrado se revela no cenário do Além, expondo a nudez de sua consciência e sofrendo a tremenda decepção de haver iludido a si mesmo. Enquanto o corpo físico pode ser agradável, apenas pela sua linhagem ancestral biológica, no Além o belo é realmente o cunho da alma bondosa e sábia, porque é a forma real e projetada de sua intimidade espiritual. Da mesma forma, as figuras teratológicas, que povoam o Astral inferior e desafiam o mais ousado Dante para descrevê-las, são produtos exatos da subversão espiritual e que muitas vezes se mascaravam na Terra sob o disfarce de um corpo formoso e tentador. Muitos homens afidalgados e mulheres sedutoras lançam-se ao Além-túmulo na figura de horrendos bruxos, que apavoram a si mesmos. (Obra: ***A Vida Além da Sepultura***, 12ª edição, p. 372)

Idioma mântrico – confrarias e templos iniciáticos

Em sua ação no campo etereoastral do homem, além de harmonizarem as funções dos centros de forças etéricos, os "mantras" propiciam ao sistema neurocerebral um estado de tranquilidade psíquica só comparável à tão desejada "paz de espírito"! Como todas as palavras se revestem de energia mental e astral do homem, elas atuam em todos os planos da vida oculta e física, dando curso às vibrações sonoras, que baixam para o campo da matéria e produzem uma sensibilidade incomum.

As palavras mágicas ou "mantras" revelam também, na sua mentalização disciplinada e sonorização de ritmo ascendente, o caráter, a força e religiosidade ou a ternura espiritual do homem ou do povo que as enunciam.

Assim, os "mantras" escolhidos para as práticas religiosas e esotéricas, no passado, eram selecionados nas expressões verbais medianeiras das idéias do mais elevado teor espiritual. O idioma mântrico antigamente, tão peculiar e familiar nos templos e confrarias iniciáticas, tinha por função específica unificar o pensamento de todos os instrutores e discípulos numa disposição emotiva e frequência mental sublimadas, compondo assim o clima eletivo para a manifestação dos elevados instrutores do mundo espiritual.[1] (Obra: ***A Vida Humana e o Espírito Imortal***, 11ª edição, p. 159)

Igreja católica – condicionamento para o céu

O cenário colorido e iluminado da nave, as imagens, os cânticos e as cerimônias representam as forças do céu, num apelo à visão humana para o desligamento do mundo profano e o exercício espiritual em direção ao mundo divino. O incenso é a síntese do néctar das flores e inebria o olfato eliminando todos os odores profanos; a música sacra, na sua harmonia auditiva, aquieta a alma e não estimula os sentidos físicos, enquanto as orações traçam fronteiras protetoras em torno dos crentes. Tudo isso ajuda o espírito a se familiarizar com as disposições emotivas superiores, num condicionamento hipnótico para o céu. (Obra: ***A Missão do Espiritismo***, 9ª edição, p. 82)

---

1 A tradicional concentração espírita depois das preces de abertura de trabalhos mediúnicos guarda certa afinidade com a postura mantrânica, embora esteja bem longe da realidade mágica ou incomum que tal recurso provoca entre os que sabem manusear a técnica dos *mantras*.

Imantação magnética e sofrimento pós-morte física

Jesus apenas enunciou uma lei especificamente científica, a qual age de modo magnético no campo perispiritual do homem. O mundo poderoso de Mamon, através do campo de forças primárias, atua vigorosamente e prende o "dono" ao seu "objeto", caso não tenha prudentemente se libertado dessa atração.[2] É bem difícil o rico entrar no "reino dos Céu", advertiu Jesus aos judeus, porque se referia esotericamente ao que os espíritas conhecem como "imantação magnética" que sofre todo "possuído" e não "possuidor" dos bens da Terra. Assim, por força de sua avareza e apego aos valores transitórios do mundo físico, o espírito fica preso às regiões do mundo astralino inferior, curtindo angústias e sofrimentos incessantes, ante o medo de perder o que ainda lhe significa o maior bem da vida. (Obra: *O Evangelho à Luz do Cosmo*, 8ª edição, p. 223)

Impacto pré-reencarnatório e desequilíbrios psíquicos do ser

Inúmeras psicoses do sexo, impulsos delinquentes, condutas excêntricas ou extravagantes, nada mais são do que produtos do impacto "pré-reencarnatório" do espírito naufragado no vórtice das paixões e dos instintos inferiores em vidas pregressas. Muitos complexos de inferioridade, de Édipo ou de Electra, assinalados pelos *experts* da Psicanálise, são de projeções mórbidas do pretérito, e não reflexos da infância humana. Há frustrações seculares vibrando na contextura delicada do perispírito do homem, que jamais poderão ser curadas pela terapêutica de Freud fundamentada em uma só vida carnal. São acontecimentos que traumatizaram uma existência inteira no passado, cujos estímulos mórbidos ainda centuplicaram-se na vivência do espírito desencarnado e sob intenso desespero, no Além-túmulo. (Obra: *A Missão do Espiritismo*, 9ª edição, pp. 140/141)

---

2 Trecho extraído da obra *Voltei*, do espírito de Irmão Jacó por intermédio da psicografia de Chico Xavier: "Não era possível efetuar a separação do organismo espiritual com maior rapidez. Esclareceu também que o ambiente doméstico estava impregnado por certa substância que classificou por "fluidos gravitantes", desfavorecendo-me a libertação. Mais tarde, vim a perceber que os objetos de nosso uso pessoal emitem radiações que se casam com as nossas ondas magnéticas, criando elementos de ligação entre eles e nós, reclamando-se muito desapego de nossa parte, a fim de que não nos prendam ou não nos perturbem". Capítulo: "Entre Amigos Espirituais". Obra editada pela Livraria da Fed. Espírita Brasileira.

Incenso – senso de estesia espiritual e sensibilidade olfativa

Certos movimentos espiritualistas como o esoterismo, a teosofia, a rosa-cruz, a yoga, os essênios e os fraternistas costumam queimar incenso em suas reuniões de estudos, meditações ou irradiações. Mas assim o fazem independentemente de qualquer ritual ridículo ou intenção de neutralizar a ação de espíritos malfeitores, como ainda supõem certos críticos desavisados da realidade. Essa prática, portanto, obedece mais propriamente a um senso de estesia espiritual e sensibilidade olfativa, em que os seus componentes procuram eliminar odores e exalações desagradáveis do ambiente, substituindo-os pelo aroma agradável e de inspiração psíquica, que provém do incenso em sua emanação delicada. É recurso natural usado no mundo físico e condizente com a natureza de um trabalho espiritual elevado, mas sem qualquer superstição mística ou providência de magia. (Obra: ***Mediunidade de Cura***, 12ª edição, p. 108)

Incenso – hipersensibilização em frequência vibratória superior

O incenso que queimais nas igrejas ou em labores espiritualistas eleva o vosso pensamento para as cogitações espirituais superiores porque são essências de fragrância purificadora do astral. Não vos deprimem, mas hipersensibilizam-vos para as altas evocações porque atuam sob frequência vibratória do astral superior, enquanto os alcalóides, como substâncias orgânicas azotadas que debilitam a contextura vital, funcionam em faixas vibratórias de um astral coercitivo. Há odores que acionam o mecanismo sensual, arrastando o espírito à regência da esfera animal, e outros que favorecem a alma na ascensão para esferas de meditações sublimes. O perfume dos pessegueiros floridos, nos dias ensolarados da primavera, quando as pétalas esvoaçam quais lentejoulas faiscantes contra o céu azul e transparente, despertam-vos recordações saudosas das paisagens de luzes e flores edênicas, que decoram o verdadeiro ***habitat*** das almas bem formadas. A flor bela e o seu perfume inebriante, atuando no vosso psiquismo, aquietam o coração e suavizam a alma. (Obra: ***A Vida no Planeta Marte e os Discos Voadores***, 14ª edição, pp. 219/220)

Inferno e penas eternas – trevas e umbral

A concepção do inferno, em verdade, baseia-se no próprio sofrimento dos espíritos que desencarnam alucinados por culpa de seus crimes aviltantes e procedimento absolutamente pecaminoso na face do orbe. Eles deixam o corpo físico com o perispírito sobrecarregado de magnetismo tão denso e inferior, que caem especificamente nos charcos purgatoriais do astral inferior, atraídos pela força da própria lei, de que "os semelhantes atraem os semelhantes". Sofrem de modo tão cruciante, como se ainda estivessem ligados ao sistema nervoso do organismo físico. Queima-lhes a "pele perispiritual" produzindo a sensação ardente do fogo, o líquido viscoso e aderente dos pântanos astralinos, que se infiltra como água fervente nas carnes do homem encarnado. Por isso, nasceu e cresceu no âmago do ser humano a idéia do inferno pejado de braseiros, caldeirões de água e cera ferventes, alimentados por um fogo indestrutível. E assim como o prazer distrai e faz passar o tempo facilmente, o sofrimento do espírito parece infindável; e por isso, os pecadores, no Além, julgam-se eternamente condenados ao fogo infernal. (Obra: *A Missão do Espiritismo*, 9ª edição, p. 72)

Influência oculta da Lua

A Lua, em sua essência extrafísica, influi no vosso mundo, tanto na gestação humana como na poda das árvores, na postura de ovos, no período catamenial da mulher, no desenvolvimento das sementes no seio da terra, nas comoções subterrâneas das águas, na formação dos ninhos, nas migrações dos pássaros, na reprodução e acasalamento das espécies, no enxerto das árvores, nos períodos de letargia ou de dinamismo magnético da Terra! Comanda tanto as vagas e as marés dos oceanos como, também, o fluxo sanguíneo ou linfático, os estímulos nervosos ou o metabolismo endócrino. A sua força dirige a energia da planta para o alto, no "crescente", e desenvolve as suas folhas ou ramos; mas oprime-a no "minguante", para que a terra desenvolva os legumes nutritivos, pela condensação da seiva nas raízes. Atua fortemente nos "moldes etéricos" de todas as coisas, fortificando-os ou debilitando-os conforme as necessidades do metabolismo das energias físicas. (Obra: *Mensagens do Astral*, 16ª edição, p. 87)

Influências das auras planetárias na gestação

Tanto a mãe quanto o futuro filho sofrem, na fase da gestação, os impactos vigorosos das auras etéricas de todos os mundos circunvizinhos, que lhe dosam a substância astral nas mais exóticas e excêntricas combinações de quimismo cósmico. Congregam-se, no veículo da criança, as energias heterogêneas, absorvidas de todos os astros que se aproximam na época gestativa. É óbvio que os mundos primitivos, de magnetismo coercitivo, viscoso e violento, deixarão seu conteúdo inferior na forma de futuras tendências nocivas; no entanto, os planetas superiores, conduzindo humanidades espiritualizadas, que lhes alimentam a aura com seu magnetismo puro de almas superiores, hão de legar impulsos artísticos, reflexões elevadas ou características afetuosas. E como a aura etérica de cada orbe é geometricamente progressiva sobre o núcleo físico, certos astros, que mal distinguis a olho nu, friccionam o vosso mundo com suas auras etéricas e alimentam a circulação astral no corpo perispiritual das crianças em gestação. (Obra: ***A Vida no Planeta Marte e os Discos Voadores***, 14ª edição, p. 149)

Iniciação à luz do dia – momento atual

É evidente que os homens frequentam igrejas católicas, templos protestantes, sinagogas judaicas, mesquitas muçulmanas, pagodes chineses, santuários hindus, centros espíritas, "tatwas" esotéricos, lojas teosóficas, fraternidades rosa-cruzes ou terreiros de umbanda, buscando o conhecimento e o conforto espiritual para suas almas enfraquecidas. Mas o seu aperfeiçoamento não se processa exclusivamente pela adoração a ídolos, meditações esotéricas, interpretações iniciáticas, reuniões doutrinárias ou cerimoniais fatigantes. Em tais momentos, os fiéis, crentes, adeptos, discípulos ou simpatizantes só aprendem as regras e composturas que terão de comprovar diariamente no mundo profano. Os templos religiosos, as lojas teosóficas, confrarias iniciáticas, instituições espíritas ou tendas de umbanda guardam certa semelhança com as agências de informações, que fornecem o programa das atividades espirituais recomendadas pelo Alto e conforme a preferência de determinado grupo humano.

Mas as práticas à "luz do dia" graduam os discípulos de modo imprevisto porque se exercem sob a espontaneidade da própria vida dos seres em comum. Aqui, o discípulo é experimentado na virtude da paciência pela demora dos caixeiros em servirem-no nas lojas de compras, ou pela reação colérica do cobrador de ônibus; ali, prova-se na tolerância pela descortesia do egoísta que fura a "fila" de espera, ou pela intransigência do fiscal de impostos ou de trânsito; acolá, pela renúncia e perdão depois de explorado pelo vendeiro, insultado pelo motorista irascível ou prejudicado no roubo da empregada. (Obra: ***A Missão do Espiritismo***, 9ª edição, pp. 23/24)

Iniciações na atualidade

No século XX, o discípulo evolui pelas provas iniciáticas que se lhe apresentam a todo momento na vida cotidiana, sem necessidade de recolher-se a instituições, conventos ou fraternidades iniciáticas. O treinamento do espírito deve ser exercido no convívio de todas as criaturas, pois sofrimentos, fracassos, vicissitudes ou misérias do mundo são lições severas e arguições pedagógicas do Alto, que graduam o ser conforme o seu comportamento. Não é preciso o homem isolar-se do mundo numa vida puramente contemplativa, a fim de alcançar a sabedoria espiritual que o próprio mundo oferece na experimentação cotidiana. O discípulo diligente e disciplinado na arguição espiritual da vida moderna promove-se para nível superior sabendo aproveitar cada minuto de sua vivência atento aos postulados espíritas e submisso aos preceitos evangélicos de Jesus. (Obra: ***A Missão do Espiritismo***, 9ª edição, p. 23)

Iniciações no passado

Antigamente as iniciações espirituais eram secretas e exclusivas das confrarias esotéricas, cujas provas simbólicas e até sacrificiais serviam para auferir o valor pessoal e o entendimento psíquico dos discípulos. Mas os candidatos já deviam possuir certo desenvolvimento esotérico e algum domínio da vontade no mundo profano, para então graduarem-se nas provas decisivas. Deste modo, o intercâmbio com os mestres ou espíritos desencarnados só era permissível aos poucos adeptos eletivos às iniciações secretas. (Obra: ***A Missão do Espiritismo***, 9ª edição, p. 22)

Injustiça? – não existe efeito sem causa

O que chamais de "injustiça", no vosso mundo, não existe em relação ao processo técnico da "ação e reação" ou do de "causa e efeito" que, sob a disciplina cármica, é da responsabilidade do seu próprio autor. Repetimos: não é possível ocorrerem injustiças na Lei de Deus, por uma razão lógica e simples, isto é, não existe "reação" sem ter existido a "ação" correspondente. Por isso, aquele que se revolta contra injustiças e torpezas do mundo, caídas sobre si ou sobre sua pátria, embora seja culto, regrado ou pacífico, de qualquer forma encontra-se colhendo o efeito cármico do seu próprio passado, ou seja, sofrendo exatamente os efeitos das causas que as originaram. (Obra: ***A Sobrevivência do Espírito***, 7ª edição, p. 318)

Intelecto humano – ilusão de separação

Ademais, se o Intelecto ajuda a raciocinar, e tanto pode exercer o seu poder sobre a Mente Instintiva como preparar o caminho para a melhor influência da Mente Espiritual, como só abrange certo limite, também pode criar a ilusão perigosa do "ego" separado do Todo, que é Deus. O intelecto humano é de raciocínio frio, como um jogador que só vê resultados compensadores e imediatos, num jogo de cartas. Quando o homem se abandona ao jugo do intelecto puro, de sua Inteligência imediatista e operante nos limites da forma, a própria razão sem o calor da intuição cria a ilusão de separação.

Por isso, o Intelecto funciona exatamente entre a Mente Instintiva, que tenta atrair o ser para o nível inferior dos brutos, e a Mente Espiritual, que prodigaliza as noções sublimes da vida superior dos espíritos puros. (Obra: ***Sob a Luz do Espiritismo***, 3ª edição, pp. 158/159)

Inteligência – energia espiritual

A inteligência não é uma condição exclusiva do cérebro do homem, mas, realmente, consequência ou parcela da energia espiritual oculta que o aciona. Em consequência, o homem poderia encontrar satisfatória solução da Realidade Divina através da própria Ciência, transformada em filosofia transcendental, porém, com mais sucesso e precisão guiado nessa busca pelo sentimento intuitivo, que é o seu mais íntimo vínculo com a Mente Cósmica.

Por isso, é mais fácil ao homem aperceber-se da Realidade

Divina através da intuição, cuja sensibilidade aumenta quanto mais ele aufere e ausculta o mundo espiritual. (Obra: ***O Evangelho à Luz do Cosmo***, 8ª edição, p. 56)

Interceptação fisiopsíquica no éter cósmico

É um fenômeno que pode ser apreciado sob mil modalidades diferentes. Essa interceptação fisiopsíquica que um orbe ou uma humanidade efetua no seio do éter-cósmico, varia de conformidade com as condições de seu progresso sideral. Enquanto os terrícolas, mergulhados no mesmo éter cósmico, situam energia na faixa vibratória que ainda é magnetismo ou energia degradada, os marcianos, com o mesmo éter, podem penetrar profundamente no fenômeno, e lidam, então, com o magnetismo etérico, uma forma ainda mais pura desse éter-cósmico. Eles já conseguem transformar a luz em energia!

A vossa ciência trabalha com energia que se liberta continuamente e exige dificultoso aparelhamento para interceptá-la a contento econômico, visto que aprisiona essa energia depois de produzida ou degradada. Os marcianos, os jupiterianos, os saturninos, conseguem lidar com a energia no seu descenso vibratório, original, isto é, na sua forma realmente positiva e energética que, embora com abaixamento vibratório, é de índole impulsiva e não eclosão eletrônica consumível.

Servindo-nos de um exemplo corriqueiro, dir-vos-emos que a luz é sempre uma vibração única, no sentido de sua pureza iniciática; mas, conforme a capacidade dos que a recepcionam ou interceptam, torna-se luz intensíssima, forte, média ou fraca. (Obra: ***Mensagens do Astral***, 16ª edição, p. 265)

Interconexão cósmica – "canais siderais"

Os globos físicos que rodopiam em torno de seus núcleos solares estão aparentemente separados pelos espaços vazios da visão humana; no entanto, eles se ligam vigorosamente entre si, pelas energias imponderáveis dos planos mental-concreto, astral e etérico, e as suas auras se tocam e se comprimem no intercâmbio de influências de todos os tipos. Eles rodopiam dentro de verdadeiros "canais siderais", que perfuram nos campos das energias poderosas que os sustêm no espaço. Nesse trânsito sideral, deixam sulcos luminosos de efervescências energéticas, que os encarnados ignoram e de cuja existência nem ao menos suspeitam em sua imaginação demasiadamente escrava das três dimensões.

No futuro, a instrumentação astronômica de precisão, baseada nos princípios do éter-cósmico e aproveitando-se da energia propulsora da luz, conseguirá atingir esse interior etérico ou subeletrônico, e então observar a incessante renovação de forças e a inteligência planetária que flui e reflui entre todos os mundos e todas as coisas, por mais distanciadas que estejam, fisicamente, entre si. Há permanente intimidade etereoastral entre galáxias, constelações, planetas, satélites, orbes e poeira sideral, pois as suas formas exteriores, mesmo as mais acanhadas, são apenas invólucros perecíveis, degradando-se na fase energética mais grosseira do Cosmo.

No Universo palpita algo desconhecido, operante e intermediário da Vida, que a ciência acadêmica, na falta de um entendimento além da palavra, denomina de éter-cósmico. Como todos os orbes, coisas e seres estão interpenetrados desse éter-cósmico e nada existe isolado nem distante de quaisquer relações; cada gesto, movimento ou pulsação de vida corresponde-se identicamente em todas as latitudes cósmicas. Eis por que todos os orbes estão interpenetrados, entre si, por energias que os incorporam igualmente, no fenômeno em que Deus-Espírito se expande para fora até à fase substância, embora continue sendo uma só Unidade. (Obra: ***Mensagens do Astral***, 16ª edição, pp. 296/297)

Intuição e formação da sexta raça mãe

É o que chamais de intuição, no vosso mundo, e que está se desenvolvendo mais pronunciadamente nas raças latinas, onde se formará a sementeira para a sexta raça mãe. Surge, aos poucos, como imperceptível impressão vaga, sem perceberdes a origem, e o atribuís a uma espécie de "faro espiritual", porque associa remotos conhecimentos aos fatos observados no momento. Inúmeras tribos, em vosso mundo, possuíam essa faculdade bem desenvolvida, graças a um efeito produzido pela astralidade incomum. Usavam-na com êxito, na procura de desaparecidos das aldeias ou no reconhecimento de posições inimigas. (Obra: ***A Vida no Planeta Marte e os Discos Voadores***, 14ª edição, p. 135)

Intuição – estágio mais elevado do espírito

Sem dúvida, é a Intuição Pura. Embora não seja fenômeno atestável espetacularmente no mundo exterior da matéria, é a mais sublime faculdade oriunda de elevada sensibilidade espiritual. É natural e definitiva, espécie de percepção panorâmica que se afina tanto quanto o espírito mais se ajusta nas suas relações e inspirações das esferas mais altas para a carne. É o "elan" que une a alma encarnada diretamente à Mente Divina que a criou, facultando-lhe transferir para a matéria o verdadeiro sentido e entendimento da vida espiritual superior.

Uma vez que a mediunidade não é, propriamente, uma faculdade característica do organismo carnal, mas o recurso sublime para fluir e difundir-se o esclarecimento espiritual entre os homens, ela mais se refina e se exalta tanto mais o seu portador também se devote ao intercâmbio superior do espírito imortal. É o próprio dicionário terreno que vos explica o fenômeno. Intuição — diz ele, é o ato de ver, percepção clara, reta, imediata, das verdades, sem necessidade de raciocínio; pressentimento, visão beatífica.

A intuição é, pois, o estágio mais elevado do espírito; é o corolário de sua escalonada desde o curso primitivo do instinto até à razão angélica. (Obra: ***Mediunismo***, 13ª edição, p. 36)

Intuição – o sentir melhor do que o crer

Já afirmamos, alhures, que a confiança maior na Intuição comprova sensibilidade mais evoluída; é uma penetração interior mais vigorosa no campo original da vida, sem que por isso se deva anular o esforço da pesquisa objetiva. E é o próprio Jesus que valoriza essa sensibilidade quando, diante de Tomé, adverte: "Tu creste porque viste, mas bem-aventurados os que não vêem e crêem". Sob esse conceito, o Mestre consagrou o espírito que crê no "sentir", procedendo muito ao contrário daquele que só confia no "saber", pois o saber sem sentir é sempre menos valioso do que o sentir sem saber! (Obra: ***Mensagens do Astral***, 16ª edição, p. 264)

Intuição pura – "voz sem som"

A pureza cristalina da Intuição Pura foi o apanágio dos seres de alta estirpe espiritual e que delinearam roteiros de luzes para o vosso orbe, qual o fizeram Crisna, Confúcio, Pitágoras, Buda, Jesus, Francisco de Assis e outros que, em peregrinação pela vida física, conservaram-se permanentemente ligados às esferas sublimes do espírito superior, qual ponte viva a unir o mundo exterior da matéria à intimidade do Espírito Cósmico. A Intuição Pura é a "voz sem som", a "voz interior", a "voz do som espiritual", que fala na intimidade da alma; é a linguagem misteriosa, mas verdadeira e exata, do próprio Eu Superior guiando o ego lançado na corrente evolutiva das massas planetárias. (Obra: ***Mediunismo***, 13ª edição, p. 37)

Intuição – verdadeiro saber humano

O verdadeiro saber humano não se manifesta pelo intelecto, porém, pela intuição. Deus, que é o Todo, o Cosmo, o Espírito Infinito, desde que seja intelectualizado pelo homem, ou definido pela criatura, teria de ser limitado, circunscrito, reduzido. Essa definição não pode ser real, uma vez que o infinito, o ilimitado, o incriado é impossível de ser definido pela parte que é apenas criada. No campo científico o homem pode satisfazer o seu intelecto, formalizando e delimitando as suas ações ambientes, porque define detalhes entre as fronteiras do que vai conhecendo. Mas só a intuição, que é a própria manifestação cósmica de Deus, pode compensar a impossibilidade de o intelecto definir o Todo pela parte. **Sentir** Deus filtrando-se pela parte, que é o homem, é mais exato e mais certo do que **saber** Deus abrangido pelo espírito humano. E como esse "sentir Deus" aumenta tanto quanto aumenta a consciência da parte em direção à consciência cósmica do Todo, o intelecto nunca poderá defini-Lo, porque não pode alcançá-Lo dentro de uma fórmula fixa e matemática. (Obra: ***A Vida no Planeta Marte e os Discos Voadores***, 14ª edição, pp. 135/136)

Involução x evolução – princípios cósmicos

Referindo-nos aos três princípios cósmicos, às três emanações distintas do mesmo Ser único e Absoluto, aludimos às fases conhecidas como "involução", "descida vibratória" ou "descenso angélico", quando o espírito atinge o estado substancial distinguível pelos sentidos humanos. Em sentido inverso, o processo denomina-se "evolução", "aceleração vibratória" ou "subida angélica" em direção à origem iniciática do princípio original.

Essas operações, assim classificadas e algo humanizadas, para o melhor entendimento possível à precariedade da vossa mente, sucedem-se dentro da ocorrência completa de cada Grande Plano, fazendo-se a descida em o Dia de Brama, quando Deus gera e daí resulta o princípio criante, que produz então o princípio criado, para que se cumpra o que é planeado no Pensamento Cósmico Gerante.

A Noite de Brama, ou a "desmaterialização" do panorama objetivo do Cosmo e a libertação do espírito para o seu estado original completam, então, o Grande Plano ou o Manvantara atuante nos sete mundos. (Obra: ***Mensagens do Astral***, 16ª edição, pp. 374/375)

Isaías, Miquéias – percepção magnética da "descida" vibratória de Jesus

Quando Moisés terminou sua missão combativa, e por vezes até cruel, no seu compromisso de codificar a idéia de um Deus único entre o povo hebreu retirado do Egito, Jesus então estabeleceu os planos para a sua descida messiânica à Terra, a fim de reajustar os ensinamentos dos seus predecessores. O profeta Isaías, tocado pela graça do Senhor e pressentindo essa "descida vibratória" do Mestre Cristão, então anuncia o seguinte: "Já um pequenino se acha nascido para nós, e um filho foi dado a nós, e o nome com que se apelidará será Deus forte, Pai do futuro século, Príncipe de Paz. O seu império se estenderá cada vez mais e a Paz não terá fim" (Isaías, 9:5,6). Miquéias também alude ao mesmo fato, dizendo: "E tu, Belém, tu és pequenina entre os milhares de Judá, mas de ti é que há de sair aquele que há de reinar em Israel, e cuja geração é desde o princípio, desde os dias da eternidade" (Miquéias, 5:1). (Obra: ***O Sublime Peregrino***, 17ª edição, p. 43)

J

Jejum – domínio da mente sobre o corpo

Durante o enfraquecimento orgânico pelo sofrimento, ou jejum, as faculdades psíquicas se aceleram e a lucidez espiritual se torna mais nítida, conforme se verifica em muitas criaturas prestes a desencarnar, pois recuperam sua clareza mental e rememoram os mais longínquos fatos de sua existência humana, desde a infância. A queda das energias físicas costuma proporcionar maior liberdade à consciência do espírito; há uma tendência inata de fuga da alma, para fugir do seu corpo físico, assim que ele enfraquece. Diz o vulgo que as criaturas, no auge da febre, costumam "variar", isto é, são tomadas de alucinações, chegando mesmo a identificar conhecidos que já desencarnaram, assim como vêem figuras grotescas, insetos ou coisas estranhas, que não são do mundo material.

Essa prática, portanto, obedecia a princípios sadios e de alta espiritualidade, pois se a frugalidade é virtude aconselhada por Jesus, o jejum é compensação dos instantes de abuso da fome animal exagerada. Desde que a vida física é processo de educação espiritual, ensejando a libertação da centelha divina para retornar ao seu mundo superior, o jejum é sempre um recurso que ajuda ao treino dessa libertação e auxilia o domínio da mente sobre o corpo. (Obra: ***A Missão do Espiritismo***, 9ª edição, p. 80)

Jejum – drenagem de toxinas do astral inferior

É a terapêutica do jejum o processo que melhor auxilia o espírito a drenar as substâncias tóxicas que provêm do astral inferior pois, devido ao descanso digestivo, eliminam-se os fluidos perniciosos. A Igreja Católica, ao recomendar o jejum aos seus fiéis, ensina-lhes inteligente método de favorecimento à inspiração superior. As figuras etéreas dos frades trapistas, dos santos ou dos grandes místicos, sujeitos a alimentação frugal, comprovam o valor terapêutico dessa alimentação. O jejum aquieta a alma e a libera em direção ao mundo etéreo; auxilia a descarga das toxinas do astral inferior, que se situam na aura humana dos "civilizados". (Obra: ***Fisiologia da Alma***, 15ª edição, p. 33)

Jejum – otimiza a natureza espiritual

O jejum desafoga a circulação sanguínea dos tóxicos produzidos nas trocas químico-físicas da nutrição e assimilação, debilita as forças agressivas do instinto inferior, aquieta a natureza animal, clareia a mente e o sistema cérebro-espinhal passa a ser regado por um sangue mais límpido.

Durante o repouso digestivo, a natureza renova suas energias, restaura os órgãos enfraquecidos, ativa o processo drenativo das vias emunctórias, por onde se expulsam todos os tóxicos e substâncias prejudiciais ao organismo. É óbvio que o jejum enfraquece devido à desnutrição, mas compensa porque reduz o jugo da carne e desafoga o espírito, permitindo-lhe reflexões mais lúcidas e intuições mais certas. (Obra: ***O Sublime Peregrino***, 17ª edição, p. 156)

Jesus de Nazaré – catalizador da luz do Cristo Planetário

Indubitavelmente, o planeta Terra nunca deixou de pulsar impregnado pela luz e pelo Amor do seu Cristo. Mas o advento de Jesus, em sua missão sacrificial, significou a presença de um poderoso catalisador da luz crística a elevar a frequência inferior do orbe e ativar-lhe a essência divina. Lembra algo da lâmpada comum que, após sofrer uma ampliação em sua capacidade, também passa a absorver mais energia da usina e oferecer mais iluminação. Sob a catalização dinâmica de Jesus, quase exaurindo-se psiquicamente em direção ao Cristo, os poros da Terra absorveram e fluíram mais luz crística para a sua periferia. Assim, os seus habitantes sentiram, num novo estímulo de ascese espiritual, um convite oculto, que anteriormente não existia por força da rudeza e densidade do primarismo animal.[1] (Obra: *O*

1 Trecho extraído da obra ***Boa-Nova***, cap. I, ditada por Humberto de Campos a Chico Xavier, edição da FEB: "Esqueceram-se de que o nobre Otávio era também homem

Evangelho à Luz do Cosmo, 8ª edição, pp. 189/190)

Jesus e a iniciação à luz do dia

É preciso que tenhais sempre presente em vossas mentes a insigne figura de Jesus, o maior intérprete do Cristo Planetário, pois de sua Sublime Consciência forjou-se o Evangelho como o tratado iniciático mais providencial para a hora cruciante que de vós se aproxima. Ele rompeu as paredes limítrofes dos templos iniciáticos, clareou os símbolos ocultos e ensinou o silêncio da humildade, que também desperta as forças íntimas da alma e acelera a maturidade do espírito, mesmo entre o ruído do mundo profano! Deixando entrever que existem **outras verdades**, que ele não podia revelar no momento e que seriam ditas na hora de vossa maturidade espiritual, lembrou-vos que a iniciação no silêncio da alma é justa e exigível, mas o que é conhecido a **portas fechadas** dos templos iniciáticos há que ser provado evangelicamente a portas **abertas** do santuário do mundo profano! (Obra: *Mensagens do Astral*, 16ª edição, pp. 420/421)

João – visão ideoplástica do Apocalipse

Os Técnicos Siderais, sob a inspiração divina de Jesus, evocaram o espírito de João Evangelista, quando no seu exílio na ilha de Patmos, e o auxiliaram a contemplar no Além, no plano astral, os sucessos mais importantes do porvir, impressionando-o com a sua excessiva dramaticidade. O espírito do profeta foi submetido, deliberadamente, a uma visão ideoplástica atemorizante, diante do panorama global dos acontecimentos, e daí ter sido ferido em sua visão pelo espetáculo das "chuvas de fogo", dos "mares de sangue", dos "montes em chamas", dos "poços de abismos", ou dos "oceanos de mortos". Os quadros que descortinou, as cidades, os mares, os homens e os animais que descreveu, têm significação cósmica; por isso, tudo deve ser encarado em caráter global, em relação ao todo, às massas e continentes, mas não em relação, apenas, às criaturas

---

e não conseguiram saber que, no seu reinado, a esfera do Cristo se aproximava da Terra, numa vibração profunda de amor e beleza. É por essa razão que o ascendente místico da era de Augusto se traduzia na paz e no júbilo do povo que, instintivamente, se sentia no limiar de uma transformação celestial. Ia chegar à Terra o Sublime Emissário. Sua lição de verdade e de luz ia espalhar-se pelo mundo inteiro, como chuva de bênçãos magníficas e confortadoras. A humanidade vivia, então, o século da Boa-Nova. Era a "festa do noivado" a que Jesus se referiu no seu ensinamento imorredouro".

terrenas, aos credos ou quaisquer grupos isolados. Os Técnicos Espirituais projetaram e repetiram, propositadamente, na indescritível tela cinematográfica do mundo astral, as imagens que melhor representassem os terríveis sucessos gerais do "fim dos tempos", os quais constituem o conteúdo mais importante do Apocalipse.

O Evangelista João, em visão extraterrena, desprendido do corpo físico, pôde ver e gravar em sua memória etérica todos os acontecimentos futuros, transferindo os respectivos quadros, depois, para a sua consciência física. (Obra: *Mensagens do Astral*, 16ª edição, p. 165)

K

Kardec e sua trajetória iniciática

Allan Kardec não elaborou as regras e os postulados fundamentais da doutrina espírita, somente no decurso de sua última existência física, na França. Ele deu corpo disciplinado a princípios espirituais que investigou e firmou na sua memória espiritual, após três milênios de várias encarnações anteriores vividas nas mais diversas latitudes geográficas do orbe.

No Egito do faraó Merneftá, ele foi Amenófis, médico estudioso do "Livro dos Mortos" e dos fenômenos do Além; na Índia, depois de aprofundar-se nos Vedas, desenvolveu o poder mental, e mais tarde foi conhecido como o "mestre do silêncio"; na Caldéia, viveu como Shiranosóstri, entre magos babilônicos e foi detentor de poderes mediúnicos excepcionais. A Grécia conheceu-o como elevado hierofante do Templo; viveu na Assíria e na Pérsia investigando os fenômenos das forças ocultas da Natureza; e participou das cerimônias dos Druidas nas florestas sagradas da Gália. Kardec pôde reviver no Espaço toda a sua trajetória iniciática vivida anteriormente nas diversas romagens terrenas, antes de partir para a Terra e se tornar Hippolyte-Léon-Denizard Rivail, o codificador do espiritismo. (Obra: ***A Missão do Espiritismo***, 9ª edição, p. 38)

Karma – "a cada um conforme suas obras"

Quando ainda vivíamos na Indochina, em uma de nossas últimas encarnações, muitas vezes encontramos apodrecendo à beira das estradas famílias completas de infelizes, como se tivessem sido apunhaladas por um destino cruel e maldoso. No entanto, examinando os seus registros etéricos, projetados em suas auras, reconhecíamos, surpreendidos, que ali apenas se encontravam os mesmos componentes das cortes faustosas, que haviam se servido do seu poder e da sua fortuna para semear a fome, a desdita e a morte, e atender aos mais absurdos caprichos e paixões. Quantas vezes os rajás faustosos, da velha Índia, os mandarins cruéis da China, os imperadores maldosos de Roma ou os faraós prepotentes do Egito compõem o cortejo dos infelizes que se afundam nas grandes inundações, consomem-se nas cinzas ardentes dos vulcões, ou então vagueiam, sedentos e esfomeados, pelas margens do Ganges, Iang-Tzé ou do Nilo, reajustando-se nas cruciantes situações que lhes apuram a tessitura perispiritual e lhes despertam os sentimentos angélicos da alma.

A Técnica Sideral não dispõe de outro processo de reajustamento dos endividados para consigo mesmos, pelo qual motivo eles terão que implacavelmente regressar ao mesmo ambiente detestável que criaram pelo seu despotismo passado, envergando as vestes esfarrapadas de suas vítimas. E a terapia mais lógica indica que o medicamento mais eficiente, e de urgência, deve ser o renascimento na carne, que os fará recapitular as lições perdidas. As suas provas dolorosas, da fome, da miséria e do desabrigo requerem ambiente adequado e esse ambiente é o das regiões deserdadas. (Obra: *A Vida Além da Sepultura*, 12ª edição, p. 353)

Karma atômico x karma do Universo

Metafisicamente, a palavra "Karma" refere-se ao destino traçado e imponderável, que atua tanto nas coisas animadas como nas inanimadas, pois rege e disciplina todos os ciclos da vida, que vão desde o finito ao infinito, do átomo à estrela e do homem ao Universo! Há, pois, o Carma do homem, o da família, o da nação, o do continente e o da humanidade. E, assim como se engendram destinos futuros fundamentados nos atos ou pensamentos do homem — que serão regidos e disciplinados pelo seu Karma — também os orbes que balouçam no espaço obedecem a um determinismo cósmico, de reajustamento de sua massa planetária, em concomitância com o efeito das causas coletivas de suas próprias humanidades.

Há que considerar, portanto, desde o karma atômico que rege o princípio de vida microscópica no Cosmo, para a formação da matéria, até o karma do Universo, que então já é a Lei Cósmica manifestada fora do tempo e do espaço. (Obra: ***Fisiologia da Alma***, 15ª edição, pp. 201/202)

Karma da Terra e estabilidade planetária

O Karma da Terra impõe-vos um determinismo resultante de suas próprias modificações cármicas decorrentes dos demais orbes do sistema solar. Então ficais também sujeitos às movimentações e às alterações cármicas terráqueas, e os vossos ideais, projetos e interesses individuais só podem ser realizados ou satisfeitos até onde não colidam com os proveitos da coletividade. A Lei Cármica, pois, na sua função de ativar o progresso do Cosmo, tanto regula e limita o movimento do indivíduo para harmonizá-lo com a sua comunidade, como também ajusta os movimentos desta de acordo com as modificações e a estabilidade do próprio campo planetário. (Obra: ***Fisiologia da Alma***, 15ª edição, p. 207)

Karma do prejuízo ao semelhante - câncer

Certos tipos de câncer são propriamente resultantes da magia negra; no entanto, outra parte da humanidade sofre expurgo de fluidos que acumulou em encarnações passadas, não como resultado "direto" da prática da magia negra, mas concernente à soma de todos os pensamentos danosos e sentimentos maldosos que movimentou no passado contra o seu semelhante. O câncer, em sua essência mórbida, poderia ser denominado o "carma do prejuízo ao semelhante", como consequência de um fluido nocivo elaborado durante as atitudes e ações antifraternas.

Alguns, pois, sofrem o câncer porque movimentaram diretamente os recursos deletérios da magia negra para fins egocêntricos; outros, porque há decênios ou séculos vêm armazenando energias perniciosas na contextura delicada do seu perispírito, devido à sua invigilância espiritual e à prática da maledicência, da calúnia, crítica maldosa, desejos de vingança, inveja, ciúme ou ingratidão. (Obra: ***Fisiologia da Alma***, 15ª edição, p. 303)

Karma do sangue - guerras e guerrilhas

Enquanto o sangue do irmão menor verter tão cruelmente na face da Terra, os espíritos desencarnados também terão farto fornecimento de "tônus vital" para a prática nefanda do vampirismo, obsessão e feitiçaria. Sob a justiça implacável da Lei do Carma, a quantidade de sangue vertida pelos animais e aves, resulta, por ação reflexa, em igual quantidade de sangue humano jorrado fratricidamente nos morticínios das guerras e guerrilhas! (Obra: ***Magia de Redenção***, 13ª edição, p. 23)

Karma dos planetas - Terra

A Terra é uma escola de educação espiritual ainda da série primária, portanto, um planeta de carma, sobretudo, corretivo, ou seja, de finalidade purificadora. É um orbe de natureza física instável, sujeito às inundações, tufões, secas, frio e calor extremos; suas florestas são povoadas de insetos, répteis de toda sorte, de animais perigosos e selvagens, enquanto todo o meio ainda é poluído de germens patogênicos nas imensas regiões pantanosas, ou de depósitos de detritos humanos, provocando o envenenamento químico do próprio ar na evasão de gases nauseabundos. Em consequência, geram-se epidemias mortais ou de efeitos deformantes, com a proliferação de vírus e ultravírus, além dos intempestivos acidentes geográficos, que não permitem uma vivência de absoluta tranquilidade.

Na sua composição primária, e para efeito de polimento espiritual, os vulcões são verdadeiras válvulas de pressão da massa ígnea interna, e geram tragédias lamentáveis entre os povos, cujos espíritos muito endividados situam-se justamente nas áreas vulcânicas ou de instabilidade geológica. (Obra: ***O Evangelho à Luz do Cosmo***, 8ª edição, pp. 252/253)

Karma e livre-arbítrio

Os Mentores Espirituais nunca determinam que certos espíritos devam reencarnar-se sob o estigma implacável de serem obsidiados, vítimas de homicídios ou de acidentes fatais, o que seria uma punição deliberada e incompatível com a Bondade do Criador. Os espíritos faltosos são encaminhados para a vida física sob o comando de suas próprias faltas e dos efeitos do desregramento cometido nas existências passadas; eles são situados carmicamente no seio das influências mórbidas ou maléficas semelhantes às que também alimentaram ou produziram no pretérito.

A nova existência física transforma-se-lhes numa "probabilidade" favorável ou desfavorável, dependendo fundamentalmente do modo como eles passam a agir na matéria entre os seus velhos comparsas, vítimas ou algozes pregressos, pois ficam na dependência de suas próprias paixões, vícios ou virtudes. Desde que se mantenham de modo digno, vivendo amorosamente em favor do próximo, também poderão sobreviver sem conflitos ou tragédias, fazendo jus ao socorro espiritual dos seus mentores, que de modo algum desejam castigá-los, mas apenas recuperá-los espiritualmente. Sem dúvida, o espírito que, embora renascendo no meio de malfeitores, ou mesmo sendo alvo de qualquer obsessor cruel, se devote heroicamente ao bem alheio, exercite a sua ternura, o seu amor e magnanimidade para com todas as criaturas, sem distinção de crença, raça ou casta, também logra maiores probabilidades de sobreviver na matéria à distância de qualquer violência ou fim trágico. (Obra: ***Mediunismo***, 13ª edição, pp. 53/54)

Karma – Lei do Retorno

O homem movimenta forças em todos os planos de vida, desde a mais sutil vibração de onda do reino espiritual até atingir a compacticidade do mundo físico. Assim, o mínimo pensamento e a mais sutil emoção do espírito encarnado pela sua conexão ao corpo físico exigem o gasto energético proporcional à intensidade e natureza das emissões mentais e ações emotivas, que repercutem plano por plano até atingir o campo da vida material. De um modo geral, este conceito tem o seu equivalente nas conhecidas leis de reflexão da luz, do som, cujo nome transcendental é a lei do retorno e bastante conhecida no processo cármico e atuação no ciclo das encarnações. (Obra: ***O Evangelho à Luz do Cosmo***, 8ª edição, pp. 234/235)

Karma – lei retificadora, disciplinadora

A Lei do Karma, que controla a "ação" e a "reação" do Cosmo, diversifica-se em leis e princípios menores, que determinam e disciplinam o movimento e a função das galáxias, constelações e orbes, de modo a existir o perfeito equilíbrio e harmonia universal. Em rude analogia, caso o planeta Marte se rebelasse contra essa Lei, pretendendo mudar a sua trajetória ou decidir-se por uma vivência planetária isolada, ele sofreria de imediato o impacto vigoroso e um efeito catastrófico corretivo, resultante da ação da Lei única agindo através das leis menores. Seria apenas uma correção técnica sideral, jamais uma punição divina, em que a legislação cósmica apenas evitaria maior catástrofe e repondo no rumo certo o orbe desgarrado do equilíbrio planetário. Em sua natureza disciplinadora, a Lei do Karma evita prejuízos indevidos e deformações no progresso incessante nas coisas e seres, adotando, de imediato, as providências que se fazem carentes no sentido de permanecer a harmonia da manifestação criativa da vida.

É de advertência cármica que quem se isola será isolado, quem destrói sofrerá a destruição, quem calunia será caluniado, quem menospreza será menosprezado, "quem com ferro fere, com ferro será ferido", quem semeia ventos, colhe tempestades. É a perfeita entrosagem funcional da ação e reação equivalentes, como lei que regula o efeito à causa em qualquer condição de vida ou latitude do Universo. (Obra: ***O Evangelho à Luz do Cosmo***, 8ª edição, pp. 238/239)

Karma – não punição, reajuste, educação

A Lei Kármica não pune, mas "reajusta". O processo de retificação espiritual propende para um só objetivo, que é consolidar a consciência ignorante e depois emancipá-la na sua configuração individual no Cosmo. É um processo severo e disciplinado, mas sempre ascensional, visando a ventura do espírito, o qual, à medida que gradativamente aumenta ou amplia a sua área de consciência e afina o seu sentimento, opera a metamorfose do animal em anjo. No caminho da evolução espiritual, a Lei Kármica encarrega-se de indicar o caminho certo do viajante despreocupado e teimoso, corrigindo os desvios que o retardam no caminho da angelitude. (Obra: ***A Sobrevivência do Espírito***, 7ª edição, p. 342)

Kimbanda ou quimbanda – magia negra

Conforme já explicamos, kimbanda ou quimbanda era o nome

do grande sacerdote dos negros bantos, espécie de médico, oráculo, conselheiro, juiz e experimentado feiticeiro, cujo poder sobrepujava o do próprio rei da tribo. Mas, à medida que as crendices e rituais bárbaros africanos foram-se mesclando de outros ritos e práticas estranhas, no Brasil, sob a influência católica e ameríndia, também adquiriram um sentido deliberadamente benfeitor.

Então os seus cultores acharam necessário diferenciar o novo sincretismo religioso, libertando-o da matriz onde se gerou; e então surgiu a umbanda, como denominador da magia branca, a serviço do Bem. À medida que os trabalhos de umbanda se definiam num curso benéfico, o cognome Kimbanda, do velho sacerdote banto, passou a ter um sentido pejorativo indicando a prática da magia negra. Daí, a tradição que se firma, dia a dia, de que todo labor benfeitor é umbandismo e todo o trabalho de magia maléfica é quimbandismo. Em ambos os casos, tenta-se definir os extremos do bem e do mal no serviço e contato com o mundo oculto através de processos mágicos. (Obra: *A Missão do Espiritismo*, 9ª edição, pp. 190/191)

Kundalini – "fogo serpentino"

A serpente da lenda de Adão e Eva, responsável pela tentação de Eva comer a maçã proibida, caracteriza, justamente, um dos poderes mais criativos e ao mesmo tempo destrutivos, que é a posse do espírito imortal. Trata-se do fogo serpentino, conhecidíssimo dos ocultistas, rosa-cruzes, iogues, teosofistas e budistas, o qual sobe pela coluna vertebral, partindo do centro de forças etéricas, ou "chacra cundalíneo", situado na extremidade da espinha, que controla o sexo, irriga o cerebelo e ativa as energias mentais concretas. A força poderosa que ali se armazena lembra o fogo da brasa dormida. Sob um controle espiritual superior, modela um Jesus poderoso na liderança e socorro às almas sofredoras; mas desperto por espírito ambicioso, inescrupuloso e mau, produz um Hitler. E assim como o "chacra cundalíneo" consagra um santo pela aplicação benfeitora de sua energia tão poderosa, ele também destrói no seu vórtice flamejante o infeliz que lhe subverte o sentido criativo. Tanto ativa e cria, como escraviza e destrói, sob a sua fabulosa energia em eclosão.[1] (Obra: ***O Evangelho à Luz do***

1 O chacra cundalíneo e fundamental do "duplo etérico", que se situa na base da espinha, região do sacro, é o centro condutor mais potente da vida física primária. Atua mais propriamente no "gânglio prostático", ou na próstata, gânglio intersticial de ação importante nos fenômenos genitais, como ovulação na mulher e produção de

Cosmo, 8ª edição, p. 355)

Kundalini – "fogo serpentino" e organizações mágicas do passado

O fogo "serpentino ou cundalíneo" foi muito utilizado nas velhas escolas de magia negra da Caldéia, Lemúria, Assíria e do Egito, cujos sacerdotes coligados sob o nome da "serpente vermelha", ou os "filhos do Dragão", mantinham escolas secretas e instituições satânicas, cujo fim era o domínio material da Terra e a intenção de assumir o comando sensual da humanidade encarnada, em detrimento das forças espirituais internas que operavam mantendo a intimidade do orbe ligada à administração angélica. Eles efetuavam um trabalho agressivo contra os emissários do Alto ou das chamadas "forças do Cordeiro", assim como tentavam anular as providências que sabiam estarem sendo movimentadas para a descida do excelso Espírito, que deveria se encarnar na Terra, como Jesus, o Salvador, o Enviado Excelso do Pai. (Obra: ***Elucidações do Além***, 8ª edição, pp. 233/234)

Kundalini – fohat – prana

Entre as inúmeras forças que emanam do Sol, fertilizando e interpretando as próprias energias dos orbes físicos que compõem o seu sistema planetário, a pedagogia espiritual do Oriente destaca três que são as mais importantes e úteis ao conhecimento da humanidade atual. São elas: "fohat", que é conhecido no Ocidente por **eletricidade**, e que pode transformar-se em calor, magnetismo, luz e força ou movimento; "kundalini", ou fogo serpentino, energia solar muito vigorosa, que se concentra no seio da Terra e depois flui violentamente para a periferia, ativando as coisas e os seres num impulso dinâmico de alto poder transformativo e criativo; finalmente, a terceira força ou elemento é o "prana", cuja energia ou vitalidade em potencial é responsável por todas as manifestações da vida no Universo. (Obra: ***Elucidações do Além***, 8ª edição, p. 174)

---

hormônio testicular no homem. O fluxo energético cundalíneo é dócil, como o animal domesticado, sob o controle de uma vontade digna e superior: mas, num cobiçoso, libertino ou ambicioso, "amarra" o ser às formas escravizantes da matéria.

L

Laboratórios do Cosmo e Luz Sideral

Realmente, todo o equilíbrio vital da Criação tem seu sustentáculo nas vibrações dinâmicas de uma Luz Cósmica de Amor Infinito, que é Essência reflexa da Mente Divina. E assim como uma "usina piloto", embora condense a carga poderosa de milhares de "volts", este potencial de voltagem sendo graduado e reduzido por inúmeros transformadores, ajusta-se a fazer funcionar até um singelo barbeador elétrico, também, nas mesmas condições, a Luz Sidérea, que é uma irradiação da Sabedoria e do Amor infinitos do nosso Criador, flui e baixa a sua frequência poderosa através de espíritos de várias graduações siderais, até chegar ao mundículo terreno, onde nutre e vitaliza o homem; o qual, por sua vez, manuseando-a com conhecimento de causa, efetua curas e operações cirúrgicas, obtendo resultados miraculosos. E o assombro dos que as testemunham é porque estes vêem o fenômeno somente pelo seu "exterior" ou superfície.

Na verdade, os "laboratórios químicos" do Cosmo superam os recursos terapêuticos do vosso mundo.

A aura resplandecente de Jesus, Buda, e de outros grandes líderes espiritualistas tinha grande ação profilática e terapêutica porque os seus fotônios siderais eram raios dinâmicos da Fonte Divina ou seja, do próprio DEUS.

A Luz Sideral ou Luz Original, criadora da Vida, embora reduzida em sua frequência para manifestar-se nos mundos inferiores, o seu potencial consegue impedir e neutralizar a procriação das coletividades microbianas de caráter enfermiço.

Conforme a frequência em que é calibrada, ela cria, esteriliza, anestesia, cura e cicatriza. (Obra: ***Mediunidade de Cura***, 12ª edição, pp. 235/236)

Lares da Terra – planejamento kármico

Somos obrigados a vos recordar que, dentro da sabedoria da Lei Cármica, não há injustiça nos destinos humanos, pois a cada um ela dá conforme a sua obra e o seu merecimento; a semeadura é livre, mas a colheita é obrigatória.

As almas que se reúnem para compor um lar terrestre o fazem disciplinadas pelas causas que geraram no passado, devendo sofrer exatamente as suas consequências. A Lei é de absoluta equanimidade em qualquer situação de vossas existências e, se desconfiais de sua justiça, é apenas porque desconheceis as causas justas que geram efeitos também justos.

Os espíritos que devem reencarnar são sempre convocados com bastante antecedência pelos mentores siderais do Além, que lhes expõem os planos de reajustamento e reeducação em futuro contato com o mundo material. Assim, os lares terrenos são frutos de cuidadosos planos elaborados com bastante antecedência. (Obra: ***A Vida Além da Sepultura***, 12ª edição, p. 348)

Lavanderia moral e expurgo de nódoas energéticas

Em virtude de os espíritos terrestres, com raras exceções, ainda conservarem na sua intimidade grande percentagem do "tóxico psíquico-mental" trazido doutras vidas, a Terra é a "lavanderia" moral e espiritual, em que a alma expunge suas nódoas no rio cristalino das lágrimas purificadoras. É tão benéfico o sofrimento que Jesus, o vosso Mentor Espiritual, vos aconselhou a máxima resignação ante a dor, para não perderdes os salutares proventos da expurgação deletéria da alma. E para que o espírito terrestre atinja as horas do sofrimento mais acerbo, sem a impulsiva "autodestruição" provocada pela falta de preparo psíquico, existem as enfermidades congênitas, da infância, em vosso mundo, que vão graduando as almas num ritmo iniciático à dor, para que, mais tarde, possam atingir o "clímax" exigível no expurgo do conteúdo nocivo à sua evolução espiritual. (Obra: *A Vida no Planeta Marte e os Discos Voadores*, 14ª edição, p. 117)

Lei de correspondência vibratória e receptividades dos espíritos

Em face da Lei de correspondência vibratória, que rege as afinidades ou a simpatia entre os seres, são os próprios encarnados que criam a receptividade favorável tanto para a presença angélica como para a produção do clima eletivo para a penetração perigosa das forças das sombras. Elevando-vos, criareis o ambiente vibratório receptível às emissões de ondas espirituais das altas hierarquias superiores; rebaixando-vos pela prática das paixões indignas e dos vícios degradantes, sereis então campo aberto às investidas solertes do Astral inferior.

Os malfeitores e os viciados do Além rebuscam todas as zonas morais e mentalmente vulneráveis das criaturas de tendências viciosas. Então, passam a explorá-las e infernar-lhes a existência, acrescendo-a de vicissitudes, desenganos e ingratidões do mundo, ao mesmo tempo que lhes insuflam sugestões malévolas para que busquem compensação no vício ou no desregramento moral. (Obra: *A Vida Além da Sepultura*, 12ª edição, pp. 392/393)

Lei de correspondência vibratória – feitiço por objetos

Na lei de "correspondência vibratória", a matéria reage sobre a matéria, a eletricidade sobre a eletricidade, o magnetismo sobre o magnetismo, o fluido sobre o fluido, a radiação sobre a radiação, o pensamento sobre o pensamento e o sentimento sobre o sentimento. E como os objetos, coisas e seres do mundo, apesar de sua contextura e configuração física, são campos das mais variadas energias condensadas ou materializadas do Cosmo, eles podem ser ativados por forças do mesmo nível de vibração e descarregar sua carga saturada sobre pessoas visadas pelos feiticeiros!

A vítima vincula-se ao mesmo campo subvertido dos objetos enfeitiçados através do seu duplo etérico, convertendo-se numa estação receptora de maus fluidos, espécie de excêntrico fio-terra, que recebe o impacto ofensivo e descarrega resíduos para o solo num fluxo contínuo de carga e descarga. (Obra: *Magia de Redenção*, 13ª edição, pp. 71/72)

Lei do Karma – micro e macro

Nenhum acaso rege o destino das coisas; é a lei do Carma que tudo coordena, ajusta e opera, intervindo tanto nos fenômenos sutis do mundo microscópico, como na vastidão imensurável do macrocosmo. Ela tem por único objetivo dirigir o aperfeiçoamento incessante de todas as coisas e seres, de há muito já previsto nos grandes planos que fundamentam a harmonia da Criação.

As vossas condições psíquicas ou físicas, aí na Terra, decorrem exatamente do engendramento das causas cármicas que já efetuastes noutras vidas; se atualmente usufruís alegria, paz e ventura, apenas gozais o efeito cármico das boas sementes lançadas alhures; se vos dominam a dor, a amargura, e as vicissitudes repontam em vossa existência, não culpeis a Deus, nem a qualquer "destino" injusto e fatídico inventado por alguém pois, de qualquer modo, só estareis ceifando o resultado do plantio descuidoso do passado! As regras inflexíveis de que "a semeadura é livre mas a colheita é obrigatória", e a de que "a cada um será dado conforme as suas obras", não abrem exceções a quem quer que seja, mas ajustam todas as criaturas à disciplina coletiva tão necessária ao equilíbrio e harmonia da humanidade do vosso orbe. (Obra: ***Fisiologia da Alma***, 15ª edição, pp. 202/203)

Leitura psicométrica – ordem inversa

O psicômetro, concentrando-se profundamente na "aura" do objeto ou coisa material que pretende auscultar, pouco a pouco vai captando os eflúvios psíquicos da frequência vibratória que os envolve; e então começa a sentir, pela sua projeção no perispírito, a série de imagens que, em ordem decrescente, vão-lhe assinalando os fatos na ordem inversa. Supondo que um competente psicômetro, tomando um anel ou jóia que pertenceu a um fidalgo da corte de Luís XV, submete o espectro áurico dessa jóia a uma análise de investigação vibratória, logo, então, ele começa a se aperceber de todos os acontecimentos que se desenrolam em torno do referido objeto ou, para melhor definição, de todos os fatos a que o anel "assistiu", desde o momento em que o dito fidalgo começou a usá-lo. Porém, os acontecimentos surgirão em ordem inversa, isto é, do presente para o passado.

Na chamada literatura ocultista encontrareis suficientes comprovações de fatos verídicos revelados pela psicometria. Às vezes, é suficiente um fragmento de papel, pano, metal ou mesmo de pedra, que permaneceu nas adjacências de importante cerimônia pública, de uma batalha ou mesmo de fatos sem grande importância; mas o psicômetro bem desenvolvido relata os acontecimentos "assistidos" pelo objeto. (Obra: ***Elucidações do Além***, 8ª edição, p. 123)

Lemúria e Atlântida – enfeitiçamentos coletivos

Atualmente, rareiam, no vosso mundo, as terríveis fases de enfeitiçamento coletivo, naturais da época lemuriana e atlântida, em que certos povos se guerreavam através da prática ignóbil da feitiçaria, pois os seus espíritos ainda se achavam fortemente ligados a campos de forças do astral inferior. Esses povos atuavam sobre determinadas "energias elementais" da natureza, portadoras de uma atividade primária muito agressiva e exterminavam-se reciprocamente num processo de vinganças incessantes.

Inúmeras enfermidades de natureza incurável, entre as quais se destacam o câncer e a morféia nervosa, ainda são resultados cármicos de que padecem muitos espíritos participantes da bruxaria coletiva e individual do passado. Faz-se necessário o esgotamento completo desse elemental mórbido usado à larga e ainda latente em muitas almas, para que então desapareça a série de manifestações patológicas atuais, incuráveis. Graças à ação pacificadora de Jesus, criando sublime "egrégora" no vosso mundo e fonte de transfusão da Luz Divina que aniquila o reinado da Sombra, diminuiu o êxito do enfeitiçamento coletivo. O contato vibratório mais profundo com a "aura" do Cristo-Planetário, e o alimento incessante das preces e sacrifícios dos cristãos nos circos romanos em torno da mesma idéia espiritual libertadora, contribuiu bastante para anular a eficiência da bruxaria coletiva. No entanto, na Idade Média ainda ocorreram alguns casos de epidemia, alucinações, histerias coletivas, degradações e luxúria em massa, cujos desequilíbrios psíquicos foram realmente provocados por entidades diabólicas encarnadas, em detestável simbiose com espíritos malévolos. (Obra: ***Magia de Redenção***, 13ª edição, pp. 39/40)

Lençol de fluidos puros envolveu o planeta – chegada do Messias

Um lençol de fluidos puros e desconhecidos em sua doçura incomum pousava na face da Terra; uma estranha e sedativa aragem ondulava sobre a humanidade, despertando-lhe um sentimento expectante e serenando os instintos inferiores nas criaturas mais sensíveis. O fato de Jesus tornar-se mais tangível, emergindo em Espírito à periferia da Terra e ainda catalisando com o seu infinito Amor e delicado fluido cósmico que aflorava pela via interna do orbe, produzia uma vibração harmoniosa e incomum no coração dos homens.[1]

Em verdade, cumprira-se a profecia; o "Avatar", o Messias, entrevisto tantas vezes pelos profetas do Velho Testamento, atingira a crosta material depois de um inconcebível esforço de auto-redução, despendido em alguns séculos, a fim de iniciar sua romaria sacrificial para a redenção dos terrícolas. (Obra: *O Sublime Peregrino*, 17ª edição, pp. 35/36)

Lendas e superstições – fundamentos na ciência oculta

Cremos que a vossa mente já deve se encontrar bastante capacitada para tratar de assunto tão importante como é o feitiço. O progresso da Ciência e da Técnica do mundo terreno, no século atual, já vos permite compreender e comprovar que a maioria das superstições, lendas, crendices, práticas de magia e de alquimia, incompreensíveis no passado, possuem algo de científico. Atualmente, a própria Parapsicologia, disciplina científica de investigação moderna, progride satisfatoriamente buscando solucionar os fenômenos habituais do psiquismo, independente de conclusões a *priori*, mas estudando-os pelos fatos que indiquem uma atividade ou origem científica. Mas precisa evitar, sensatamente, a tendência perniciosa de manejar a ciência a serviço de uma crença espiritual ou através de um preconceito religioso. Deste modo, também poderá estudar e pesquisar o fenômeno

1 Nota do revisor – Vide a obra ***Boa Nova***, ditada pelo espírito de Humberto de Campos ao médium Chico Xavier, na qual ele também assinala essa influência benfeitora sobre a Terra durante o advento de Jesus: "Como se o mundo pressentisse uma abençoada renovação de valores no tempo, em breve, todas as legiões se entregavam, sem resistência, ao filho do soberano assassinado. O grande império do mundo, como que influenciado por um conjunto de forças estranhas, descansava numa onda de harmonias e de júbilo, depois de guerras seculares e tenebrosas."

do enfeitiçamento. com perfeita isenção de ânimo e liberdade de ação. (Obra: *Magia de Redenção*, 13ª edição, p. 25)

Libertação da imantação gravitacional - evolução

Em verdade, todos os homens, apesar da diversidade de sua compreensão espiritual, possuem em sua intimidade a mesma cota fundamental da luz divina. Por isso, devem ser experimentados e orientados para desabrocharem essa luz, tanto quanto puderem purificar o seu invólucro perispiritual. Assim, cada ser possui a liberdade ou o "livre-arbítrio" de reagir à palavra divina, conforme seja a natureza de entendimento do seu terreno psíquico, ou o grau de sua compreensão espiritual. Aliás, não existem dois seres absolutamente semelhantes no Universo, pois há sempre diferenças consequentes do estágio evolutivo e as experiências diferentes vividas nas múltiplas reencarnações, em que tudo se realiza no sentido exclusivo e espiritual de libertar o homem dos laços de sua imantação à força gravitacional do mundo material. (Obra: *O Evangelho à Luz do Cosmo*, 8ª edição, p. 167)

Línguas, dialetos e estados mentais

Cada povo revela através de sua língua ou dialeto, com maior ou menor dispêndio de energias magnéticas, os estados psicológicos de sua própria reação ao mundo exterior e de seu entendimento íntimo espiritual. As raças parcimoniosas também são avaras no falar, enquanto que as pródigas se atropelam no seu vocabulário dispendioso e se fatigam na exagerada articulação. Do mesmo modo, há enorme diferença de gasto de energia vital e de esforço mental ao se pronunciar uma vogal ou uma consoante; nas vogais, é suficiente apenas o fluir do ar pelos pulmões para que os sons se produzam e se modifiquem conforme o simples mover dos lábios. No entanto, as consoantes sempre exigem movimentos mais vigorosos do aparelhamento de fonação, conforme seja a sua pronúncia mais gutural, nasal ou, então, um misto de ambas.

Para a pronúncia das consoantes, torna-se necessário abrir as cordas vocais com vigor, as quais, ao se unirem novamente, produzem os sons consonantais característicos; mas é evidente que, em regra, trata-se de um produto sonoro desarmônico, resultante mais do conflito vocal do que propriamente da singeleza harmônica, coisa que só é possível obter-se na pronúncia da vogal. É por isso que as consoantes, por si mesmas, não proporcionam exteriorização da linguagem humana; esta só se obtém pela união acertada das consoantes com as vogais. As consoantes não apresentam tons agradáveis, sonoros e flexíveis, mas apenas ruídos secos, sons abafados e recortados, que só se harmonizam em agradável mensagem sonora quando devidamente apoiada sobre a singeleza e fluência das vogais. E ainda se devem levar em conta as diferenças que existem entre as próprias consoantes entre si. (Obra: *A Sobrevivência do Espírito*, 7ª edição, pp. 226/227)

Logos solar – peça da engrenagem cósmica

O Sol do vosso sistema planetário é o local exato em que atua a consciência do Arcanjo, Engenheiro, Construtor ou Logos do Sistema Solar, que é o Alento e a própria Vida de todo o conjunto de seus planetas, orbes, satélites ou poeiras siderais, inclusive os seres e as coisas viventes em suas crostas materiais. Esse Logos não se situa, com o seu sistema Planetário, num local ou latitude geográfica do Cosmo; o que o distingue principalmente é o seu estado espiritual vibratório, inacessível ao entendimento humano. O homem ainda concebe o "alto" e o "baixo", ou o "puro" e o "impuro", quando só existe uma Unidade Cósmica, indescritível, visto que não há outra Unidade ou outro Deus para termo de comparação. O Espírito, Arcanjo ou Logos Solar, do vosso sistema, está presente e interpenetra todo o campo do sistema solar que emanou de si mesmo, em harmoniosa conexão com as demais constelações e galáxias que se disseminam pelo Cosmo e que, por sua vez, são presididas, respectivamente, por outras consciências arcangélicas, e que formam progressivamente a inconcebível humanidade sideral. Desde o astro solar até à órbita mais distante do vosso sistema, a consciência arcangélica se estende em todos os sentidos e coordena todas as ações que ocorrem nesse campo de vida, constituído de orbes e humanidades, e sob a supervisão excelsa da Mente Divina. Através do oceano etérico concentrado pela sua Consciência Mental, e que banha e interpenetra também as fímbrias dos átomos dos mundos que condensou em si mesmo, o Logos do sistema solar também atua na consciência dos outros Arcanjos menores que corporificaram os planetas e os governos em espírito. Dificilmente podereis conceber a operação harmônica de uma consciência solar, quando comanda instantaneamente as humanidades que palpitam sobre a Terra, Marte, Júpiter, Saturno e outros mundos que apresentam os mais variados matizes consciênciais. O Logos Solar é o condensador sideral que absorve o elevado energismo demasiadamente poderoso da Mente Divina e retém em si mesmo o "quantum" sideral inalcançado pelos espíritos menores. Ele materializa, na forma de um sistema planetário e viveiro de almas sedentas de ventura, uma das peças componentes da engrenagem cósmica, que faz parte de um Grande Plano ou do conhecido "Manvantara" da tradição oriental. (Obra: *Mensagens do Astral*, 16ª edição, pp. 357/358)

Luz polarizada - luminosidade das criaturas com a evolução

Essa luminosidade que palpita por trás das formas materiais transitórias, tão intensa e pura quanto mais intimamente se possa penetrar da essência do espírito, vai-se tornando mais visível ou identificável, em concomitância com o progresso espiritual das criaturas. Mais profundamente, tereis que procurá-la, e a encontrareis, buscando maior intimidade com Deus, no ideal crístico que transforma o animal em anjo. O homem que em vosso mundo caminha exaustivamente no seio da floresta, abrindo extenso cipoal para encontrar a luz do dia, lembra o espírito fatigado, que peregrina através das configurações físicas, para, enfim, lobrigar a Luz do Criador. Jesus lembrou-vos significativamente: "O reino de Deus está em vós". Daí a pronunciada ascendência de luz que se revela nas atividades marcianas, na feição da citada "luz polarizada", porque se trata de um mundo límpido, sem as sombras de quaisquer paixões inferiores. E essa luz, mais atestável sob a visão psíquica, aumenta de pureza e intensidade à proporção que vos libertais das paixões de cólera, ciúme, ódio, luxúria ou perversidade; pois tais deprimências baixam o teor vibratório do magnetismo divino que interpenetra todos os seres, dando lugar às sombras espessas que afastam a alma da Fonte Refulgente do Pai. (Obra: *A Vida no Planeta Marte e os Discos Voadores*, 14ª edição, pp. 70/71)

Luz - potencial cósmico = reflexo de Deus

Quanto ao potencial cósmico da Luz, as lendas e os relatos religiosos do vosso orbe mencionam que a Luz tem sido considerada o atributo fundamental de todas as fases principais da Criação e da evolução espiritual do ser. Já no capítulo 1, vers. 3 ,4 e 5 do Gênesis, a Bíblia refere: "E disse Deus: 'Faça-se a Luz!' E foi feita a Luz. E viu Deus que a Luz era boa; e separou a Luz e as Trevas. E chamou à Luz, Dia; e às trevas, chamou Noite". Jesus também afirma: "Eu sou a Luz do Mundo; e o que me ama não anda em trevas, mas terá a Luz da vida eterna".

Em toda essa enunciação de aparência simbólica palpita a realidade cósmica de que a Vida, em suas múltiplas manifestações, é fruto da Luz; e a Alma, nos diversos estágios de sua ascensão moral e espiritual até à hierarquia dos arcanjos, absorve luz, inunda-se de luz, irradia luz porque ela é um reflexo direto da Luz Foco absoluto do Universo, ou seja, do próprio DEUS! (Obra: ***Mediunidade de Cura***, 12ª edição, pp. 236/237)

M

Magia de redenção – feitiço

O feitiço, paradoxalmente, beneficia no seu mecanismo confrangedor, porque estimula a vítima a procurar soluções para o seu problema cruciante, e a coloca em contato com as criaturas entendidas no caso, como são os curandeiros, pretos-velhos e caboclos de terreiros. Inúmeros enfeitiçados, depois de comprovarem a intervenção benfeitora do mundo oculto na sua existência atribulada, então moderaram os vícios e as paixões que os prejudicavam na vivência espiritual. Eles admitiram a Lei do Carma e a lógica da Reencarnação, por força do impacto enfeitiçante, e disciplinaram os seus atos futuros melhorando o seu crédito na Contabilidade Divina. Os sofrimentos e as vicissitudes causadas pelo feitiço também amenizam a culpa cármica pregressa do espírito endividado e reduzem-lhe os padecimentos nos charcos purificadores do Além-túmulo. Ele sofre, antecipadamente, parte de sua expiação ainda na carne! O feitiço também pode ser o mal saldando o próprio mal, assim como a lixa faz o polimento da madeira rústica, o ácido limpa a vidraça suja e o cautério imuniza a ferida insolúvel! (Obra: ***Magia de Redenção***, 13ª edição, pp. 233/234)

Magnetismo astroetérico – processo interno

A ciência médica utiliza-se do aparelhamento de eletroterapia ou radioterapia, para modificar as células e os tecidos orgânicos atrofiados ou dilacerados, mas primeiramente atua no campo imponderável ou magnético do ser humano, para depois o fenômeno se materializar no campo físico. Inúmeros hipnotizadores agem no campo magnético do "sujeito", no seu veículo etérico, e paralisam-lhe os músculos, obtendo a rigidez cadavérica. O faquir apressa o crescimento da semente de abóbora, fixando-lhe o olhar poderoso, como um "detonador" vital que, então, desperta o metabolismo astroetérico da semente e põe em movimento o seu mecanismo de assimilação das energias nutritivas do meio. Só depois que se faz a ação interna, ou etérica, ou, se quiserdes, a magnética, é que se torna visível a modificação no campo físico. (Obra: ***Mensagens do Astral***, 16ª edição, p. 316)

Magnetismo inferior e saturação áurica

O magnetismo inferior, gerado pelo atavismo da carne e pelos pensamentos dissolutos, recrudesce e se expande, formando ambiente perigoso para a existência humana disciplinada. São épocas em que se observa verdadeira fadiga espiritual; em que domina o desleixo para com os valores das zonas mais altas da vida cósmica. As energias primitivas, saturando o "habitat", aumentam a invigilância, e o gosto se perverte; escapam aqueles que vivem, realmente, os postulados do Evangelho à luz do dia. Em consequência disso, as auras dos orbes também se saturam, até às suas fronteiras "astroetéreas" com outros planetas, surgindo então as más influências astrológicas, que os astrônomos terrícolas tanto subestimam. Forma-se intenso oceano de forças magnéticas agressivas e sensuais, que se expandem e convergem num círculo vicioso cada vez mais perigoso à integridade espiritual daqueles que são devotados às coisas superiores. O mais débil pensamento licencioso encontra, então, farto alimento para se avantajar e influir melhor nos cérebros ávidos de sensações inferiores. O deletério conteúdo magnético do ambiente instiga às piores sensações, fazendo predominar o egocentrismo do mundo animal inferior; há insidioso e voluptuoso convite no ar e, em consequência, os seres obedecem facilmente a um comando pervertido, que os impele para os prazeres animalescos. Predomina a influência satânica e aumenta o gosto pelas sensações brutais e licenciosas; o clima físico torna-se campo propício para a sugestão perversa e destrutiva das forças das trevas. O denso lençol de magnetismo perigoso transforma-se em excelente campo de ação para as coletividades das sombras, que assim materializam os seus objetivos daninhos. (Obra: ***Mensagens do Astral***, 16ª edição, p. 34)

Magos brancos, sacerdotes e instrutores – velaram simbologia

Sabe-se que a Magia é a arte de empregar conscientemente os poderes invisíveis para se obter efeitos visíveis. A vontade, o amor e a imaginação são poderes mágicos que todos possuem, e quem sabe empregá-los ou desenvolvê-los a contento é então considerado um mago. Tais recursos empregados para fins benéficos significam magia branca; mas quem os empregar para o mal então pratica a magia negra.

Em consequência, desde a antiguidade das civilizações existiram homens poderosos que desenvolveram suas forças ocultas e as empregaram na magia branca a serviço do próximo, enquanto os malfeitores praticavam a magia negra visando aos seus exclusivos interesses e domínio nefando. Não podemos deixar de render nossos louvores aos "magos brancos", de todas as épocas e raças, que, inspirados pela Sabedoria e Magnanimidade do Senhor, tudo fizeram para amenizar o caminho espinhoso e árduo da ascensão espiritual da humanidade. Eles dosaram o conhecimento oculto e perigoso ao homem comum, revestindo-o de símbolos e alegorias inofensivas, assim como se guardam armas perigosas em cofres inacessíveis às crianças. Os homens de hoje muito devem aos magos brancos, sacerdotes e instrutores, que souberam ocultar na liturgia e alegoria religiosas a realidade da vida eterna do Espírito. (Obra: *A Missão do Espiritismo*, 9ª edição, p. 83)

Magos do passado – vontade firme e conhecimento das energias

No Universo tudo se move, vibra e circula através do Éter transmissor da vitalidade cósmica. Conforme seja a variação da escala e do modo das vibrações, também se manifestam os diferentes estados da matéria. O espírito do homem atua num campo de forças em perpétua ação vibratória, as quais se movem em todos os sentidos e também obedecem à vontade potencializada dos que conheçam as leis de sua regência e atividade no Cosmo. Os magos antigos produziam fenômenos excêntricos, incomuns e atemorizantes, porque além de conhecerem profundamente o campo de forças manifestas pelo microcosmo e macrocosmo, eles eram senhores de uma vontade poderosa a serviço da Mente adestrada no comando do mundo oculto! (Obra: *Magia de Redenção*, 13ª edição, p. 32)

Magos negros do passado e a prova da mediunidade

Não se trata propriamente de poderes concedidos extemporaneamente pelos mentores da Terra aos homens imaturos em espírito. É que às vezes estes não passam de antigos magos que dominavam facilmente as forças ocultas, exerciam o fascínio sobre os elementais e usavam da hipnose para fins interesseiros, tal como no caso de Rasputin, que se aproveitou dos seus poderes extra-terrenos para realizar seus objetivos torpes, como instrumento vil das trevas. Quando tais espíritos retornam à carne para tentar a sua renovação espiritual manejando os mesmos poderes que desvirtuaram no passado, mas sob promessa de só os empregar a favor do bem, nem sempre logram sustentar por muito tempo o tom espiritual elevado que lhes é requerido pelos mentores siderais.

O coração atrofiado e a mente aguçada pela vontade poderosa que é exercitada em vidas anteriores traem esses espíritos no trabalho mediúnico do Bem, caso não se curvem humildes e desde o princípio de sua tarefa sob os postulados redentores do Cristo. Quando os responsáveis pelo progresso do orbe verificam a inutilidade de conservá-los no serviço ativo da seara, vêem-se obrigados a alijá-los de qualquer modo, a fim de que cessem os graves prejuízos decorrentes de sua atividade descontrolada. (Obra: *Mediunismo*, 13ª edição, p. 61)

Mamom x reino de Deus

Jesus aborda uma questão de ordem emanada da própria Lei única, governante do Universo, porque o espírito, como um fragmento lucífero da Divindade, não pode, ao mesmo tempo, servir ao mundo exterior e transitório de Mamon e ao reino interno e definitivo, que é o Espiritual. Entre ambos existe inconcebível diferença vibratória e de sentido criador, pois o mundo de Mamon é a vida transitória, em contínuo desgaste pela fuga da própria energia ali condensada nas formas físicas, enquanto o reino divino de Deus compreende a energia livre e atuante na sua origem normal e criativa. Os mundos físicos são invólucros transitórios aprisionando a energia na sua expressão "compactada". Eles parecem reais e concretos para os sentidos humanos, mas não passam da vestimenta exterior de Deus a mudar em cada "Grande Plano" ou "Manvantara". (Obra: *O Evangelho à Luz do Cosmo*, 8ª edição, p. 216)

"Mandato mediúnico" – hipersensibilização perispiritual

Há grande diferença entre o médium cuja faculdade é aquisição natural, decorrente de sua maturidade espiritual, e o médium de "prova", que é agraciado imaturamente com a faculdade mediúnica destinada a proporcionar-lhe o resgate de suas próprias dívidas cármicas. Através de processos magnéticos, que ainda vos são desconhecidos, os técnicos do Astral hipersensibilizam o perispírito daqueles que precisam encarnar-se com a obrigação de trabalhar, pelo serviço da mediunidade, a favor do próximo, e também empreender a sua própria recuperação espiritual.

No Além existem departamentos técnicos especializados, que ajudam os espíritos a acelerar determinados centros energéticos e vitais do seu perispírito, despertando-lhes provisoriamente a sensibilidade psíquica para a maior receptividade dos fenômenos do mundo oculto, enquanto se encontram encarnados. Esse é o mandato mediúnico ou a transitória faculdade concedida a título de "empréstimo" pelo Banco Divino. Mas é também a arma de dois gumes, que exige severa postura moral no mundo, pois ela tanto situa o seu portador em contato com os espíritos benfeitores como também o coloca facilmente na faixa vibratória sombria das entidades do astral inferior.

Embora a faculdade mediúnica pareça a alguns um privilégio extemporâneo, contrariando o conceito de Justiça e Sabedoria de Deus, essa "concessão" prematura ao espírito faltoso implica justamente em sua maior responsabilidade e trabalho laborioso espiritual. Não é, pois, a graça "fora de tempo", que exime a alma de preocupações e dos obstáculos futuros na sua evolução espiritual; é somente o "empréstimo" que lhe permite ressarcir-se de suas tolices e insânias cometidas no passado, compensando o tempo perdido com um serviço extraordinário. Os Mentores Siderais, apiedados dos espíritos demasiadamente onerados em seu fardo cármico para o futuro, lhes oferecem assim a oportunidade do reajuste mais breve para alcançarem a ventura mais cedo. (Obra: *Mediunismo*, 13ª edição, p. 69)

Mantra – ação no campo etéreo-astral

"Mantras", como peças idiomáticas consagradas pelo uso superior, são letras e sílabas de articulação harmoniosa. Quando pronunciadas num ritmo ou sonoridade peculiar e sob forte concentração mental, elas despertam no organismo físico do homem um energismo incomum, que lhe proporciona certo desprendimento ou euforia espiritual. Há pouco, explicamos os efeitos produzidos no corpo físico pelo simples pensar em algumas letras do alfabeto ocidental. As palavras mantrânicas, no entanto, possuem maior poder de ação no campo eteréo-astral do homem, pois aceleram, harmonizam e ampliam as funções dos "chacras" do duplo etérico. Elas auxiliam a melhor sintonização do pensamento sobre o sistema neurocerebral e as demais manifestações da vida física. Como a palavra se reveste de forças mentais, que depois atuam em todos os planos da vida oculta e física, para dar curso às vibrações sonoras no campo da matéria, ela, então, produz transformações equivalentes à sua natureza elevada. (Obra: ***Magia de Redenção***, 13ª edição, pp. 52/53)

Mantras – peças idiomáticas sagradas

Indubitavelmente, os "mantras", tão familiares aos iogues, são peças idiomáticas sagradas que, pela harmonia de sílabas ou letras — quando pronunciadas em sua pureza iniciática — despertam no psiquismo e no organismo físico do homem um energismo incomum e proporcionam estados de desprendimento e euforia espiritual. As palavras "mântricas" possuem grande poder de ação no campo etérico astral, assim como aceleram, harmonizam ou ampliam as funções dos "chacras" do duplo etérico, enquanto que, atuando à superfície do perispírito, auxiliam a sintonização do espírito às manifestações da vida física e favorecem a justa ação do pensamento sobre o sistema cerebral. (Obra: ***A Sobrevivência do Espírito***, 7ª edição, p. 219)

Marte – "deus da guerra" – mecânica magnética

Realmente, toda vez que Marte se avizinha da Terra, exacerba-se o teor magnético terrestre de natureza inferior; e a aura do vosso orbe se condensa em afogueada ebulição astral. O vosso psiquismo se excita, as paixões inferiores se exaltam ou alvoroçam e manifesta-se maior número de deprimências resultantes dos impulsos humanos. Constata-se que os próprios animais, por vezes, tornam-se inquietos, auscultam a atmosfera e como que pressentem a "carga tóxica psíquica", que se expande e se comprime contra o solo. Predominam as vibrações impulsivas, em face desse invisível lençol magnético, que se adensa e cobre a superfície terrena. É um magnetismo deteriorado que provoca perturbações emotivas no psiquismo humano.

Não é a natureza de Marte que causa essas vibrações maléficas, pois o fenômeno é inverso. É a Terra que recebe, de retorno, todo o magnetismo deletério de suas emanações mentais deprimentes, ainda mais irritadas, em face das reações poderosas dos "refratores marcianos". Recebeis, de volta, inapelavelmente, o agressivo e belicoso "presente de grego" que pretendíeis oferecer à humanidade marciana, nessa hora de maior aproximação planetária. Daí a grande coincidência de sentirdes "más influências", quando Marte se vos avizinha, e de considerardes belicosos e coléricos os que nascem sob o seu signo astrológico. Na realidade, é a própria substância astral terrestre, que estando comprimida sobre o próprio globo terráqueo, impregna o corpo etérico dos nascidos nessa fase. (Obra: ***A Vida no Planeta Marte e os Discos Voadores***, 14ª edição, pp. 511/512)

Materializações no ventre das vítimas – terríveis feitiços

Trata-se de um tipo de enfeitiçamento mais raro e destinado à produção de sofrimentos e perturbações orgânicas, muito preferido por espíritos demasiadamente perversos. Eles materializam no ventre da vítima objetos adrede preparados e os vitalizam ininterruptamente, pelo próprio tônus vital, captado e distribuído pelos "chacras" umbilical e esplênico. Trata-se de um enfeitiçamento mais eficiente, porque os objetos nas entranhas da vítima absorvem continuamente o tônus vital, enquanto os condensadores colocados em travesseiros, acolchoados ou colchões sofrem descontinuidade, porque as vítimas do enfeitiçamento costumam ausentar-se do local onde os mesmos estão situados. (Obra: ***Magia de Redenção***, 13ª edição, p. 77)

Mau olhado – projeção do raio vermelho

A mente humana é uma estação emissora! Na pessoa estigmatizada pelo mau-olhado, a substância mental excita-se facilmente, quando sob a força de algum desejo veemente, emoção violenta ou sentimento incontrolável. Os fluidos constritivos, em circuito magnético, descarregam-se sobre os objetos, vegetais, aves, animais ou seres humanos!

Sob o impulso detonador da mente, essa descarga fluídica ou jato maléfico atinge o campo etereomagnético dos objetos ou seres, e ali adere, penetrando, pouco a pouco, na sua constituição física. Sabe-se que certas crianças alvoroçam os vermes intestinais e adoecem quando são frustradas por algum desejo veemente de guloseimas, brinquedos ou mesmo caprichos excêntricos. Isso prova que um capricho ou desejo ardente nutrido por forte emoção também pode produzir e lançar impactos fluídicos daninhos sobre a própria criatura, a ponto de desarmonizar-lhe o equilíbrio vital das coletividades microbianas responsáveis pela organização carnal.

É óbvio que uma carga fluídica violenta lançada sobre outros seres delicados, como aves, pássaros, animais de pequeno porte ou crianças tenras, ainda pode causar perturbações mais graves, se, além de sua natureza agressiva, ainda conduzir as emanações mentais de ódio, raiva, inveja ou ciúme. Conforme seja a quantidade de fluidos nocivos que se acumulam à altura da região visual das pessoas de mau-olhado, disso também resulta o grau de intoxicação magnética fluídica onde incide. A carga maciça do raio vermelho projetado do mau-olhado, reveste-se do energismo mental, astral e etéreo do seu portador, e na sua descarga afeta o duplo etérico de aves, plantas ou seres, ali incorporando o fluido danoso e produzindo os efeitos letárgicos opressivos, desarmônicos e até destrutivos.[1] (Obra: ***Magia de Redenção***, 13ª edição, p. 140)

"Maya" – efeito, não causa

Recordamos-vos que há o Princípio Incriado Gerante, como o

1 Nota do médium – Rasputin chegava a intoxicar certas pessoas pela simples projeção do seu olhar diabólico, enquanto Jesus despertava as forças criativas nos enfermos e aleijados, através do energismo vitalizante dos seus olhos. Em criança, assisti a um indivíduo firmar o seu olhar daninho sobre um pardal, e o pássaro infeliz caiu do arvoredo estrebuchando.
Três dias depois, o peru movia-se aos arrastos pelo terreiro e morria sob estranhos tremores, enquanto os entendidos diziam que ele fora morto de melancolia, devido a mau-olhado!

Pensamento Original, que opera primeiramente pelo mecanismo da Mente e, consequentemente, pelo Grande Negativo. Em seguida, há o Princípio Criado Criante, como o conjunto crístico dos Arcanjos Edificadores, que produzem a "revelação", a coesão ou o Amor operante, atuando por último o Princípio criado, que é a ação fixando-se na figura dos mundos e das formas, tornando-se então o Agente que plasma o Pensamento Original Incriado. E, como a matéria, ou a energia condensada, através da fase da Noite de Brama, retornará ao estado de pura energia, os mundos físicos são provisórios, considerados a Grande Ilusão, ou seja, o "Maya" da tradição oriental, pois é aquilo que se transforma, que muda e, portanto, o produto do tempo e do Negativo Cósmico; não é o Original e sim o produto; não é a causa e sim o efeito. (Obra: ***Mensagens do Astral***, 16ª edição, p. 388)

"Maya" - ventura da libertação

Os Vedas, há milênios, consideravam que o espírito realizado é aquele que já dominou ou extinguiu em si "maya" – a ilusão cósmica dualística – ou seja, apercebeu-se de sua unidade.[2] Deus, portanto, é único, embora ele possa revelar-se sob a manifestação exterior do Universo formal, que surge após o "Dia de Brahma" e se dissolve no curso processual da "Noite de Brahma", na condição de uma vestimenta transitória constituída por toda a criação física.[3] (Obra: ***O Evangelho à Luz do Cosmo***, 8ª edição, pp. 79/80)

Mecânica da natureza e seus trabalhadores espirituais

O homem desconhece ainda o trabalho de fórmulas e planos

2 Escreveu o grande filósofo monista hindu, Shânkara: "Quando há dualidade devido à ignorância, o indivíduo vê todas as coisas como distintas do Ser. Quando tudo é conhecido como o Ser, nem mesmo um átomo é visto como diferente do Ser... Obtido o conhecimento da Realidade, já não se experimentam os efeitos das ações passadas, em virtude da irrealidade do corpo, exatamente como não pode haver sonho depois de acordar".

3 Nota do médium – Ramatís explica na obra ***O Sublime Peregrino*** cap. IV. "Considerações Sobre o Grande Plano" e o "Calendário Sideral", que o "Grande Plano", ou "Manvantara", da escolástica oriental, significa uma pulsação ou respiração completa de Brahma, ou de Deus, isto é, o tempo exato em que o Espírito Divino desce até formar a matéria e depois a dissolve novamente, retornando à sua expressão anterior de puro espírito. Um "Grande Plano" ou "Manvantara" abrange a gênese e o desaparecimento do Universo físico, em duas fases distintas: o Dia de Brahma, quando Deus expira e cria formas exteriores da matéria; e a Noite de Brahma, quando Deus aspira ou dissolve o Cosmo morfológico. Cada uma dessas fases criativa e desintegradora da matéria dura 2.160.000.000 de anos do calendário terreno, perfazendo o total do processo simbólico de uma respiração divina de 4.320.000.000 de anos.

que se conjugam à heróica disciplina e à sabedoria sideral dos trabalhadores espirituais que operam nos bastidores dessa tão famosa e mecânica Natureza, considerada como espontaneamente criadora por alguns terrícolas. Em tudo que vedes, pensais ou sentis, há sempre um espírito diretor, em incessante atividade criadora, como divino sustentáculo das formas exteriores e transformáveis, do mundo provisório, permitindo que este cumpra a sua finalidade abençoada de modelar as configurações, que ativarão novas consciências individuais dos filhos de Deus.

Assim é que, por detrás do cisco que fertiliza a rosa, do monstrengo que será o fascinante beija-flor, do feio embrião que se transformará num Apolo ou, então, em sedutora mulher, sempre operam espíritos inteligentes, responsáveis e propulsores da vida exterior. No sussurro do vento, no pio do pássaro ou no balbuciar da criancinha permanece constante o espírito, vivificando e compondo essas manifestações na matéria. É por isso que notais um sentido inteligente e criador nessa tão delicada Natureza. (Obra: ***A Sobrevivência do Espírito***, 7ª edição, pp. 193/194)

Mecanismo oculto da profecia

Mesmo nos eventos proféticos, não há regra sem exceção. Para vossa melhor compreensão, distinguiremos duas ordens de profetas que se diferenciam no modo de operar: alguns, em transe, têm visões do futuro, porque penetram mais intimamente nos bastidores espirituais, onde os Mentores dos Orbes planejam a configuração dos mundos para o intercâmbio humano; outros percebem em si próprios os "clichês" ou as matrizes em que se delineiam os fenômenos futuros; parece-lhes que a consciência se desprende das fronteiras comuns do mundo material, perdendo a noção de espaço e tempo e sentindo os acontecimentos futuros no próprio presente. Os videntes de maior expansão consciencial vibram em frequência mais alta e captam os chamados "arquétipos" dos acontecimentos em sucessão.

Assim como, na linguagem de Jesus, "o reino de Deus está dentro do homem", a consciência do profeta, qual gota do oceano espiritual, em que mergulha, amplia-se em todos os sentidos e abrange maior porção do próprio oceano, ou seja, das obras de Deus. (Obra: ***Mensagens do Astral***, 16ª edição, pp. 124/125)

Medicação homeopática – ação no mundo oculto

A medicina homeopática é profundamente energética e, embora não se percebam os seus efeitos objetivos, à semelhança dc que acontece com a alopatia, as suas drogas dinamizadas produzem resultados terapêuticos decisivos. Trata-se de uma terapia definitiva, que atua através do potencial de energias livres, interpenetrando o próprio perispírito imortal do homem e, assim, procedendo a modificações "de dentro para fora", com uma atuação que se processa desde a esfera mental até à periferia do corpo físico. No entanto, a ação terapêutica dos remédios alopáticos se exerce mais "de fora para dentro", como operação menos profunda e mais dificultosa, efetuada apenas no campo físico, ou da energia condensada, conforme a matéria é agora conceituada pelos sábios terrenos. Sem dúvida, a energia livre é ilimitadamente superior à energia condensada, que compõe a matéria do vosso mundo! Em verdade, o homem físico é apenas um agregado de forças condensadas no cenário do mundo físico, cuja materialização tem início no ventre materno. Durante a gestação, ele surge lentamente de um mundo invisível à visão física, enquanto sua forma se objetiva em incessante trabalho de "abaixamento" vibratório da energia livre.

Mas a verdadeira morada do homem-espírito, mesmo após a sua descida ao escafandro de carne, ainda continua a ser aquele mundo oculto, da energia livre, onde ele permanece interpenetrado pelas forças de todos os planos de vida criada por Deus. Em consequência, é óbvio que só terão êxito definitivo no restabelecimento da saúde do corpo carnal os medicamentos que forem particularmente dirigidos para o mesmo campo de forças donde o homem se originou. E isso só é possível pelo remédio homeopático, porque ele é fundamentalmente energia e não massa; é mais dinâmica e menos letargia; mais força e menos medicamento; mais operante e menos estático. É um poderoso catalisador que desperta energias, acelerando reações no organismo combatido, pois intensifica e eleva o seu "quantum" de vitalidade adormecida, ajustando o potencial psicofísico desarmonizado e operando através da sua energia infinitesimal potencializada.

Mediante as recentes aplicações terapêuticas do som e da radioatividade, e a conquista da energia atômica, pode-se comprovar atualmente o poder assombroso do mundo infinitesimal, assim como a realidade poderosa do mundo da energia oculta aos sentidos físicos. (Obra: ***Fisiologia da Alma***, 15ª edição, pp. 173/174)

Médium do Cristo Planetário – Jesus de Nazaré

Jesus, depois de se sensibilizar, através da vivência opressiva da vida humana, sentiu a aura magnética e amorosa do Cristo Planetário, passando a comunicar aos homens que ele era o "Caminho, a Verdade e a Vida", e que "Ninguém vai ao Pai a não ser por mim". Realmente, o vínculo entre Deus e o homem terreno é o Cristo Planetário e, em nosso caso, a entidade que vibra mais próxima da vivência humana. Através de Jesus, o magnífico medianeiro humano, o Cristo pôde transmitir mais fielmente as normas para o homem desprender-se definitivamente de um mundo útil como educativo, porém, transitório e dispensável após a emancipação espiritual. (Obra: ***O Evangelho à Luz do Cosmo***, 8ª edição, p. 195)

Médium – preparação energética reencarnatória

Múltiplas operações magnéticas espirituais são realizadas nas intervenções que se fizerem necessárias no perispírito, que será o modelo organizador biológico do corpo físico que se formará. Estabelecido o plano de trabalho que é justo ao reencarnante, ele sofre, antes de aproximar-se dos futuros pais, complexas intervenções energéticas que ocasionarão certas especificidades vibratórias em sua futura tela etérica, espécie de teia de proteção que será construída no duplo-etéreo quando da formação do corpo físico. Assim, em obediência aos ditames maiores de equilíbrio, cirurgicamente, os chacras astralinos do futuro medianeiro são alterados em seus giros, velocidade e frequências vibratórias para que se ajustem às ondas eletromagnéticas dos orixás que os influenciarão. Esses vórtices energéticos servirão de pára-raios para o acoplamento dos guias que acompanharão as tarefas do médium enfeixadas nessas energias do Astral, como os programas de computador, que devem rodar na máquina processadora, a contento. (Obra: ***Mediunidade e Sacerdócio***, 1ª edição, p. 111)

Mediunidade de Jesus e os "milagres"

O Mestre realizou inúmeras curas e renovações espirituais, que não devem ser consideradas milagres, mas resultantes de suas faculdades mediúnicas. Em virtude de sua elevada hierarquia espiritual e da incessante cooperação das entidades angélicas que o assistiam, tudo o que ele realizava nesse sentido, embora tido por miraculoso, era apenas consequência da aplicação inteligente das leis transcendentais. Afora os Essênios terapeutas, que sabiam manejar com êxito as forças ocultas e curavam pela imposição das mãos, só alguns outros iniciados ou magos, como Simão, o Mago, os discípulos de Apolônio de Tyana, sacerdotes, budistas, iogues ou adeptos emigrados do Egito, é que sabiam provocar tais fenômenos. Os demais, mesmo cientistas altamente intelectualizados da Judéia e de Roma, ignoravam as leis do mundo invisível. O conhecimento atual da fenomenologia mediúnica e a existência de médiuns de alta capacidade ectoplásmica comprovam os mesmos feitos do Sublime Galileu. (Obra: ***O Sublime Peregrino***, 17ª edição, p. 234)

Mediunidade na História – ponte para o mundo oculto

A mediunidade não foi inventada pelo espiritismo. É tão velha quanto o homem, pois é uma faculdade oriunda do espírito e não da matéria.[4] Portanto, existe desde que a primeira criatura (espírito encarnado) surgiu na Terra e os centros nervosos do seu corpo apuraram a sensibilidade dos seus sentidos. Então, o homem primitivo transformou-se em um instrumento que, pouco a pouco, apuraria as suas faculdades que o ajustariam a ser um traço-de-união entre o mundo oculto e o mundo físico.

É evidente que essa sensibilização do sistema nervoso do homem contribuiu para que as entidades do mundo invisível o utilizassem como veículo para se estabelecer um intercâmbio entre os dois planos.

No entanto, embora a criatura ignore, ela pressente que o seu aperfeiçoamento "psicofísico" depende muitíssimo da assistência e pedagogia do mundo espiritual. A humanidade tem sido guiada desde sua origem por leis do mundo oculto, que atuam com profunda influência no ser humano. Todas as histórias, lendas, narrativas de tradição milenária do vosso orbe estão repletas de acontecimentos, revelações, fenômenos e manifestações extraterrenas, que confirmam a existência da mediunidade entre os homens das raças mais primitivas. (Obra: ***Mediunidade de Cura***, 12ª edição, pp. 26/27)

---

4 Vide Apresentação, capítulo inicial da obra ***Grandes Vultos da Humanidade e o Espiritismo***, de Sylvio Brito Soares, edição da Federação Espírita Brasileira.

Mediunidade – faculdade e patrimônio do espírito imortal

A mediunidade é um patrimônio do espírito; é faculdade que se engrandece em sua percepção psíquica, tanto quanto evolui e se moraliza o espírito do homem. A sua origem é essencialmente espiritual e não material. Ela não provém do metabolismo do sistema nervoso, como alegam alguns cientistas terrenos, mas enraíza-se na própria alma, onde a mente, à semelhança de eficiente usina, organiza e se responsabiliza por todos os fenômenos da vida orgânica, que se iniciam no berço físico e terminam no túmulo.

A mediunidade é faculdade extra-terrena e intrinsecamente espiritual; em sua manifestação no campo de forças da vida material, ela pode se tornar o elemento receptivo das energias sublimes e construtivas provindas das altas esferas da vida angélica. Quando é bem aplicada, transforma-se no serviço legítimo da angelitude, operando em favor do progresso humano. No entanto, como recurso que faculta o intercâmbio entre os "vivos" da Terra e os "mortos" do Além, também pode servir como ponte de ligação para os espíritos das sombras atuarem com mais êxito sobre o mundo material. Muitos médiuns que abusam de sua faculdade mediúnica e se entregam a um serviço mercenário, em favor exclusivo dos seus interesses particulares, não demoram em se ligar imprudentemente às entidades malfeitores dos planos inferiores, de cuja companhia dificilmente depois eles conseguem se libertar. (Obra: ***Mediunismo***, 13ª edição, pp. 29/30)

Mediunidade natural e "de prova" – compromisso

Só a mediunidade saudável e natural, que é fruto do maior apuro espiritual da alma, revela-se de modo sereno e em suave espontaneidade, como um dom inato e sem produzir quaisquer sensações desagradáveis no ser. Entretanto, caso se trate de uma "concessão" provisória feita pela Administração Sideral, isto é, a "mediunidade de prova", como decorrência de uma hipersensibilidade prematura despertada excepcionalmente pelos técnicos do mundo astral com o fito de favorecer aos espíritos muito endividados, a sua recuperação espiritual pregressa, o seu despertamento, é em geral sujeito a várias circunstâncias desagradáveis.

A tarefa mediúnica não compreende somente a função mecânica de o médium transmitir as comunicações dos espíritos desencarnados para o cenário terrícola, atendendo à prosaica função de "ponte viva" entre o mundo material e o Além. Ela requer também que os seus medianeiros vivam existência digna e operosa na carne, a fim de lograrem sintonia com espíritos sublimes e responsáveis pela redenção do homem. Toda imprudência, desleixo, rebeldia, má vontade ou paixão viciosa por parte dos médiuns em prova, no mundo físico, geram toda sorte de distúrbios psíquicos e mesmo sofrimentos físicos incontroláveis que, devido a isso, tornam o desenvolvimento mediúnico um processo torturante. (Obra: *Mediunismo*, 13ª edição, pp. 38/39)

Mediunidade natural – ligação permanente com fonte angélica

O médium natural não exige que os altos dignitários da Vida Oculta desçam vibratoriamente até à sua organização humana para efetuar o serviço mediúnico, uma vez que ele se encontra ligado permanentemente à fonte angélica e representa na Terra o seu prolongamento vivo. É o cidadão sideral que desceu de sua moradia sublime, mas sem se desligar do plano Divino, cuja mente vibra sempre à distância de qualquer pensamento ou resíduo moral menos digno. Buscando-vos algum exemplo esclarecedor, diríamos que o médium em prova é a lâmpada de vidro colorido, que dá à luz que ele filtra a cor de que também é constituída, enquanto o médium natural, como um foco luminoso cristalino, irradia sempre a luz em sua pureza original.

Como não há retrogradação na intimidade do espírito, o médium natural nunca apresenta contradições em sua mediunidade, a qual é somente a emanação de sua própria graduação espiritual. A faculdade mediúnica é intrínseca à sua própria índole superior, não podendo poluir-se com as imperfeições do meio em que vive, porque também não há decadência em seu nível superior já consolidado. Em consequência, ele não pode causar nenhuma decepção às almas que o inspiram pela "via-interior" e o induzem a elevar o seu padrão espiritual do mundo físico. (Obra: *Mediunismo*, 13ª edição, pp. 85/86)

Menino Jesus e ataques das trevas

Quando a Pedagogia Sideral adverte que o espírito sublime só atrai bons fluidos, e a alma delinquente é a culpada pela carga nefasta que recepcionar sobre si mesma, nem por isso, os bons deixam de ser alvo dos malefícios da inveja, do ciúme ou da má-fé humana. Que é o anjo de guarda do agiológico católico, senão o símbolo da proteção espiritual superior e necessária a todas as criaturas benfeitoras? O pseudo-Diabo da Mitologia, que compreende simbolicamente as falanges dos espíritos malignos, não se contenta em arrebanhar para o seu reino trevoso somente as almas pecaminosas; porém, conforme assegura a própria Bíblia, ele tudo faz para poluir os bons e chegou mesmo a tentar o próprio Jesus.[5] O anjo, pois, é justamente o ser mais alvejado pela malícia, crueldade, inveja, ciúme e despeito daqueles que ainda são escravos da vida animalizada do mundo profano.

O menino Jesus era um ser angélico, uma flor radiosa dos céus a vicejar na água poluída do mundo humano, sofrendo a opressão da carne que lhe servia de instrumento imprescindível para cumprir sua missão heróica, em favor do próprio homem que o hostilizava. As trevas vigiavam-no incessantemente para desfechar o ataque perigoso à sua delicadíssima rede neurocerebral, a fim de lesá-lo no contato sadio com a matéria, e isto só era impedido graças aos seus fiéis amigos desencarnados. Jamais alguém, no Espaço ou na Terra, poderia ofender ou lesar a contextura espiritual de Jesus, tal a sua integridade sideral, mas não seria impossível atingir o seu equipo carnal. (Obra: ***O Sublime Peregrino***, 17ª edição, p. 128)

Mentalismo – aspecto do Logos a ser desenvolvido

De há muito já vos temos feito vislumbrar qual seja o novo atributo que será destacado do Logos da Terra, como o principal imperativo regente nos dois próximos milênios, sob o signo de Aquário: é o princípio mental, para o homem educar a sua vontade, a fim de que, mais além, sob outro signo, desenvolva o poder criador, em seguida à vontade disciplinada e já purificado pelo Cristo. O ser humano só deve receber poderes mais altos e impor a sua vontade, ou criar, depois que tiver desenvolvido o princípio crístico do Amor absoluto, a fim de não causar distúrbios na harmonia da Criação. O terceiro milênio é o período inicial desse desenvolvimento mental coletivo, da humanidade terrícola, assim como os dois milênios que se findam abrangeram também o esforço doloroso do Cristo e do seu enviado, Jesus, para o amor coletivo. É o "Mentalismo" a sequência que substituirá ou sucederá ao Amor pregado por Jesus e inspirado pelo magnífico Arcanjo da Terra, destacado no atributo

5 Mateus, 4:1-11.

do Cristo. (Obra: *Mensagens do Astral*, 16ª edição, p. 365)

Mente, atomismo do corpo e raciocínio

Qual é o gênio, ou poder, que atrai e aglutina a fauna heterogênea dessas vidas inferiores, conhecidas por micróbios, vírus, ultravírus e outros, proporcionando a manutenção da forma plástica humana e suas atividades? Quem aumenta no corpo as espécies virulentas, causando a doença ou mantendo o equilíbrio da saúde? Qual é o poder miraculoso criado por Deus, que arregimentou as coletividades microbianas dispersas no seio psíquico, dispondo-as nos reinos mineral e vegetal, e plasmando-as nas espécies animais inferiores, até lograr a configuração humana?

É desnecessário dizer-vos que esse poder fabuloso, à disposição do espírito imortal no planejamento de sua consciência, é a mente. Ela construiu, na noite dos tempos, o atomismo do corpo humano e deu ao homem o poder de raciocinar. Através do tempo, a mente mobilizou e aglutinou a extraordinária "mão-de-obra" fornecida pelos infatigáveis "trabalhadores microscópicos", no cumprimento do plano traçado pelo Criador. (Obra: *Sob a Luz do Espiritismo*, 3ª edição, pp. 137/138)

Mente cósmica e graduação vibratória no homem

Evidentemente, o Universo é produto do pensamento ou da Mente de Deus. Mas, Deus não só criou o Cosmo e toda a vida nos campos materiais, como é o sustentáculo dessa vida, distribuindo-a, equitativamente, entre toda a criação.

A Mente Cósmica, de amplitude infinita, que impregna todas as coisas e todos os seres, tanto atende aos pensamentos e à vida dos anjos, como atende aos mundos materiais e aos seres inferiores. Lembra a condição da luz, que se gradua aos nossos olhos de acordo com as circunstâncias do meio onde se manifesta e dos veículos que lhe são intermediários. Há grande diferença de qualidade e poder entre a luz de uma vela e a de um lampião de querosene, a de uma lâmpada elétrica e a de um farol de alta voltagem.

Assim, a Mente Cósmica, ao filtrar-se pelo homem, restringe o seu potencial à respectiva função e graduação humana, ou ao meio por onde atua. Indubitavelmente, há grande diferença na qualidade da substância mental que atende ao desenvolvimento instintivo do selvagem, em comparação à que impulsiona os avançados raciocínios do cientista. E, consequentemente, não pode haver igualdade entre a energia mental própria de ambientes inferiores e a sublimidade que cogita das conquistas morais e materiais referentes à evolução da humanidade.

Em verdade, cada espírito possui, em si mesmo, a poderosa energia mental de alto nível criador e também a do mais baixo campo de vida, dependendo do seu tipo, de seus objetivos e do ambiente onde atua. Porém, a Mente Cósmica jamais se modifica em sua essência, embora se manifeste através de vários caracteres humanos e reinos materiais, tal como a luz do Sol, que não se altera em sua origem, quer seja filtrada por vidros coloridos, opacos, ou translúcidos. (Obra: ***Sob a Luz do Espiritismo***, 3ª edição, pp. 146/147)

Mente espiritual – chacra coronário

A Mente Espiritual é o porvir, assim como a Mente Instintiva é o passado; e o Intelecto, o que está para se processar no presente. A Mente Espiritual é produtora de sentimentos excelsos e derrama-se pela consciência do homem, como a luz invade os cantos frios de uma gruta escura.

As aspirações, as meditações puras e sublimes, proporcionam ao homem a posse, cada vez mais ampla e permanente, do conteúdo angélico da Mente Espiritual; e o ego humano capta, no seu mundo assombroso, os conhecimentos mais incomuns, através da intuição pura. Sem dúvida, tal fenômeno não pode ser explicado pelo Intelecto, que só fornece impressões, símbolos, cunhos, fatos, credos e propósitos tão provisórios como a figura do homem carnal. Por isso, o sentimento de fraternidade, a mansuetude, a bondade, a renúncia, o amor e a humildade não são elaborados pelo frio raciocínio, mas, trazem um sentido cálido de vida superior, que se manifesta acima da torpeza e da belicosidade do mundo material.

A Mente Espiritual, cuja ação se exerce através do "chacra coronário",[6] ainda é patrimônio de poucos homens, os quais se sentem impelidos por desejos, aspirações e sonhos cada vez mais elevados, crescendo, sob tal influência sublime, para a maior intimidade e amor com o plano Divino. Ela nutre a confiança nos motivos elevados da existência e alimenta a Fé inabalável no âmago do ser, enfraquecendo a força atrativa do domínio animal

6 Chacra coronário, centro responsável pela sede da consciência do espírito.

e acelerando as forças íntimas do espírito imortal. (Obra: ***Sob a Luz do Espiritismo***, 3ª edição, p. 159)

Mente espiritual x mente instintiva

Só a Mente Espiritual proporciona os empreendimentos superiores e sua ação sobrepuja o Intelecto, pois, aviva o Amor entre os homens e os impele a semear a ventura alheia, como condição de sua própria felicidade.

Assim, a luta entre a Consciência Espiritual do homem, identificando-lhe a natureza superior, e a Mente Instintiva, que tenta escravizá-lo ao seu domínio inferior, é algo de épico e angustioso. Desse combate exaustivo, incessante e desesperador, então, surgiu a lenda de que o homem é aconselhado à esquerda pelo demônio e, à direita, inspirado pelo anjo. Na realidade, essa imagem simbólica representa a Mente Instintiva com o seu cortejo da experiência animal inferior, tentando o homem a repetir os atos do jugo animal; do outro lado, a Mente Espiritual, na sua manifestação e convite sublime, é bem o emblema do anjo inspirando para a vida superior. (Obra: ***Sob a Luz do Espiritismo***, 3ª edição, p. 160)

Mente – usina da inteligência

O espírito do homem aciona, pelo pensamento, a energia sutilíssima da mente e atua, de imediato, através do duplo etérico, no corpo físico, onde cessa o impulso gerado no mundo oculto. Sob o processo mental, produzem-se modificações incessantes nas relações do indivíduo com o ambiente e as pessoas. Em consequência, o homem é o resultado exato do seu pensamento, porque a mente é o seu guia, em qualquer plano da vida. A mente, enfim, é a usina da inteligência, do progresso moral, físico, científico, artístico ou espiritual. É a base da felicidade ou da desventura, da saúde ou da doença, do sucesso ou da fracasso. A atitude mental pessimista do ser estigmatiza-lhe, nas faces, o temor, o desânimo ou a velhice prematura, enquanto os pensamentos otimistas dão juventude ao rosto velho, coragem ao fraco e desanuviam os aspectos desagradáveis. Através das diversas vidas físicas, o espírito educa e aprende a governar suas forças mentais, até plasmar sua forma angélica e usufruir a Ventura Eterna. (Obra: ***Sob a Luz do Espiritismo***, 3ª edição, p. 134)

Mestre oriental x mestre ocidental

O Mestre Oriental é consagrado pelas suas vestes níveas e longas, o turbante imaculado e olhar sereno, impassível diante dos acontecimentos mais tormentosos e avançados do mundo material. Seus gestos são comedidos e suas palavras de alta sabedoria. No entanto o mestre ocidental atravessa as ruas apressado, perdido entre as multidões azafamadas e cumprindo as tarefas mais prosaicas.

Ninguém o conhece como chefe de seita sigilosa ou instrutor de confraria iniciática; porém, ele surge no momento apropriado, como o cidadão comum, mas capacitado para aconselhar soluções no plano da espiritualidade, reajustar temperamentos atormentados e orientar com sabedoria o seu próximo. É também sujeito aos horários rígidos, obrigado ao transporte comum, responsável pela família ou parentela, sujeito às obrigações do fisco do mundo. Então retorna ao lar, exausto, inquieto e mesmo nervoso, conclamado a resolver e atender os problemas domésticos em comum e amenizar os conflitos da família humana.

Quando se desobriga de todas as providências e responsabilidades de fora ou de dentro do lar, domina-o o cansaço e sobra-lhe pouco tempo para a meditação peculiar aos orientais. Consome alguns minutos ou mesmo algumas horas na pesquisa sobre os princípios do mundo espiritual e da melhor conduta humana de seus irmãos. Há em si, espontaneamente, o desejo ardente de servir o próximo, auxiliá-lo em suas dores e solucionar seus problemas porque vibra em sua alma a mesma ansiedade do instrutor, variando, apenas, quanto ao ambiente onde Deus o colocou para o serviço benfeitor. (Obra: ***A Missão do Espiritismo***, 9ª edição, pp. 127/128)

Mestres satânicos e escravidão dos encarnados

Os mestres satânicos são exímios no conhecimento de vibração, polaridade, ritmo, transmutação e causalidade do fenômeno "energia e matéria"! E os quimbandeiros da Terra então cedem o seu cetro ao comando diabólico desencarnado, passando a trabalhar sob o regime de escravidão e cumprindo fielmente as ordens malfeitoras! Ante a covardia dos homens, que temem enfrentar os seus desafetos no campo raso da vida física, o serviço de enfeitiçamento aumenta e moderniza-se, porque os feiticeiros modernos se ajustam, cada vez mais, à terminologia científica de ondas, raios, elétrons, átomos, frequências, oscilações magnéticas, eletricidade biológica, eletronismo e ionização. Os bruxos encarnados transformam-se em agentes representativos da verdadeira indústria de bruxaria sediada no astral inferior, a qual exerce a sua vasta atividade nas regiões limítrofes do planeta. As confrarias negras do Além ampliam a sua capacidade de ação, pois fundam novas filiais tenebrosas entre os próprios encarnados, graças ao adensamento do éter físico em torno do orbe, o qual é alimentado pela corrupção e a sangueira da própria humanidade! (Obra: ***Magia de Redenção***, 13ª edição, p. 31)

Mobilização espiritual, mental, astral, etérica e física do espírito imortal

Quando o artista pensa em pintar um quadro de rosas na sua mais bela florescência, essa concepção é real na sua mente, porque a tela florida em projeto só se delineia mentalmente, graças à rapidíssima aglutinação de elétrons e átomos específicos, para compor os polipeptídios básicos da memória do cérebro físico, com transformações energéticas para o espírito modelar o pensamento. O certo é que na mente física há modificações, com perda e ganho de energia, para sustentar e evoluir a idéia fundamental da futura pintura física, que então será visível aos sentidos humanos. Em verdade, a tela reproduz tão-somente a "materialização" à luz do dia, daquilo que já existia vivo no campo mental do pintor. No mundo das idéias, tudo é real e possível num plano superior, graças ao eletromagnetismo dos átomos e das moléculas, que apesar de sua elasticidade e instabilidade, aglutinam-se nas substâncias mais variadas sob o comando do espírito, assim como se fixam as tintas na tela física.

Em consequência, é a manifestação ideal do espírito, superior e mais real do que a dc corpo carnal, que é transitório, porquanto tudo o que é pensado registra-se no campo etérico do Universo por toda a eternidade.[7] Considerando-se que a vida espiritual é a original e definitiva, obviamente, são mais definidos, vitais e positivos os planos intermediários, que vinculam a entidade side-

---

7 Nota do médium – Extraído da obra ***O Aqui e o Além***, de Ruth Montgomery, edição da Record: "Em transe, Edgard Cayce podia aparentemente recorrer à consciência cósmica e ler os registros akáshicos, nos quais está supostamente lançada a história de cada vida desde o começo dos tempos. Akasha é uma palavra sânscrita para a qual não há equivalente em português". Desde que todos os pensamentos, atos e fatos são gravados na superfície do tempo e do espaço, o indivíduo pode, através da meditação, desenvolver a arte de sintonizar esses registros akáshicos, quase da mesma maneira como podemos reproduzir velhas fitas gravadas. Idem pág. 135 e 95. Vide o rodapé nº 1 da pág. 15, da obra ***O Sublime Peregrino***, de Ramatís.

ral à matéria no chamado "descenso vibratório". Assim, o plano espiritual é o mais real e importante e, em seguida, o plano mental, onde o espírito corporifica primeiramente o seu pensamento e, sucessivamente, os planos: astral, da emoção e sentimento; o etérico da vitalidade e usina da vida física; e o carnal, que é justamente o mais inferior e transitório. (Obra: ***O Evangelho à Luz do Cosmo***, 8ª edição, pp. 235/236)

Mobilização espiritual, mental, astral, etérica e física do espírito imortal II

Quando o homem pratica um ato pacífico ou produtivo, em favorecimento do próximo, ele apenas revela em público e através das diversas fases ou escalas descendentes, que separam o espírito da matéria, o que realmente se sucedeu de modo positivo no seu mundo mental e a consequente repercussão na esfera do sentimento. Não é o ato puramente físico que lhe retrata a boa obra ou bondade interior, mas, tal sentimento foi acionado primeiramente no campo definitivo da mente, isto é, da principal instrumentação do espírito imortal. Assim, a sequência é perfeitamente científica e disciplinada num prosseguimento matemático, que opera gradativamente em cada plano da manifestação do espírito. A prática da mais singela virtude no mundo físico, movimenta cientificamente leis de controle criativo em todos os planos ou campos da vida etérea, astral, mental e mesmo espiritual. (Obra: ***O Evangelho à Luz do Cosmo***, 8ª edição, p. 236)

Monismo – Deus é a unidade autêntica

Monismo é a concepção da existência de que tudo o que existe resulta de uma única fonte. A conceituação monista desveste a Divindade do aspecto acentuadamente antropomórfico[8] indicando a convergência da vida em todas as latitudes cósmicas para um princípio único ou central do Universo, em que Deus é a Unidade Autêntica e Infinita. Trata-se do entendimento de um só Deus, como é o fundamento orgânico e ao mesmo tempo a função dinâmica do Cosmo. Deus é a única e imodificável criação, a essência e a subs-

8 Nota do revisor – "(...) assim como do politeísmo tendes passado ao monoteísmo, isto é, a fé num único Deus (todavia sempre antropomórfico, porque opera uma criação exterior a si mesmo), agora passais ao Monismo, isto é, ao conceito de um Deus que "é" a criação. (...) um Deus ainda maior que tudo quanto tenhais sabido conhecer. Do politeísmo ao monoteísmo e ao monismo, sempre mais se dilata a vossa concepção da Divindade". SUA VOZ, in ***A Grande Síntese***, de Pietro Ubaldi.

tância da qual os homens descendem como fagulhas, chispas ou partículas espirituais divinas. Depois são lançadas em peregrinação pelas formas educativas, dos orbes físicos, no processo incessante de organizar a sua própria consciência individual, e ter noção de existir como entidade à parte, mas vinculada intimamente ao próprio Todo. (Obra: *O Evangelho à Luz do Cosmo*, 8ª edição, p. 81)

Morbo psíquico incrustado – purgação

Repetimos ser o corpo físico como um "mata-borrão" vivo, absorvendo na sua carne os fluidos deletérios ou morbo invisível do perispírito, os quais, depois da morte, dispersam-se na terra do cemitério, através da decomposição cadavérica. Esse processo de limpeza do perispírito da escória inferior, e imprópria à sua contextura tão delicada, produz dores, sofrimentos e enfermidades físicas.

Evidentemente, a carga tóxica ou o morbo psíquico incrustado no perispírito desagrega-se pela concentração de forças do próprio espírito na fase "dor-sofrimento" e flui pela atração natural e magnética do corpo físico. Mas nessa fluência para a carne, perturba o bom funcionamento dos "chacras" do duplo etérico,[9] causando desequilíbrio na distribuição da energia vital e provocando manifestações enfermiças. Depois, o fluido tóxico perispiritual atinge o sistema nervoso, infiltra-se para as glândulas endócrinas, afeta o sistema linfático, insinua-se pela circulação sanguínea, produz a proliferação microbiana ou as lesões orgânicas, resultando em moléstias diversas.

É fácil entender serem as toxinas, oriundas do psiquismo mórbido, disseminadas por todo o organismo, até encontrarem os pontos mais vulneráveis, previamente determinados pelo carma no pano de fundo das predisposições biológicas. (Obra: ***Sob a Luz do Espiritismo***, 3ª edição, p. 21)

Multiplicadores de frequência mórbida – objetos de feitiço

Na Caldéia e no Egito, os antigos feiticeiros conseguiam firmar feitiços completamente indestrutíveis no rasto das criaturas, quando obtinham das vítimas lágrimas vertidas em momentos de desespero ou roupas femininas, do período catamenial. Ainda hoje, costuma-se usar tocos de cigarros, pentes, escovas ou

9 Vide o capítulo "O duplo etérico e suas funções" da obra ***Elucidações do Além***, de Ramatís, **EDITORA DO CONHECIMENTO**.

peças de roupas impregnadas do calor, magnetismo e dos eflúvios emanados do corpo etérico da vítima. Os mais entendidos potencializam o trabalho maléfico com fotografias, miniaturas de bonecos de cera. Os condensadores então funcionam como multiplicadores de frequência mórbida, captando energias de baixo teor vibratório e projetando-as sobre o local ou pessoa visada no processo enfeitiçante. Daí, também os feiticeiros mais abalizados preferirem as coisas que tenham estado em ambientes enfermiços e contatos fúnebres, como fragmentos de mortalha e apetrechos de caixões de defunto, os quais estão impregnados das auras de sofrimento, desespero, medo ou depressão psíquica de irradiação mórbida. (Obra: ***Magia de Redenção***, 13ª edição, p. 81)

Mundo Astral – multiplicador dos desejos luminosos e trevosos

Os espíritos malfeitores, desencarnados, por lhes faltar o corpo físico, vivem sempre acicatados pelos desejos inferiores da matéria, os quais não podem ser saciados no Mundo Astral. Então, procuram saciar-se de seus vícios e desregramentos buscando apoderar-se de criaturas desprotegidas, a fim de transformarem-nas em verdadeiras "pontes vivas" e assim conseguirem o meio de se fartar nos seus desejos mórbidos e desregrados. Utilizando processos e ciladas diabólicas, eles esgotam a vitalidade das infelizes criaturas que imprudentemente lhes caem sob o jugo satânico.

São almas tenazes em seus objetivos torpes, que se debruçam incessantemente sobre o mundo da carne à procura de vítimas passivas e desleixadas, nas quais se apóiam para realizar os seus intentos malfazejos e usufruírem a volúpia das paixões pervertidas. A energia do Mundo Astral é vigoroso multiplicador da frequência vibratória do perispírito liberto da carne. Por isso, enquanto as almas elevadas centuplicam suas emoções dignas e mais se elevam aos planos angélicos, os espíritos inferiores sentem os seus desejos torpes ainda mais superexcitados, pois, pela lei vibratória de que os "semelhantes atraem os semelhantes", suas paixões também recrudescem em contato com as energias sensuais detestáveis.

Sentindo-se exacerbados em suas emoções degradantes e impotentes para usufruírem as sensações que lhes eram os únicos prazeres na carne, os espíritos desregrados vêem-se obrigados a sintonizar o seu perispírito com o perispírito dos encarnados que porventura vibrem docilmente às suas sugestões e desejos viciosos. Por meio dessa simbiose subversiva, conseguem captar as sensações pervertidas dos encarnados e, então, os corpos carnais dos terrícolas se transformam em condensadores vivos, que atendem à consumação dos desejos dos obsessores. (Obra: ***A Vida Além da Sepultura***, 12ª edição, pp. 386/387)

Música criadora – modelamento harmônico da alma

É necessário que os vossos psicólogos, compositores e cientistas se interessem pela propagação da música criadora de sentimentos elevados, em vez de conjunto de melodias estimulantes de recalques libidinosos. Ela é impulso de vida, dinâmica e criadora; serve para o modelamento harmônico da alma e do corpo. Embora se manifeste, também, alentando emoções regionais e os anseios locais, na feição de música popular, há que ser cordial e límpida, que sensibilize a alma e afaste as insinuações torpes. É linguagem alta, divina, que não deve ser convertida em ritmos lascivos, ou insinuantes à malícia, aos crimes de lesa-beleza. (Obra: ***A Vida no Planeta Marte e os Discos Voadores***, 14ª edição, p. 273)

Música – poesia cósmica do Regente Divino

A música em qualquer latitude é linguagem universal; é uma dádiva que Deus concede ao espírito para a sua ventura eterna. É poesia cósmica expressa em sons, em vez de palavras. É a composição sonora que vibra pelo infinito, sob a batuta do Regente Divino; traz em sua intimidade a palpitação da própria Natureza; plena de forças criadoras, contendo em si a Beleza, a Poesia, a Inspiração e o Êxtase. Manifesta-se sob os desígnios amorosos do Pai Eterno, a todos os seus filhos. A sua mensagem é sentida mesmo através da emotividade rude e primária do selvagem, embora seja música monótona, cujo ritmo cansa e desagrada ao civilizado. No entanto, quando o próprio silvícola se impregna do calor e da energia criadora da música, o seu ritmo letárgico e indiferente cria vida e alento. O batuque enfadonho penetra, implacavelmente, na psique dos mais desprevenidos e, às vezes, o transe hipnótico comprova a força que há na linguagem dos sons, embora primitivos. É a função verdadeira da música na alma, em qualquer estado espiritual e situação geográfica do mundo. Deus provê o anjo no seu cósmico entendimento, dando-lhe o êxtase através da música das esferas, mas envia também, ao seu filho que mal inicia os rudimentos de linguagem no seio da floresta, a mensagem viva dos sons que lhe aquecem os sonhos primitivos e lhe amansam a alma embrutecida. (Obra: ***A Vida no Planeta Marte e os Discos Voadores***, 14ª edição, pp. 248/249)

Música sacra – função espiritual

A principal função da música sacra, como símbolo interpretativo da "música celeste", é desmaterializar a personalidade inferior, para eclodirem sentimentos definitivos do anjo criador. No seio de um templo religioso ou de qualquer instituição espiritualista, a música deve apurar a emotividade e adoçar a razão humana, fazendo vibrar os sentimentos mais pacíficos e generosos dos ouvintes. Se a música profana transmite o sentimento ou emotividade do seu autor, as músicas sacras trazem em suas harmonias a mensagem sonora dos anjos. É um cântico divino, em que o homem se despersonaliza buscando a Poesia, a Beleza e a Inspiração de Deus, como alimento à sua consciência espiritual.

Por isso, a música executada no seio das igrejas deve libertar os fiéis, isolando-os das lembranças ou preocupações terrenas a fim de elevá-los às regiões sublimes do espírito eterno. É linguagem divina falando aos homens através da vida interior do espírito imortal. (Obra: ***A Missão do Espiritismo***, 9ª edição, pp. 86/87)

N

Nascimento de avatares – técnica transcendental

O nascimento de "Avatares" ou de altas entidades siderais no vosso orbe, como Jesus, exige a mobilização de providências incomuns por parte da técnica transcendental, cujas medidas ainda são ignoradas e incompreendidas pelos terrícolas. É um acontecimento previsto com muita antecedência pela Administração Sideral,[1] pois do seu evento resulta uma radical transformação no seio espiritual da humanidade. Até a hora de espírito tão elevado vir à luz no mundo terreno, devem ser-lhe assegurados todos os recursos de defesa e assistência necessários para o êxito de sua "descida vibratória". (Obra: ***O Sublime Peregrino***, 17ª edição, p. 32)

Nascimento, formação e definição – espírito imortal

O nascimento, a formação ou definição do espírito individualizado do homem, não é apenas um fato simples, primário, ou consequente de súbito fenômeno ocorrido no seio do Psiquismo Cósmico. A centelha, ou partícula espiritual, quando assinala o seu primeiro apercebimento íntimo e consciência de existir, ou se

1 Vide a obra de Ramatís, ***Mensagens do Astral***, cap. "Os Engenheiros Siderais e o Plano da Criação", que dá uma idéia aproximada da "Administração Sideral". Trecho extraído da obra ***A Caminho da Luz***, de Emmanuel, por Chico Xavier: "Rezam as tradições do mundo espiritual que, na direção de todos os fenômenos do nosso sistema, existe uma Comunidade de Espíritos Puros e Eleitos pelo Senhor Supremo do Universo, em cujas mãos se conservam as rédeas diretoras da vida de todas as coletividades planetárias".

diferencia do Todo Divino, já é a etapa final de um longo processo em gestação através de todas as múltiplas formas do Universo. Não se trata de um acontecimento miraculoso, a diferenciar um novo núcleo de consciência particularizada no seio de Deus. Mas essa individualização consciencial só ocorre após o descenso vibratório psíquico, desde a forma galaxial, constelar e planetária até ultimar a sua filtração pela intimidade dos reinos mineral, vegetal, animal e definir-se no homem, como produto mais precioso e avançado.

Ao se criar um novo espírito no seio de Deus, ele já possui em si mesmo, latente e microcosmicamente, o conhecimento e a realidade macrocósmica do Universo. Isso acontece porque a individualização espiritual do homem só ocorre depois que o Psiquismo Cósmico efetua o seu completo descenso vibratório, ou seja, a inversão do "macro" até o "microcosmo". (Obra: ***O Evangelho à Luz do Cosmo***, 8ª edição, pp. 99/100)

Negociatas – espíritos das trevas

Os espíritos gozadores, maquiavélicos e interesseiros não praticam a caridade e não concedem proteção gratuita; eles apenas fazem "negócios", assim como os egoístas na Terra apoderam-se do melhor pedaço, mesmo que isto custe a vida do próximo. Os malfeitores das sombras cobram juros escorchantes quando prestam algum favor aos encarnados, pois em troca de algumas gotas de água exigem um tonel de indenização. Por isso, há fundamento na lenda das criaturas que vendem a alma aos demônios, credores que tanto cobram por serviços mesquinhos, como por deliberada perversidade. Aquele que abdica de sua vontade e do seu discernimento, no contato tão severo com o Além-túmulo, arrisca-se a tornar-se mais um escravo do cativeiro astralino. (Obra: ***A Missão do Espiritismo***, 9ª edição, p. 229)

Nibirú – detonador psíquico

O planeta intruso é um vigoroso "detonador" psíquico do regime dessas forças agrestes que ainda dormitam na alma humana; é ele que ateia o fogo definitivo para o reinado desregrado da Besta! A sua aura, que é totalmente força magnética atrativa pelo campo etereoastral, atuará nas zonas invisíveis também astroetéricas de todos os seres, acordando-lhes o gosto e as tendências animalescas. A sua própria órbita, de 6.666 anos, é dotada do número místico da Besta, e que já foi compreendido no seu verdadeiro sentido pelos que "têm olhos para ver". (Obra: ***Mensagens do Astral***, 16ª edição, p. 269)

Nirvana ou samadhi – Jesus no horto

Esse fenômeno acontecido com Jesus, conhecido entre os hindus como o "samadhi" e entre os ocidentais como o "êxtase" é um rápido fulgor da verdadeira vida espiritual do ser quando atinge o Nirvana, a comunhão com o Pai, embora sem perder sua individualidade sidérea. Em tal momento, fundem-se as distâncias, o tempo e o espaço convencional da mente humana limitada, enquanto a alma abrange consciente e perceptível, tanto a vida do macrocosmo, como a do microcosmo, fundindo-se na sua intimidade as constelações dos astros com as constelações dos átomos, pois a matéria é o "Maya", a Ilusão, e só o Espírito é a Verdade! (Obra: ***O Sublime Peregrino***, 17ª edição, p. 341)

Nirvana – reino de Deus

A ventura do reino de Deus é um estado do espírito de "absoluta libertação" sem qualquer vislumbre de posse, aquém ou além de si. A beatitude ou o nirvana da tradição oriental não é a imobilidade ou fusão com o Espírito Cósmico de Deus; porém, o poder absoluto sem a posse; a liberdade absoluta sem o desejo; a paz de existir sem ferir-se ou ferir. A paz do espírito da consciência divinizada é como uma lâmpada translúcida, jorrando eternamente a luz do Senhor. A ventura impossível de ser delineada sob a veste das palavras humanas, é a inconcebível doação criativa incondicional, num eterno ser pulsando na mesma diástole e sístole do Criador. (Obra: ***O Evangelho à Luz do Cosmo***, 8ª edição, p. 212)

Nova Era – Jesus, o iniciador

Jesus não estabeleceu um culto ostensivo a Deus, nem pregou às multidões o poder e a outorga divina de sacerdotes, mas foi muito claro ao dizer: "Quem quiser salvar-se, pegue de sua cruz e siga-me!" Foi o convite direto e pessoal a cada homem em sua natureza física e capacidade espiritual.

Ademais, deu um toque divino em todas as situações e condições humanas infelizes, operando o milagre admirável de transformar angústias, fracassos e desesperos em forças vitais para o caminho do céu. Descerrou aos olhos dos homens uma nova era e transformou dores em bênçãos, vicissitudes em lições renovadoras, choros, sofrimentos e aflições em bem-aventuranças eternas. Em vez de menosprezar a vida física como um fardo indesejável ou aconselhar a fuga do mundo para a mística da adoração, ensinou o valor sacratíssimo do corpo carnal como instrumento necessário e imprescindível para o aperfeiçoamento da alma! Nenhum suspiro, nenhuma lágrima ou dor será perdida ante a magnanimidade do Senhor da Vida.

Evidentemente, há perfeita sintonia moral e espiritual em ambos os casos; espiritismo e Evangelho! Ambos pedem a redenção humana e ambos valorizam a vida humana como ensejo educativo e não apenas condição expiatória ou apenas sofredora. (Obra: ***A Missão do Espiritismo***, 9ª edição, p. 61)

Novas consciências – criação incessante

Sim, Deus cria incessantemente novas consciências espirituais, que então se constituem em outras "centelhas" ou "chamas", com a noção individual de existirem no oceano de energia Divina. Após o apercebimento de si mesmas, elas iniciam a amplificação de sua consciência, através da incessante expansão psíquica, e que se sucede por todos os reinos e todas as formas dos mundos. (Obra: ***O Evangelho à Luz do Cosmo***, 8ª edição, p. 97)

Número da "Besta" – 666

O número 666, atribuído à famosa Besta, na era do Anticristo, significa o desregramento geral em todas as esferas da vida humana; é uma identificação de ordem sideral, um diapasão vibratório, uma "relação esotérica" que identifica graficamente os acontecimentos em vias de realização por parte da direção superior. A grafia numeral 666 é apenas a figura visível, mais perfeita, para identificar um perigoso estado espiritual coletivo, no plano físico. É um sinal psicofísico na humanidade, em que o plano sidéreo assinala a maturidade de um desregramento nefasto à ordem geral.

O número 666 forma um binômio sidéreo; uma equação no cientificismo cósmico, que assinala o tempo em que o sentimento perigoso das paixões já atinge todo o gênero humano. (Obra: *Mensagens do Astral*, 16ª edição, pp. 210/211)

Número da "Besta" - 666 II

Repetimos-vos: – O número 666 assinala o ritmo vibracional perigoso à sobrevivência do ambiente moral humano. Ele repercute no astral, em torno da Terra, como uma" notificação sideral" que anuncia o "clímax" de saturação magnética prejudicial ao campo consciencial humano. Usando de uma linguagem rudimentar, diremos que o número 666 registra no manômetro sideral a pressão máxima e perigosa da caldeira das paixões humanas; é uma agulha que indica que o "vapor" violento do psiquismo desregrado ameaça explodir a caldeira, ou seja, a linha de proteção à harmonia do conjunto planetário.

Necessitaríamos lecionar-vos complexo tratado de Numerosofia Sideral, para que pudésseis compreender esse fenômeno em toda a sua plenitude, pois só é entendível pelos desencarnados cônscios dos seus deveres espirituais. O sinal gráfico 666, que, para o mundo humano, significa um simbolismo cabalístico, para nós, é um verdadeiro detonador psíquico, que revela o momento psicológico da transformação definitiva da humanidade terrena e do seu orbe. (Obra: *Mensagens do Astral*, 16ª edição, pp. 211/212)

Número perfeito de Pitágoras - sete

Particularizaremos, entretanto, a significação do número 7 o número perfeito e sagrado, segundo Pitágoras — cuja importância já é destacada na descrição feita pelo Gênesis, que enuncia: "Deus fez o mundo em seis dias e descansou no sétimo", o que implica em se considerar o número sete como o remate perfeito, a palavra definitiva. Em toda estabilidade de absoluta importância, no vosso mundo, o número sete é fundamento característico: os sete dias da semana, as sete cores fundamentais do espectro solar, as sete notas da escala musical, os sete dias de cada fase da Lua, os sete planetas astrológicos. Também figura no simbolismo e identifica conjuntos de alta importância: os sete degraus da escada de Jacó, ou seja, a ascensão espiritual pelas sete esferas que envolvem a Terra; os sete sábios da Grécia, simbolizando os sete sentidos humanos do homem do futuro; os sete pecados mortais e as sete virtudes teológicas, que definem a "esquerda" e a "direita" do Cristo. (Obra: *Mensagens do Astral*, 16ª edição, p. 217)

Numerologia do Apocalipse

O número doze identifica um profundo Juízo entre os israelitas, e esteve sempre presente em todas as suas mais importantes renovações de ordem espiritual e consolidações de poderes no mundo. Doze eram as tribos de Israel, das quais a de Issacar forneceu a melhor e maior cota de profetas sagrados da Bíblia. Essas tribos descendiam, também, dos doze filhos de Jacó, conforme narra o "Gênesis". Doze é o número de meses do ano; doze o dos apóstolos; doze são os planetas em torno do Sol, nove dos quais já estão descobertos por vós.

Mas o Apocalipse ainda empresta maior importância à significação do número doze, porque se fundamenta nas doze constelações do Zodíaco, em cujos limites se opera a movimentação de todo o vosso sistema solar. É justamente na área dos sete planetas astrológicos e dos doze signos zodiacais que se firma basicamente a narrativa apocalíptica de João Evangelista porque, no estudo atencioso das cartas astrológicas e da posição dos astros, em seus signos periódicos, os astrólogos científicos sabem armar as equações que melhor traduzem as épocas e o tipo dos relatos do Apocalipse. O próprio sistema astrológico do vosso orbe está claramente subentendido na figura apocalíptica do "castiçal" e dos "sete braços" e, também, na dos "sete castiçais" e das "sete estrelas", perfeitamente alusivas ao Sol, Lua, Júpiter, Vênus, Mercúrio, Saturno e Marte. É pena que a exiguidade deste trabalho não nos permita alongarmo-nos em minudências comprobativas! (Obra: *Mensagens do Astral*, 16ª edição, pp. 176/177)

Numerologia – números três e quatro

O número 3, por exemplo, tem relação com um ritmo peculiar, qual seja o do princípio universal alquímico, como o enxofre, o sal e o mercúrio; os três reinos da natureza, o mineral, o vegetal e o animal; as três forças da própria natureza: ação, reação e inércia. O número 4 também tem sua importância, pois identifica outros movimentos importantíssimos dos planos siderais da Terra: o ar, o fogo, a terra e a água; os estados da matéria: o sólido, o pastoso, o líquido e o gasoso; as quatro estações: a primavera, o verão, o outono e o inverno; os quatro quartos da Lua; as quatro grandes raças: a vermelha, a preta, a amarela e a branca; os quatro pontos cardeais, Norte, Sul, Oeste e Leste, afora outras inúmeras significações que não cabem na exiguidade desta obra. (Obra: ***Mensagens do Astral***, 16ª edição, pp. 216/217)

"Nuvens de testemunhas" – influências espirituais

É preciso não olvidar que os espíritos desencarnados, que em sua maioria ainda se arrastam sobre a superfície terrena, algemados às paixões e aos desejos carnais insatisfeitos, não se devotam aos objetivos elevados, nem mesmo se preocupam em melhorar sua própria situação aflitiva ou condenável no Além. Alguns deles vagueiam vítimas de sua própria incúria espiritual e escravos das emoções animais primitivas, consequentes ao desleixo e desinteresse por sua própria sorte; outros, bastante experimentados nos labores repulsivos da obsessão e da perfídia, procuram intrometer-se na vossa vida material, insuflando-vos idéias errôneas e orientações confusas, a fim de levar-vos ao ridículo e ao desespero. Não recuam diante dos maiores obstáculos, desde que possam prejudicar a vossa estabilidade moral ou minar a vossa situação financeira.

Ociosos, exigentes, sensuais e escravos dos vícios terrenos, vampirizam as energias alheias, fazendo de suas vítimas na carne o prolongamento vivo e vicioso com que saciam algo de suas paixões impuras. Paulo de Tarso, em epístola aos Romanos, faz uma das mais vivas afirmações disso, quando proclama: "Estamos cercados de nuvens de testemunhos", confirmando que os homens estão cercados de massas de espíritos, que os vigiam em todos os seus atos e atividades da vida física. No seio da massa de espíritos levianos, malévolos e viciados, infiltram-se algumas almas benfeitoras, dispondo-se à luta heróica para converter esses desventurados das sombras e amenizar-lhes também a ação perniciosa sobre os encarnados. (Obra: ***Mediunismo***, 13ª edição, pp. 44/45)

O

Objetos de enfeitiçamento – acumuladores e condensadores

Num sentido geral, os objetos de enfeitiçamento funcionam como "acumuladores" e "condensadores" de forças, obedientes à vontade experimentada dos feiticeiros.

Mas o êxito da bruxaria também depende da cooperação eficiente dos espíritos desencarnados e comparsas do feiticeiro, os quais se encarregam de desmaterializar os objetos em questão, transportando as "matrizes" ou duplos etéricos para serem materializados nos travesseiros, colchões ou locais onde as vítimas permanecem frequentemente. Antigamente, os feiticeiros e experimentados médiuns das Trevas exauriam-se sob fatigante ritual, enquanto alguns ingeriam drogas hipnóticas, como extratos de papoulas, a fim de lograr o transe mediúnico e a sintonia direta com os magos-negros desencarnados. Havia práticas perigosas e cumpriam-se obrigações tenebrosas, como ainda hoje se faz nos serviços de quimbanda e nos "candomblés", para o apoio de entidades poderosas, mas vingativas e cruéis! (Obra: ***Magia de Redenção***, 13ª edição, p. 30)

Obsessão – maior flagelo oculto da humanidade

Uma das questões mais dolorosas e de difícil solução para os espíritos benfeitores é justamente a referente à obsessão, pois não há número suficiente de espíritos adestrados para solucionar completamente esse problema tão complexo. A humanidade terrícola, por vez, aumenta assustadoramente as oportunidades delituosas, o que ainda auxilia a execranda atividade obsessora das entidades trevosas, sobre a Crosta.

Não há exagero em se afirmar que a maior porcentagem de alienações, no mundo terreno, ainda é fruto das forças destrutivas e obsessoras, muitíssimo favorecidas pelo descaso evangélico do próprio homem. Afora os casos naturais, de lesões cerebrais, todas as alienações de ordem mental se originam diretamente do desequilíbrio da própria alma. Toda alma desequilibrada se torna um repasto fácil para os desencarnados viciosos e vingativos, que agem ardilosamente do Astral inferior. (Obra: *A Vida Além da Sepultura*, 12ª edição, p. 311)

Obsessores x obsidiados e a lei kármica

Ele não seria solucionado de modo tão rápido, porque muitas das vítimas e dos algozes, que se acham mútua e obsessivamente enredados pelos laços do ódio e da vingança, ainda requerem alguns lustros para que então se efetue a sua libertação espiritual. Embora a Lei Cármica — que disciplina todas as ações de causa e efeito para a Ventura Espiritual — tenha uma técnica e seja um processo inflexível na sua execução, são as próprias almas culposas que marcam realmente o seu tempo de funcionamento para a devida retificação psíquica. É de lei sideral que, aquilo que for atado na Terra, também nesta deverá ser desatado.

Os mentores e os técnicos espirituais não podem intervir e violentar drasticamente esse círculo vicioso de mútua obsessão entre os terrícolas, ainda incapazes da humildade e do perdão e que o reforçam com a vaidade, o orgulho, o ódio, a crueldade e a vingança, distanciados, como estão, da terapêutica evangélica criada por Jesus. Considerando-se que o obsessor e o obsidiado são dois enfermos que se digladiam mutuamente em terrível crise de amargura gerada pelo ódio ou pela vingança, é óbvio que o tratamento mais eficaz exige que sejam drenados os tóxicos que lhes corroem a intimidade psíquica, para que depois se possa substituí-los pelo bálsamo abençoado que provém do amor e do perdão. (Obra: *A Vida Além da Sepultura*, 12ª edição, p. 313)

Obsessores – transformação para a luz

Os espíritos obsessores e malfeitores vivem aderidos ao pó do mundo e perambulam pela Crosta terráquea alimentando-se com os eflúvios pecaminosos, frutos das paixões e dos vícios detestáveis da humanidade. Eles só entendem a natureza do mundo terráqueo, onde já viveram conturbados e simpatizam-se à linguagem dos homens fesceninos e inescrupulosos. São almas prenhes de ressentimentos e revoltadas contra qualquer empreendimento conciliador que lhes exija modificações íntimas. Mas, renteando com os homens, elas terminam envolvidas pelos pensamentos e sentimentos dos bons trabalhadores do Cristo, até submeterem-se aos serviços mediúnicos, onde os médiuns serão os intérpretes de suas aflições e problemas atrozes.

Jamais o Criador perderá uma só ovelha; e, por isso, os próprios "satanazes" também serão salvos no momento oportuno. (Obra: ***A Missão do Espiritismo***, 9ª edição, p. 121)

O homem é o que pensa

Os pensamentos malévolos, vingativos, coléricos e odiosos imantam-se de magnetismo inferior e sobrecarregam-se de fluido mental, astralino e etéreo, de baixa vibração, agindo tão eficaz e rapidamente na atmosfera terrena, que justificam realmente o velho refrão: "O mal propaga-se mais fácil que o bem"! Enquanto a energia diáfana utilizada pelos bons pensamentos volatiliza-se do perispírito absorvida pelo éter superior, a substância mental e astralina necessária para sustentar e mover os pensamentos daninhos e pecaminosos adere fortemente à vestimenta perispiritual, formando escórias que, mais tarde, produzem sofrimento ao serem drenadas para a carne, ou desintegradas nos charcos terapêuticos do astral inferior.

O homem é o que pensa; o seu espírito, quando escravo das manifestações desregradas, faz da mente apenas o instrumento de sua relação egoísta com o mundo inferior; e depois da morte submerge-se num mar de magnetismo viscoso e aderente. Mas eleva-se aos níveis angélicos sob a lei de que "os humildes serão exaltados", quem usa o poder mental para aniquilar as paixões do mundo animal, em vez de hostilizar o próximo! (Obra: ***Magia de Redenção***, 13ª edição, p. 62)

Onisciência e onipresença – atributos humanos velados

Como o nosso espírito é centelha emanando da Chama Viva do Cosmo, que vem a ser o próprio Deus eternamente presente na sua Criação, nós também participamos e vivemos da sua Onisciência e Onipresença, embora ainda não estejamos suficientemente capacitados para usufruir de todo o conhecimento e poder nele existentes. A nossa consciência espiritual, na verdade, mantém-se em contato com todos os demais planos da vida cósmica, embora ainda desconheçamos a natureza dos demais corpos ou energias que se responsabilizam por tal acontecimento, o que só verificaremos em futuro remoto.

Mas tanto o perispírito como o corpo físico não passam de verdadeiros interruptores da visão espiritual infinita, que reduzem a influência ilimitada da massa da consciência total do Criador. Eles "eliminam" o excesso da Onisciência, transferindo para o homem apenas o conhecimento menor e apropriado a consolidar a sua consciência individual. É através desse conhecimento menor, mas incessantemente renovado e em expansão, pelo intercâmbio educativo com os mundos transitórios da matéria, que o espírito vai compondo o seu campo consciencial e acumulando sua memória no seio da própria Consciência Cósmica de Deus. (Obra: ***A Sobrevivência do Espírito***, 7ª edição, p. 277)

Oração – efeito profilático e terapêutico

No entanto, a oração, harmonizando o campo mental e magnético do homem, acelera o poder defensivo das bactérias, ativa os processos imunológicos e vitaliza os agentes defensivos contra os surtos epidêmicos, assim como desafoga o curso dos hormônios responsáveis pela edificação celular. Os médicos futuros, depois que se aprofundarem no estudo do problema complexo das doenças do século, terão de aceitar a oração como recurso de eficiência positiva para auxiliar a manutenção psicofísica do homem. No enfermo que ora contrito, a força e a sublimidade da prece cicatrizam mais breve as suas feridas, aceleram a sua convalescença e defende-o contra a infecção após as intervenções cirúrgicas.

Durante a oração os enfermos retidos no leito suavizam suas amarguras, suportam com muito estoicismo os sofrimentos redentores, e até esquecem as reminiscências trágicas ou dramáticas do pretérito, sobrepondo-se, tranquilos, às coisas do mundo transitório. Considerando-se que o corpo de carne é o prolongamento do conjunto mental, astral e etérico do perispírito imortal, é evidente que as suas células fatigadas também se restauram com facilidade sob o influxo das energias espirituais convocadas pela prece. (Obra: ***Elucidações do Além***, 8ª edição, p. 111)

P

Pedagogia sideral e aprimoramento angélico

O principal objetivo da pedagogia espiritual é conduzir o homem ao seu aperfeiçoamento angélico, pois em sua intimidade permanece indestrutível a centelha espiritual, que é emanação do próprio Criador. A função do mundo físico, astral e mental, é proporcionar às almas a oportunidade de se tornarem conscientes de si mesmas, pois, embora elas existam aparentemente separadas, todas são oriundas da mesma fonte criadora.

Os caprichos, as teimosias, a preguiça, a negligência e os descasos espirituais, que significam os pecados dos seres, Deus os tolera porque representam as fases do processo evolutivo, em cuja luta heróica eles vão tomando conhecimento de si mesmos e desfazendo-se dos prejuízos e equívocos que retardam a ascese angélica. O homem deve decidir conscientemente sobre aquilo que já o satura na vida transitória material, pois a sua libertação das ilusões da carne deve ser efetuada sem violências ou imposições draconianas, que somente o empurram para a frente, mas não o esclarecem. (Obra: ***Mediunismo***, 13ª edição, pp. 202/203)

Perispírito – binômio mente-coração, vontade-desejo

Desde a antiguidade milenária dos Vedas, o perispírito já era conhecido como um equipo complexo e dotado de vários sistemas ou veículos, que atendiam às diversas necessidades íntimas e operações do espírito eterno. Resumidamente, explicamos que o perispírito, primeiramente abrange o "corpo mental", ou seja, o centro de operações, o qual aglutina, dinamiza e utiliza a substância mental do meio ambiente, a fim de o espírito raciocinar. Segue-lhe, depois, o "corpo astral", ou veículo astralino, que é o responsável pela manifestação das emoções humanas sentidas através do organismo carnal. Finalmente, o conjunto perispiritual é propriamente o binômio "mente-emoção", "vontade-desejo", mas constituindo um corpo definido, que não abandona o mundo espiritual em face de sua altíssima vibração. (Obra: *O Evangelho à Luz do Cosmo*, 8ª edição, pp. 304/305)

Perispírito – conexão entre o reino divino e o mundo material

O perispírito, embora seja um organismo de impossível comprovação pelos sentidos físicos comuns, também possui todos os órgãos e sistemas adequados à produção e manifestação de todos os fenômenos algo similares à vida física. Assim, existe no seu complexo metabolismo transcendental, um comando único, o qual divide e subdivide-se em várias estações e subestações perispirituais, a fim de controlar e desenvolver desde o campo de magnetismo, calor, luz, cor, assim como os sentidos de olfato, paladar, audição e coordenação da palavra verbal e escrita. A vida mental e emotiva do homem concretiza-se graças ao complexo e avançado metabolismo, que lhe confere o poder da memória, assim como o de gravar o acervo de suas experiências pregressas. Mas é ainda a mente que proporciona ao espírito desencarnado o fabuloso poder de volitar, qual seja o de se transportar tão rapidamente como o pensamento, às regiões mais distantes e latitudes mais diferentes da região sideral. Somente o equipo mental do perispírito exigiria muitos séculos para o homem mais estudioso e sábio conhecer 10 por cento de sua fabulosa estrutura. Maravilhoso instrumento de conexão entre o reino divino e o mundo material, o perispírito é que proporciona o ensejo para a vida psíquica plasmar-se em exuberantes configurações humanas e permitirá, no futuro, a sublimação dos homens em anjos. (Obra: *O Evangelho à Luz do Cosmo*, 8ª edição, p. 302)

Perispírito – defesa contra as trevas

O corpo físico que, na matéria, significa o prolongamento vivo do perispírito, é acionado através da sensibilidade do seu sistema nervoso, reagindo imediatamente sob qualquer ação emotiva violenta ou produção de substâncias mentais benéficas ou nocivas, por cujo motivo o mau uso que a alma fizer do cérebro perispiritual também o amoldará às energias opressivas do Astral inferior. Deste modo, os obsessores encontram o seu campo eletivo e favorável para intervir no delicado equipo perispiritual humano, avivando as paixões e os desregramentos mentais, que assim produzem as sombras favoráveis às operações obsessivas. No entanto, eles se vêem tolhidos em seus propósitos diabólicos quando se defrontam com um perispírito alimentado pelas energias de alto potencial angélico, pois estas, na forma de luzes brilhantes, dissolvem todas as sombras e produtos repulsivos aderidos ao seu delicado tecido imortal. (Obra: ***A Vida Além da Sepultura***, 12ª edição, p. 336)

Perispírito – ponte de ligação

O perispírito, no estudo espiritista, é o equipo que abrange, no seu conjunto, a mente espiritual, o intelecto, a mente instintiva, o prana e o corpo astral da especificação Ioga, em correspondência, também, com o mundo do Espírito Virginal, do Espírito Divino, do Espírito da Vida, do Pensamento e dos Desejos da Rosa-Cruz.[1]

São esses corpos ou elementos intermediários da atividade espiritual que, grupados num só conjunto, constituem o perispírito, o qual, então, preenche os planos intermediários e serve de elo para o Espírito pôr-se em contacto com a matéria. É a ponte de ligação entre o reino espiritual e o mundo físico, sem necessidade de esmiuçá-lo com especificações e subdivisões que lhe destaquem o corpo mental, vital, espiritual ou astral, tão ao gosto dos orientais. Para os espíritas é suficiente enfeixar todas essas "subdivisões" e "veículos" intermediários, da filosofia Oriental, num só corpo ou equipo, qual seja o perispírito. (Obra: ***Elucidações do Além***, 8ª edição, p. 92)

---

1 Vide "Quadro Demonstrativo dos Sete Mundos", da obra ***Mensagens do Astral***, de Ramatís, principalmente a subdivisão região etérica, do "Mundo Físico", págs. 265 e 266, Segunda edição. Vide cap. "Noções sobre o Perispírito e suas delicadas Funções", da obra ***A Sobrevivência do Espírito***, parte ditada pelo espírito de Atanagildo.

Pitágoras e o número sagrado – sete

Pitágoras já vos disse que sete é o número sagrado e perfeito. Sete é o número das idéias benéficas ou maléficas, tradição que se conceituou desde os povos Árias. O setenário, presente em todas as manifestações principais, tanto no vosso mundo como no Cosmo, é o número perfeito que sela um remate supremo à perfeição criadora do Pai! Corresponde, também, ao número dos planetas astrológicos, que têm suas esferas "etereoastrais" em contínuo intercâmbio e influência com a aura astral da Terra, produzindo as combinações fluídicas do campo astronômico do vosso orbe e as disposições descritas na pitoresca linguagem da Astrologia. (Obra: *Mensagens do Astral*, 16ª edição, p. 176)

"Piteiras" e "canecos" vivos

Considerando-se que os espíritos desencarnados são apenas as entidades que se moviam pela Terra através de corpos carnais, é óbvio que do "lado de cá" vivem as mesmas espécies da fauna humana terrícola! Em consequência, também é grande o número de espíritos de "ex-fumantes" inveterados, que embora despidos do corpo carnal, ainda estão presos ao vício tolo de engolir fumaça irritante cultivado na matéria. E como o desejo não é próprio do corpo físico, mas inerente ao espírito imortal, os viciados do Além-Túmulo necessitam de uma ponte viva e dinâmica para ligarem-se ao objeto do seu vício inexistente no mundo espiritual. Assim, os mais inescrupulosos ou sedentos vivem à cata de outros viciados encarnados, que lhes possam satisfazer a angústia tabagista! Eles procuram verdadeiras "piteiras vivas" para fumarem, assim como os alcoólatras sem corpo buscam "canecos vivos" para beberem, numa simbiose mediúnica eletiva! (Obra: *A Vida Humana e o Espírito Imortal*, 11ª edição, p. 228)

"Piteiras vivas" – fumantes – joguetes do Além

Se o indivíduo, em virtude de se submeter completamente ao jugo do vício do fumo, vier a enfraquecer a sua conduta moral, arricar-se-á a se transformar numa exótica e oportuna "piteira viva" para saciar o vício dos fumantes desencarnados do astral inferior, pois as almas desregradas e malfeitoras que, além disso, eram viciadíssimas na Terra com o uso do fumo, ficam presas ou chumbadas à crosta terráquea, vivendo momentos de angústia inenarráveis, em virtude de não poderem satisfazer o desejo de fumar, devido à falta do corpo carnal que deixaram na cova do cemitério. Só lhes resta então um recurso maquiavélico para poderem saciar o desejo veemente de fumar, qual seja o de se aproximarem de criaturas encarnadas que possam vibrar simpaticamente com suas auras enfermiças, e assim transmitir-lhes as sensações etéricas da queima do fumo.

Essas almas envidam esforços para ajustar os seus perispíritos aos perispíritos dos encarnados que, além de se igualarem a elas na conduta moral, ainda sejam escravos do vício do fumo; colam-se a eles como se fossem moldes invisíveis, procurando por todos os meios haurir desesperadamente as emanações desprendidas do cigarro. Isso acontece porque o fumo, além de sua característica volátil no mundo material, interpenetra as baixas camadas do mundo astral, devido a possuir, como tudo, a sua cópia fluídica, que então é absorvida avidamente pelos desencarnados que se conseguem afinizar à aura dos fumantes encarnados.

Mas isso não os deixa completamente satisfeitos, porquanto é bastante reduzida a quota que podem absorver no eterismo do tabaco incinerado; então lançam mão do recurso de acicatar suas vítimas para que aumentem a sua ração diária de cigarros, donde se descobre a causa de muitos fumantes se dizerem dominados por estranha força oculta que os impede de se livrarem do vício e ainda os faz fumar cada vez mais. (Obra: ***Fisiologia da Alma***, 15ª edição, pp. 92/93)

Planejamento cósmico – ritmo ascensional e inteligente

Quando os Engenheiros Siderais planejam órbitas, ocasião em que estudam e examinam todas as atrações, repulsões, influências astrológicas e astronômicas dos corpos e partículas siderais futuras, os planos respectivos são alvo da atenção de inúmeras outras entidades. Estas entidades são espíritos angélicos, cujas auras impregnam globos e mesmo constelações celestes. Podeis ter uma apagada concepção do que sejam eles na figura dos matemáticos, anatomistas, geólogos, botânicos, zoologistas, sociólogos, legisladores, químicos ou físicos do vosso mundo, lembrando-vos, porém, de que estão absolutamente além da concepção humana.

Os cientistas do vosso mundo, tomados há pouco para comparação, não saem de experiências em torno do planeta Terra, esquadrinhando os valores miúdos do solo e do meio, mas os que mencionamos como cooperadores siderais estendem o seu labor a sistemas de sóis e de mundos milhares de vezes mais adiantados do que o vosso sistema e a vossa acanhada morada. Eles operam, com os seus conhecimentos, na organização de planos siderais que abrangem toda a cúpula da área cósmica a ser estudada. Empregam cálculos de matemática sidérea, em que os calculadores siderais prevêem para incontável número de anos-Terra todos os detalhes, movimentos e progressos dos mundos porvindouros, demarcando as exigências de aproximação e distanciamento recíproco dos astros, as suas influências sobre coordenadas magnéticas dos sistemas, a coesão e a reação dos satélites e de seus núcleos, inclusive todas as alterações e progressos das humanidades existentes de futuro nesses conjuntos planetários.

Esses planos desdobrativos, sob um ritmo ascensional e inteligente, reproduções herméticas de outros planos já sucedidos, é que permitem a pulsação implacável, desde o microcosmo das probabilidades de ondas eletrônicas até o macrocosmo das constelações rodopiando em torno de um núcleo, que pode ser o acúmulo sideral de bilhões de galáxias! (Obra: ***Mensagens do Astral***, 16ª edição, p. 51)

Planeta intruso e higienização terrestre

O problema, pois, não é o da boa influência, que apenas protelaria, em improdutivo hiato, o conteúdo psíquico subvertido e latente, mas sim o da higienização e, consequentemente, a varredura ou a "sucção" do magnetismo estagnado e deletério da aura da Terra.

O homem terrestre subestimou demais o régio presente da transfusão de Luz e Amor do Cristo às trevas humanas, rejeitando a maravilhosa profilaxia que limpa todos os pecados e afasta as paixões desregradas; inegavelmente, candidatou-se à terapêutica do magnetismo cruciante do planeta higienizador, como quem se sujeita à ação do nitrato de prata para cauterizar as suas chagas rebeldes. (Obra: ***Mensagens do Astral***, 16ª edição, p. 267)

"Plano de fundo" da consciência humana – Deus

O espírito do Criador permanece vitalizando a vida íntima de cada criatura, como se fosse o "pano de fundo" da consciência do próprio homem. Assim, à medida que o ser amplia essa consciência esférica no contato incessante e educativo com as formas dos mundos planetários, ele também abrange maior área divina e mais se apercebe de Deus. Embora a semente possua em potencial as qualidades próprias do vegetal que irá desabrochar, quando as condições permitirem, ela não poderia definir completamente, por antecipação, o arvoredo planejado pelo seu código específico, salvo à medida que desabrocha e cresce, vencendo no ambiente a eterna luta pela vida até a sua real configuração. (Obra: ***O Evangelho à Luz do Cosmo***, 8ª edição, p. 32)

Plantas lunares e energismo curativo

Assim como as plantas solarianas devem ser colhidas, de preferência, nas horas em que elas se encontram mais impregnadas de magnetismo do Sol, as plantas lunares pedem providência contrária, ou seja, a colheita quando estão fundamentalmente fartas do magnetismo lunar. A colheita antes de o Sol nascer tem sua razão no fato de que o astro-rei é um poderoso dissolvente do magnetismo e das influências noturnas, o que deve ser evitado por aqueles que desejam servir-se da maior quantidade de magnetismo da Lua, depositado na planta durante a noite. As plantas conhecidas como lunares são vigorosos condensadores ou transformadores, porque dão melhor agasalho ao fluido que captam e absorvem. Quando devem ser empregadas na cura de enfermidades que se casam com as más influências da Lua, essas plantas precisam ser portadoras de um poder dissolvente, atômico, no campo magnético, capaz de dispersar o "quantum" maléfico projetado pelo próprio astro. (Obra: ***Mensagens do Astral***, 16ª edição, p. 90)

Poder do olhar e o quebranto

O poder benéfico ou maléfico do espírito humano age por meio dos pensamentos e pelo corpo astral através dos sentimentos e emoções. É nos olhos que se acumula, particularmente, o bom ou o mau fluido mental, e que resulta a cada momento das boas ou más ações de nossa alma. Mesmo os poetas e literatos do mundo já gastaram toneladas de tinta para dizer que os "olhos são o espelho da alma"! Através deles projetam-se todos os matizes dos sentimentos e pensamentos das criaturas; por isso, a literatura romântica tradicional atribui aos seus personagens "olhos felinos, argutos, cobiçosos, balsâmicos, frios, amorosos, amargurados, cruéis e astuciosos", e outras dezenas de definições pitorescas, buscando identificar a multiplicidade de sentimentos e pensamentos do espírito nas suas relações íntimas com o mundo exterior. O fluido elaborado e potencializado no âmago do ser traz a sua marca ou característica pessoal, e quando flui pelo olhar, é energia que vitaliza, conforta e anima o próximo, ou então, a força que debilita, arruina e desanima. O olhar misterioso e hipnótico do mago a impor a sua vontade criadora nas almas mais débeis é um símbolo tradicional de forças existentes nos olhos, é a revelação da vivência íntima do espírito.

O quebranto, portanto, resulta do impacto mental e astralino fluídico lançado pelos olhos de alguém, sendo tão mórbido ou inofensivo, conforme seja o potencial e a natureza psíquica do seu autor. (Obra: ***Magia de Redenção***, 13ª edição, pp. 143/144)

Ponto hipnótico e obsessores

O hipnotizador procura conduzir o "sujet" a fixar toda a sua atenção num objeto, num ponto, num acontecimento ou mesmo numa evocação subjetiva, procurando distraí-lo ao máximo, a fim de poder criar o "ponto hipnótico" ou mesmo o "centro hipnótico" que deve se tornar o tema convergente da mente do hipnotizado. Pouco a pouco, o paciente se entrega ao sono hipnótico, influenciado pela incessante sugestão do seu hipnotizador ou por qualquer odor característico, ruído monótono ou música sonolenta, ou mesmo por se submeter voluntariamente à sua ação e vontade.

O hipnotizador algema-lhe a consciência objetiva e a segrega no cárcere construído pela incisiva sugestão mental, mas deixa em liberdade o comando motor e psíquico das atividades subconscientes do corpo, que reside na zona instintiva sediada na região cerebral. Então se apossa da região provisoriamente desabitada, do seu "sujet", a qual Freud classificou habilmente como sendo o "porão da individualidade". Por meio dessa região submissa, atua a vontade do hipnotizador que, então, desata o seu mecanismo "psicofísico", produzindo-se os fenômenos térmicos, as reações instintivas, os choros e risos, à simples mudança de novas sugestões mentais, cenas estas muito comuns nos teatros terrenos e que servem para estupefação do público ainda ignorante da realidade espiritual. Como todos os acontecimentos ocorridos com a criatura, no pretérito, encontram-se normalmente registrados em sua "memória etérica", constituindo a bagagem do passado, os hipnotizadores conseguem que se reproduzam as rixas, os prazeres e as atitudes e reações emotivas que seus pacientes tiveram na infância longínqua e que, reproduzidos em um corpo adulto, tornam-se caricaturas ridículas que divertem o público festivo. (Obra: *A Vida Além da Sepultura*, 12ª edição, pp. 327/328)

"Porão da individualidade" - subconsciente

Sem dúvida, o subconsciente é o "porão" dos desejos, impulsos, emoções ou estímulos, que ali são guardados após o "confere" do consciente. É uma espécie de "guarda-roupa" da memória instintiva em que o espírito costuma arquivar tudo aquilo que o impressiona e domina. A herança dos instintos animais também se fixa nesse "porão" da individualidade humana, agindo na forma de automatismos que podem operar mesmo sem a aprovação da consciência. O homem ainda nutre e repara os prejuízos do seu edifício celular sem necessidade de cogitar disso conscientemente, porque o seu subconsciente trata do assunto de modo satisfatório, esclarecido pela experiência milenária. (Obra: *A Missão do Espiritismo*, 9ª edição, p. 140)

Porta estreita e ventura sidérea

À angelitude só é possível o ingresso pela "porta estreita", inclusive a exigência de "entregar a camisa a quem lhe furtar a túnica" e, ainda, "caminhar mais uma milha, com quem o obriga a andar a primeira milha".

Não se trata de imposições draconianas ou mortificações exigidas por Deus, à guisa de "provas" de iniciação sideral e concessão de prêmios aos candidatos que lograrem a vitória de si mesmos. Mas é tão-somente um processo de técnica sideral, o único caminho ensinado e vivido por Jesus até o seu último suspiro no Calvário. Assim como a semente precisa renunciar a si mesma, no subsolo, para desintegrar a sua velha forma e ressurgir na figura da nova espécie vegetal pródiga de flores e frutos, o homem deve renunciar a sua velha personalidade humana pela metamorfose da individualidade eterna. Através da "porta estreita", o espírito se desbasta do residual inferior da animalidade, desimanta-se das paixões coercitivas e supera os desejos subversivos, fluindo de si a luz, que é o motivo da vida, e o amor, que é o sustentáculo da Ventura Eterna. (Obra: *O Evangelho à Luz do Cosmo*, 8ª edição, p. 138)

Potestade Única, Incriada e Criadora - Deus

As configurações poéticas do homem, sob cuidadosa combinação ao gênero pessoal, são débeis bruxuleios do Estro Divino que criou a Poesia Eterna. É maior a emoção de um sábio ante a perfeição científica que disciplina a tessitura da asa de uma borboleta, do que o pieguismo do poeta diante da flor. A primeira emoção, a do sábio, é mais real do que a do poeta, pois ele vibrou sob um maior conhecimento da Verdade. Penetrou mais intimamente na realidade da vida verdadeira, enquanto o poeta, indiscutivelmente, permaneceu apenas na aparência, na superfície. As preocupações humanas quanto à definição da Realidade de Deus não influem nem modificam o conteúdo exato. A Potestade Única, Incriada e Criadora contém tudo em Si, em qualquer condição e sentido que imaginardes, porque não podereis pensar "fora de Deus", que é imanente em Sua Obra. Não há sacrilégio em dizerdes que Deus é o Motor Imóvel ou a "Frequência Vibratória Inalcançável"; nem mérito em O afirmardes a Divina Poesia ou o Amor Supremo, assim como não O definireis melhor na pomposidade dos vocábulos Ciência Cósmica ou Suprema Lei. Tudo está e cabe em Deus, pois Ele é o Único Existente Real. Nada mais existe além Dele; não há outro Deus competindo fora Dele. As palavras místicas, poéticas, científicas ou superlativas não O exaltam nem O diminuem, por não poderem modificá-Lo em Sua Eterna Contextura Cósmica. (Obra: ***A Vida no Planeta Marte e os Discos Voadores***, 14ª edição, p. 191)

Praga de mãe - vínculos psicofísicos

A força destruidora da praga ou maldição depende fundamentalmente do grau de sua veemência odiosa e do vínculo fluídico que exista entre a pessoa que amaldiçoa e a que é amaldiçoada. Obviamente, entre mãe e filho existe o mais profundo vínculo psicofísico, pois a mãe gera-lhe o corpo carnal no ventre durante os nove meses tradicionais, e ainda sofre todos os impactos da natureza espiritual boa ou má do descendente, pela fluência ou troca de fluidos mentais e emotivos entre ambos, durante alguns anos e acima dos laços comuns consanguíneos. Ademais, segundo a Lei do Carma, os pais e filhos tanto podem ser inseparáveis amigos como os piores inimigos enlaçados pelo pretérito. No primeiro caso, eles estarão unidos pelo amor, e, no segundo, imantados pelo ódio! (Obra: ***Magia de Redenção,*** 13ª edição, pp. 47/48)

"Pralayas" – lei kármica para a humanidade e para o planeta

Obedecem a modificações periódicas e se sucedem em perfeita correspondência com as mudanças de "raças raízes", que estabelecem padrões mentais e científicos nos planetas. São acontecimentos que os registros iniciáticos, do Oriente, denominam de "Pralayas", cujos eventos se sucedem dentro da "Ronda" de cada orbe. É por isso que, embora a ciência oficial queira afirmar a inalterabilidade do ângulo de obliquidade do eixo da Terra, podereis verificar naqueles registros orientais que esse eixo se modifica, em algumas épocas, produzindo consequências cientificamente imprevistas. São as variações decorrentes da inclinação do eixo terrestre que produzem os períodos chamados "Pralayas", que se registram sob o determinismo científico da Lei Cármica do orbe e dos seus moradores. (Obra: ***Mensagens do Astral***, 16ª edição, p. 66)

Prana – causa e não efeito

Em suma, o prana age em equilíbrio com cada plano de vida e manifesta-se também em perfeita correspondência vibratória com a cor e a natureza vibratória desse plano. No plano físico ele constrói os minerais, as plantas, os animais e os homens, mas também está presente como energia vital da sensibilidade nervosa, na oxigenação, na excitabilidade muscular, na vibração sanguínea, e na pressão do empuxo cardíaco; na contração e dilatação dos brônquios, na diástole e sístole do coração; nos cinco sentidos, nas modificações atômicas ou fisiológicas, e, também, nos estímulos endocrínicos que fabricam os hormônios.

Sem o prana o perispírito também não poderia aglutinar os átomos e as moléculas do mundo físico, para materializar a sua forma fetal no útero materno, nem o duplo etérico conseguiria modelar-se em torno da figura humana em gestação. É o prana, enfim, a rede energética vital que interpenetra, afina e compõe a estrutura das coisas e dos seres em qualquer latitude ou longitude cósmica. Mas ele não é o éter, o oxigênio ou o azoto, tidos como fonte criadora de vida na intimidade dos seres vivos, pois, na realidade, estes elementos é que vivem do prana, o qual, em síntese, não é efeito, é causa. (Obra: ***Elucidações do Além***, 8ª edição, pp. 182/183)

Prana e consciência vital instintiva

Prana é a vida manifestada em cada plano de atividade do espírito eterno; é o sopro vital de cada coisa e de cada ser. Na matéria ele é a energia que edifica e coordena as moléculas físicas, ajustando-as de modo a comporem as formas em todos os reinos, como o mineral, o vegetal, o animal e o hominal. Sem prana, sopro indispensável, não haveria coesão molecular nem a consequente formação de um todo definido, pois é ele que congrega todas as células independentes e as interliga em íntima relação sustentando as formas. A coesão celular formada pelo prana assegura a existência de uma consciência vital instintiva, garantindo uma unidade sensível e dominante, que atua em todos os demais planos internos da Vida. (Obra: ***Elucidações do Além***, 8ª edição, p. 175)

Prana e duplo etérico

A mais preciosa função e responsabilidade do duplo etérico é a de absorver e distribuir, equitativamente, ao organismo físico, a divina energia que interpenetra todo o Universo, o elemento qualitativo mais importante pela vida em todos os planos e latitudes cósmicas, conhecido há milênios pelos mestres da Espiritualidade em ação na Terra. Essa energia criativa, que irriga todas as manifestações íntimas da vida, é o prana, também conhecido por "sopro da Vida". (Obra: ***O Evangelho à Luz do Cosmo***, 8ª edição, pp. 318/319)

Prana – energia da vida

O próprio "Gênese" assinala a evidência do prana, quando diz que "Deus soprou a Vida", ou seja, o principal elemento criativo do Universo, o poderoso estimulante que aumenta a irrigação do próprio oxigênio, a fim de manter a vida, que é transformação. O prana ativa a qualidade e não a quantidade do energismo, fenômeno que se pode observar nos iniciados que praticam corretamente a respiração iogue.

O prana é conhecido como o "sopro da Vida" desde os velhos tempos pelos atlantes, incas, celtas, astecas, etruscos, caldeus, egípcios, babilônios, hindus e chineses, modernamente pelos rosa-cruzes, teosofistas, iogues, esoteristas e alguns espíritas menos ortodoxos. Além de atuar como a conexão vital entre os átomos e elétrons, a fim de compor os organismos e os seres, o prana é dirigido pela inteligência cósmica instintiva, que lhe proporciona certa orientação sob a Vontade Divina. Assim, todas as coisas e seres, vegetais, insetos, répteis, animais e o próprio homem, possuem uma duplicata luminosa de éter físico, irrigada constantemente pelo prana e na voltagem específica à capacidade e necessidade de cada um, que o transforma para usá-lo no chamado bem ou chamado mal. (Obra: ***O Evangelho à Luz do Cosmo***, 8ª edição, p. 319)

Prana – sopro da vida

O prana está em todos os fenômenos do mundo exterior da matéria, assim como também nutre a vida no mundo oculto espiritual, mental, astral e etéreo. Essas três manifestações energéticas emanadas do Sol, que é o centro principal da vida na Terra, conhecidas no oriente por "fohat", "kundalini" e "prana", jamais se transformam noutras formas de energias, pois tais elementos são tipos específicos, à parte, que atendem exclusivamente às necessidades e funções que mencionamos.

Aliás, prana é palavra de origem sânscrita e traduzida textualmente, quer dizer "sopro de vida", ou energia vital. Para os orientais e principalmente entre os hindus ela possui significação mais ampla, sendo considerada a manifestação centrífuga de um dos poderes cósmicos de Deus. Para a escolástica hindu só há uma vida, o prana, tido como a própria vida do Logos. (Obra: ***Elucidações do Além***, 8ª edição, pp. 174/175)

Pré-agônico – retenção energética pela família

Aliás, a propósito do estado pré-agônico do corpo físico, há um fenômeno psicomagnético que a vossa ciência médica ainda não identificou; e, por conseguinte, não pode corrigir os seus efeitos. É o fato de alguns doentes já condenados à morte, às vezes, permanecerem em estado pré-agônico durante dias, embora o desenlace fatal esteja sendo aguardado a todos os momentos. Tal fenômeno tem sua causa na efervescência do ambiente mental criado pelos próprios familiares do enfermo, pois o forte sentimento afetivo de todos, opondo-se à sua morte, constitui uma "chave" ou oração potencial, que retém o espírito preso ao corpo moribundo, impedindo-o de ele se desligar e libertar-se definitivamente da prisão carnal onde está encarcerado.[2]

Em geral, os terrícolas ainda encaram a morte física como se Deus tivesse cometido alguma falha no sistema da Criação. A morte do corpo carnal parece-lhes um equívoco divino, pois ninguém se conforma de morrer ou de perder os seus familiares. Ante o cadáver do ente querido chovem as queixas e os desesperos inconformáveis devidos à ignorância humana a respeito dos verdadeiros objetivos da vida espiritual.

---

2 Nota do revisor – Como prova de tal fenômeno, permitimo-nos relatar um fato bastante edificante a respeito da assistência mediúnica aos moribundos. Ocorreu como segue: Muitos anos atrás, estando nós na cidade de Juiz de Fora, fomos solicitados para ir a uma residência levar palavras de conforto a uma família que se encontrava presa de grande angústia, devido a que o seu filho único, um moço de 27 anos, tuberculoso e sem esperança alguma de ser salvo, jazia numa cama sob o ambiente dramático daquela situação em que a ciência humana assevera: "o doente não passará desta noite"!

Tratava-se de família de recursos. Todos os parentes, alguns vindos de outros estados, já há dias se encontravam na dita residência, aguardando o desenlace. O doente, segundo as previsões médicas do "não passará desta noite", já, há dez dias permanecia na situação do "morre, não morre".

Chegando lá, "palpando" o ambiente, certificamos que uma corrente magnética de amor afetivo, humano e fervoroso, "contra a morte", vibrava em "alta tensão", no coração de toda a família ali reunida; e por isso, a alma do enfermo estava prisioneira do corpo moribundo, sem, de nenhum modo, conseguir libertar-se. O que havia a fazer era "desligar", cortar esse circuito magnético, mediante uma prece de ação interruptora, a fim de que o espírito conseguisse sair, libertar-se da "prisão". Nesse sentido, implorando socorro do Alto, decidimos que algumas das moças e senhoras ali presentes (que não fossem membros da família) entrassem no quarto do doente. Entraram seis. Fechamos a porta; depois, todos, de mãos dadas, formamos em círculo, envolvendo a cama do enfermo. Em seguida, dirigindo-nos a ele, dissemos: "Meu irmão Francisco: Nós estamos aqui, em nome de Jesus, para dizer-lhe: os médicos afirmam que o irmão está muito mal; mas nós lhe perguntamos: acredita no poder infinito de Deus? Conhece os milagres realizados por Jesus?..." Em face da convicção que vibrava em nossas palavras, ele moveu a cabeça em sinal afirmativo. Então, prosseguimos: "pois afirmamos que o irmão vai ficar curado, vai ficar livre dessa doença, imediatamente! Acredita que Jesus é capaz de fazer esse milagre?..." Ele fitou-nos bem, e balbuciou: "sim". Finalmente, concluímos: "então, feche os olhos e com o pensamento em Jesus, acompanhe a prece que vamos dizer em voz alta".

Em seguida, fizemos uma prece, em que o vocabulário das lágrimas vibrou nos olhos de todos. Terminada a oração, dissemos às irmãs presentes: — "Agora, chamem por ele". "Francisco! Francisco"! clamaram algumas. E o nosso irmão não respondeu. Estava "curado". A sua alma conseguira libertar-se. Logo, abrindo a porta, dissemos aos pais: "Vosso filho acaba de expirar"! A mãe expandiu-se em soluços dolorosos; mas, pouco depois, abraçando-nos, desabafou, dizendo: "Ah! Eu já não tinha coragem de entrar nesse quarto. Seja feita a vontade de Deus"!

Em futuro próximo, além dos ambulatórios de assistência a domicílio que prestam socorro aos corpos doentes, haverá, também, ambulâncias destinadas a levar socorro psíquico às almas dos corpos moribundos. Não nos referimos a assistência do socorro moral, que consiste na confissão e absolvição da alma do enfermo, supondo que, depois da morte do corpo, ela vai direitinho para o Céu. Os ambulatórios de assistência psíquica a que nos referimos, atenderão a um objetivo humano, mas, ao mesmo tempo, de finalidade psíquica e espiritual, no sentido de acalmar o ambiente dramático dos lares quando a morte chega lá e, também, para suavizar o traspasse do espírito desencarnante na sua luta por libertar-se da prisão carnal onde está aprisionado.

Por isso, os encarnados mobilizam todos os recursos e providências dolorosas ou drásticas para salvar o moribundo na hora de sua partida, por suporem que nunca mais o verão depois do seu sepultamento. (Obra: ***Mediunidade de Cura***, 12ª edição, pp. 239/240)

Prece – detonador psíquico e energético

Figurai a prece como um detonador psíquico que movimenta as energias excelsas adormecidas na essência da alma humana, assim como a chave do comutador dá passagem, altera ou modifica as correntes das vossas instalações elétricas. Sem dúvida, a capacidade de aproveitamento do homem durante o despertamento dessas forças sublimes pelo impulso catalisador da oração depende tanto do seu grau espiritual como de suas intenções. Aliás, o espírito, ao liberar suas energias no ato da prece, ele melhora a sua frequência vibratória espiritual, higieniza a mente expurgando os maus pensamentos e libera maior cota de luz interior.

Daí o motivo por que alguns santos purificaram-se exclusivamente pelo exercício da prece, enquanto outros só puderam fazer pelo treino do sofrimento. Em ambos os casos, a purificação é fruto da dinamização das forças espirituais na intimidade do ser, embora varie quanto ao seu processo. No primeiro, é um procedimento espontâneo catalisado pela prece; no segundo, em decorrência do exercício da dor. Por conseguinte, o homem também se purifica pelo hábito constante dos bons pensamentos, pois estes mantêm no campo vibratório de sua mente um estado espiritual tão benéfico como o que se produz nos momentos sedativos da oração. (Obra: ***Elucidações do Além***, 8ª edição, p. 104)

Prece – imersão na essência divina

A prece, em sua verdadeira essência, é um esforço que a alma empreende para elevar-se vibratoriamente às correntes superiores. Exercita-se momentaneamente, procurando ampliar a estatura do espírito; tenta a libertação transitória da forma, que a seduz e hipnotiza, no ciclo das vibrações letárgicas. A prece, proporcionando essa fuga momentânea, auxilia o espírito a imergir na essência divina que lhe caldeia a estrutura consciencial. O "orai e vigiai", na divina voz de Jesus, bem vos adverte da necessidade que ainda tendes do exercício da prece, que é ginástica moral, para desenvolver os "músculos" do espírito. A oração apressa a "ascensão"; acelera a vibração espiritual e isola a alma do contato asfixiante da forma. Habitua, pouco a pouco, o homem, para o futuro comportamento do anjo. O espírito apazigua-se, enternece, o instinto recua, atemorizado, ante a fragrância da luminosidade que emerge do íntimo de quem ora com fé. O próprio facínora, caído de joelhos, na oração de agudo arrependimento, desprende fagulhas santificantes do espírito, e mais tarde, abrasado em incêndio de amor, se transformará em anjo potencial, porque seus atos, idéias e conduta formam um estado quase permanente de oração. (Obra: ***A Vida no Planeta Marte e os Discos Voadores***, 14ª edição, pp. 524/525)

Profecia – ciência na esfera da intuição

O desconhecimento do mecanismo iniciático, principalmente entre os cientistas acadêmicos, é que desperta a desconfiança e acarreta descrédito quanto ao conteúdo real que se esconde no simbolismo da profecia. Embora o empirismo aparente produza certa desconfiança, a profecia é ciência de profundidade na esfera da Intuição, e exige imenso esforço do profeta para adaptá-la ao mundo das formas. É ciência disciplinada por leis muito mais delicadas que as que regem a vossa ciência oficial; possui uma linguagem diferente e uma técnica especial que escapam ao vosso senso objetivo, e que só são entendíveis por alguns iniciados. Os equívocos proféticos não dependem tão-somente dos profetizadores, mas quase sempre dos interpretadores das profecias, que, submetendo-as a exames puramente objetivos, confundem a idéia com a sua vestidura e querem enquadrar esta, a viva força, nas leis experimentáveis em laboratórios!

A configuração exterior de um acontecimento profético é sempre alegórica; lembra a idéia de se representar a saudade na figura de vaporosa ninfa que baila em nostálgica paisagem, ou então a de invocar a figura do irrequieto Cupido para simbolizar o amor!

Quando Jesus afirma que os bons sentar-se-ão à sua direita e os maus à sua esquerda, isso não autoriza a que se imagine numerosa platéia de almas estáticas, embevecidas, ladeando o Mestre para toda a eternidade! Na realidade, o divino Rabi referia-se tão-somente aos estados íntimos de paz ou de desespero das almas, em conformidade com o meio que irão habitar na continuidade do seu aprendizado espiritual. (Obra: ***Mensagens do Astral***, 16ª edição, pp. 123/124)

Psicometria – leitura de auras

É a faculdade que têm algumas criaturas de poderem "ler psiquicamente", em contato com objetos ou coisas, as impressões ou imagens em sua aura etérica pelas vibrações dos acontecimentos ou cenas a que os mesmos objetos "assistiram". Em cada objeto que usamos grava-se a imantação do nosso fluido no seu duplo etérico; e mais tarde possibilitará ao psicômetro treinado, identificar e descrever os fatos de nossa vida, ocorridos durante o tempo em que o possuímos. A psicometria, pois, consiste em se fazer a leitura da aura dos seres e das coisas, por intermédio de pessoas dotadas de especial sensibilidade, ou seja um hipersensitivo. (Obra: ***Elucidações do Além***, 8ª edição, p. 121)

Psicometria – passado e futuro

Quando essa faculdade, aliás, rara ainda, é bastante avançada, fica aumentada a faixa de auscultação psíquica e, assim, o psicômetro tanto mergulha no passado através da psicometria como, libertando-se espiritualmente do tempo e do espaço, pode prever o futuro com louvável certeza. Assim como, lançando-se um foguete em noite escura, poderemos prever ou profetizar que dentro de certo tempo haverá um clarão fosforescente no céu, o psicômetro percebe certos fatos que ocorrerão no futuro, como aqueles que se imantaram aos objetos ou coisas que são psicometradas.

O psicômetro revê na aura daquilo que examina os acontecimentos ali gravados, assim como lê e sente as impressões deixadas pelos seus donos, podendo tomar conhecimento de diversos fatos passados com eles. Sabem os reencarnacionistas que a alma traz impressa no seu perispírito o programa cármico do seu futuro, pois terá de se submeter a experiências que lhe avivem certas qualidades embrionárias e retifiquem-lhe determinadas arestas espirituais. Deste modo, o bom psicômetro consegue profetizar certas sequências futuras, referentes aos que deixaram refletidos na aura etérica dos objetos os seus sentimentos ou temperamento particular. O objeto ou coisa investigada nesse caso expõe o passado ao psicômetro e o relaciona com a subconsciência do seu antigo dono, quer ele esteja encarnado ou desencarnado, porquanto não há rupturas nem descontinuidade na ligação dos fenômenos psíquicos ocorridos, independentemente do tempo e do espaço. (Obra: ***Elucidações do Além***, 8ª edição, pp. 125/126)

Pulsação harmônica do Criador – karma

O Karma, como lei imutável, aliada à de Causa e Efeito, rege todo o processo da vida cósmica; é a própria pulsação harmônica do Criador manifestando-se tanto na composição dos astros como no aglomerado dos elétrons constitucionais dos átomos. Cada orbe e cada elétron ajusta-se perfeitamente a esse ritmo eterno e de aperfeiçoamento sideral, conjugando-se para harmonia do Cosmo. Há, pois, um entrosamento cósmico de ação e reação em todo o Cosmo; assim é que a Terra, movendo-se e consolidando-se sob a regência disciplinadora do seu Carma, só se aperfeiçoa em harmonia com o Carma da Constelação Solar a que pertence; mas esta, por sua vez, liga-se ao Carma de sua Galáxia, que também se submete ao Carma das demais Galáxias dependentes do Carma dos Hemisférios Cósmicos. (Obra: ***Fisiologia da Alma***, 15ª edição, p. 203)

Pulsação magnético-astral da Lua – aproveitamento

Há um fluxo e um refluxo da "pulsação magnético-astral" da Lua, que banha o "duplo planetário" terrestre, ou seja o "corpo etérico-astral" da Terra, num mútuo intercâmbio que é benéfico, balsâmico e curativo, em certas horas, e que em outras horas se torna maléfico, coercitivo e patogênico às plantas ou aos seres cuja sensibilidade psiconervosa os torna verdadeiros condensadores. Em consequência, as plantas lunares, eletivas, simpáticas à Lua, também são as que mais sofrem essa outra ação patogênica, motivo pelo qual os que manuseiam a terapêutica vegetal, em concomitância com as influências astrológicas, precisam saber colher as plantas nas horas de bom aspecto lunar, isto é, na ocasião em que a sua projeção astral seja balsâmica ou curativa. Em certos casos, as plantas podem tornar-se completamente inócuas na aplicação terapêutica, por terem sido colhidas no momento exato da neutralidade astral, ou seja, quando coincide a colheita com o momento em que não há carga benéfica ou maléfica. (Obra: ***Mensagens do Astral***, 16ª edição, p. 91)

Purgação – toxinas perispirituais

Nos momentos "pecaminosos", o homem utiliza substâncias

mentais e astralinas inferiores e, assim, produz "resíduos" ou "tóxicos" que se incrustam no perispírito e formam a indumentária imprópria à vida angélica. Após a desencarnação, esse sedimento deve ser drenado nos charcos do Astral Inferior ou então, vertido para o corpo carnal em nova reencarnação. Isso produz sofrimentos por estados enfermiços, porque se trata de um processo purgativo de limpeza do perispírito, obscurecido pelas energias brutas, angariadas nas vidas pregressas. Tanto os pântanos astralinos funcionam como estações terapêuticas, absorvendo a carga tóxica da veste perispiritual, como o corpo físico também atua na forma de um mata-borrão vivo, enxugando os fluidos nocivos. (Obra: *Sob a Luz do Espiritismo*, 3ª edição, p. 19)

Purificação do "pecador" – Lei de Causa e Efeito

Sob a lei de "cada um colhe o que semeia", todo mal pode causar dor e sofrimento para o seu próprio autor, o que então não é injustiça, porque a mesma lei compensa a vítima. Contudo, disso resulta também a purificação do pecador e consequente melhoria de qualidade espiritual. São considerados "atos malignos", porque eles causam prejuízos a outrem; mas se a vítima é ressarcida vantajosamente no curso de sua própria imortalidade, então desaparece o estigma detestável do "mal", que é compensado pelo "bem" mais breve a que faz jus pelo seu sofrimento. O mal que foi feito a Jesus, há dois mil anos, prossegue libertando milhares e milhares de criaturas de todos os sofrimentos inimagináveis; o mofo que resulta do mal do apodrecimento das substâncias transformou-se na abençoada penicilina, que restabeleceu a vida a incontável número de enfermos desesperados.[3] (Obra: *O Evangelho à Luz do Cosmo*, 8ª edição, p. 42)

3 Vide a obra *Magia de Redenção*, em que Ramatís demonstra o reajuste e a redenção do autor do próprio ato destrutivo ou perverso, quando apanhado pela Lei de Retificação Espiritual é submetido ao processo purificador. Aliás, o ditado de que o "feitiço sempre se volta contra o feiticeiro" adverte de que o efeito maligno depois atinge o seu autor, mago ou feiticeiro, e o conduz a melhorar o seu espírito pela própria carga que recebe de retorno e movimentou em prejuízo do próximo.

Q

Quebranto – anemia etérica

A projeção do mau-olhado nas crianças causa o quebranto, uma "prostração, fraqueza ou suposto resultado mórbido", conforme diz o dicionário comum. O povo pressente que se trata de uma carga fluídica, pois quando uma pessoa boceja é costume dizer-se que ela está com quebranto. Em nossa esfera espiritual o quebranto é conhecido por "anemia etérica", pois o duplo etérico, o veículo intermediário entre o perispírito e o corpo físico, é que recebe o impacto fluídico do mau-olhado ou do enfeitiçamento, sofrendo a desvitalização local.

Há criaturas que produzem o quebranto devido a inveja, ciúme ou frustração pela criança alheia, a qual é mais robusta, inteligente ou esperta do que seus filhos. Devido à sua inconformação e infelicidade, mães e pais de crianças aleijadas ou retardadas podem produzir e lançar fluidos mórbidos contra os filhos alheios sadios. (Obra: ***Magia de Redenção***, 13ª edição, p. 143)

Quebranto e benzimento – movimentações energéticas

Embora a medicina e os cientistas terrenos considerem o "quebranto" uma velha e tola superstição, o certo é que ele exerce-se disciplinado por leis tão lógicas como as que também coordenam o curso e a estabilidade das órbitas eletrônicas no seio dos átomos. Os fluidos etéricos e malfazejos projetados pelas criaturas invejosas, ciumentas ou despeitadas podem acumular-se no perispírito indefeso das crianças e chicotear-lhes o duplo etérico, perturbando o funcionamento normal dos "chacras" ou centros de forças etéricas.[1]

O "chakra esplênico", situado à altura do baço, no duplo etérico, responsável pela vitalização e pureza sanguínea, é o centro etérico que mais sofre e se perturba sob os impactos ofensivos dos maus fluidos, pois reduz a entrada do fluxo prânico,[2] e afetando a saúde da criança, ela perde a euforia de viver, ficando triste e melancólica. Restringindo o tom energético do metabolismo etéreo ou magnético vital, o perispírito também é afetado no seu intercâmbio com a carne na sua defensiva natural. O fenômeno do "quebranto" lembra o que acontece com certas flores tenras e sensíveis, que murcham prematuramente sob as emanações mefíticas dos pântanos. E o benzimento é o processo benfeitor que expurga ou dissolve essa carga fluídica gerada pelo "mau-olhado" sobre a criança, ou mesmo exalada de certas pessoas inconscientes de sua atuação enfermiça sobre os seres e cousas. O benzedor do quebranto também bombardeia e desintegra a massa de fluidos perniciosos estagnada sobre a criança ou seres afetados desse mal, desimpedindo-lhes a circulação etérica. Embora os sentidos físicos do homem não possam registrar objetivamente o processo terapêutico de eliminação do quebranto, a criança logo se recupera. (Obra: ***Mediunidade de Cura***, 12ª edição, pp. 181/182)

Queda angélica x descida angélica

A queda, como já vos dissemos há pouco, é a precipitação dos rebeldes — que certas religiões chamam de anjos que se transformam em diabos — porque sufocam a sua própria origem angélica e se escravizam voluntariamente ao instinto animal, enquanto que a descida é a do princípio angélico, que se faz no ciclo do

---

1 Nota do médium – Existe em nossa família um caso algo singular nesse gênero comentado por Ramatís. Uma de nossas sobrinhas, menina robusta e atraente, foi vitoriosa num concurso de beleza e robustez infantil, aqui em Curitiba; e, no dia seguinte, amanheceu triste, apática e sonolenta.
Recusou alimentos, rejeitou brinquedos e guloseimas, mostrando-se indiferente aos próprios afagos dos pais. Enfim, uma senhora idosa, nossa vizinha, achou que era "quebranto" de inveja e despeito alheio, pela vitória da menina no concurso infantil. O fato é que ela benzeu a doentinha. Então a tristeza, sonolência e apatia sumiram-se como por encanto.

2 Nota do revisor – Fluxo prânico ou "prana" é a soma total da energia cósmica; as forças vitais do corpo, principalmente as energias recebidas pela função respiratória e através do "chakra esplênico". É palavra sânscrita, que significa sopro, hálito de vida, combinando-se o prana com as próprias energias ocultas do Sol, na Terra, e provindas de outras fontes siderais próximas.

"Manvantara" planetário, quando o Criador expira ou cria no "Dia de Brama" e aspira ou desintegra na "Noite de Brama", no divino metabolismo em que a criação se distingue no seio do Criador. A queda é apenas o processo corriqueiro de reencarnação interplanetária; a descida, uma operação que abrange todo o Cosmo, absolutamente incompreensível ao homem, e impossível de se explicar sob qualquer alegoria. A queda é uma providência destinada a retificar e corrigir os agrupamentos de espíritos rebeldes que não podem acompanhar o progresso dos próprios mundos que habitam, mas que são almas já provindas da grande descida angélica, em que o Supremo Criador fez a criação emanar de si. Isso não implica em uma consequência depreciativa do seu Sistema Cósmico, pois os precipitados de outros planetas vão submeter-se às retificações compulsórias, enquanto que o Criador "desce" para criar novas consciências dentro de sua própria Consciência Cósmica. (Obra: *Mensagens do Astral*, 16ª edição, p. 224)

Queda angélica x descida angélica II

A descida angélica é quando o Espírito de Deus desce vibratoriamente até ao extremo convencional da Matéria, cujo acontecimento é conhecido pelos hindus como o "Dia de Brahma" e distingue o fenômeno da criação no seio do próprio Criador. É uma operação que abrange todo o Cosmo, ainda incompreensível para o homem finito e escravo das formas transitórias. A queda angélica, no entanto, refere-se especificamente à precipitação ou exílio de espíritos rebeldes, que depois de reprovados na tradicional seleção espiritual de "Fim de Tempos" ou de "Juízos Finais", transladam-se do orbe de sua moradia para outros mundos inferiores. Os reprovados colocam-se simbolicamente à esquerda do Cristo, que é o Amor, e emigram para outros planetas em afinidade com sua índole revoltosa e má, a fim de repetirem as lições espirituais negligenciadas e então recuperarem o tempo perdido mediante um labor educativo mais rigoroso. (Obra: *O Sublime Peregrino*, 17ª edição, p. 49)

Queda angélica – descida vibratória à matéria

Só mais tarde podereis compreender, no simbolismo da "queda dos anjos", que a descida vibratória do espírito à forma exige-lhe gradual libertação da ganga inferior que adquiriu. A evolução espiritual não dá saltos extemporâneos, nem subverte os princípios cósmicos da Suprema Lei que comanda a Harmonia e o Equilíbrio. As energias próprias dos mundos materiais, em sua força coerciva e no seu magnetismo oprimente, são elos que exigem indescritíveis e inumeráveis operações gradativas para serem extintos. O espírito encontra múltiplos recursos de aperfeiçoamento nos mundos invisíveis à matéria; mas não se livra de precisar "descer", consecutivamente, para abandonar no verdadeiro ***habitat***, as substâncias energéticas que lhe modelaram o caráter nos contatos físicos milenários. (Obra: ***A Vida no Planeta Marte e os Discos Voadores***, 14ª edição, p. 449)

Queima de pólvora – age no lençol etérico

Quando a pólvora é queimada num ambiente "ionizado" pelos técnicos benfeitores do mundo espiritual, ela age por eletrização e pode até causar queimaduras violentas em certas entidades ali presentes, cujo perispírito muito denso e sobrecarregado de éter-físico ainda reage sob os impactos do mundo material. Os espíritos subversivos ou obsessores fogem espavoridos do ambiente onde atuam, quando a queima de pólvora é feita por médiuns ou magos experientes, pois alguns deles são bastante escarmentados em tais acontecimentos. A pólvora preparada pela arte da magia age de modo vigoroso e positivo no lençol etérico e magnético do mundo oculto, pois além de acicatar os espíritos malfeitores desobstrui as cortinas de miasmas estagnados em ambientes enfermiços. (Obra: ***Magia de Redenção***, 13ª edição, p. 179)

Queima de pólvora e ovo áurico

Nos trabalhos mediúnicos sob o comando de pretos-velhos, índios e caboclos experimentados na técnica de física transcendental, as pessoas cujo perispírito sobrecarregado de fluidos perniciosos mostra-se com sinais de paralisia, são submetidas à "roda-de-fogo", ou queima de pólvora, cuja descarga de ação violenta no mundo etereoastral desintegra as escórias perispirituais e saneia a aura humanal. O mesmo salitre, que os entendidos usam para dissolver a aura enfermiça dos objetos enfeitiçados, depois de misturado ao enxofre e carvão, constitui a pólvora, que ao explodir compõe um ovo áurico no mundo etéreo-astral, muito semelhante ao cogumelo da bomba atômica, desagregando miasmas, bacilos, vibriões e microrganismos psíquicos atraídos pelo serviço de bruxaria e obsessão. (Obra: ***Magia de Redenção***, 13ª edição, p. 180)

"Queimar karma" – libertação de impurezas perispirituais

Desde muito cedo o espírito do homem é condicionado gradativamente para o sofrimento, que vai purgando as impurezas do seu perispírito, e a isso a tradição oriental chama "queimar" o Carma, isto é, pagar uma ou mais prestações de uma grande dívida que contraiu. Quando o espírito se resigna à ação cármica retificadora, ajusta-se à Lei e esta desenvolve-lhe a vontade e orienta-lhe o sentimento para a futura configuração angélica. É como acontece à criança que, sob a orientação dos adultos e adquirindo confiança em suas pernas, ergue-se e caminha, para explorar melhor o mundo ao seu redor. Mesmo Jesus, quando curava os enfermos, recomendava-lhes que queimassem o Carma, dizendo-lhes: "Não peques mais, para que não te aconteça coisa pior". E dizia assim porque, enquanto os pecados "engendram" mais Carma doloroso para o futuro, as virtudes o queimam, porque libertam a alma do jugo da matéria e evitam que ela cometa novos desatinos. A recomendação de que a alma deve substituir continuamente o que é péssimo pelo que é bom, o falso pelo verdadeiro ou a violência pela paz, tem por principal objetivo modificar carmicamente o teor futuro de vossa vida, como procede o homem prudente e cuidadoso, em sua mocidade, para usufruir de uma velhice saudável e calma. (Obra: ***Fisiologia da Alma***, 15ª edição, p. 226)

R

Radiestesia e duplo etérico

Durante a vivência do homem, no seu crescimento e desenvolvimento, o duplo etérico não é tão-somente um organismo de força instintiva aglutinante, um simples esboço para garantir a figura humana. Embora se trate de um organismo que lembra um homem recortado de éter cintilante, lilás-arroxeado, é o centro do magnetismo e da eletricidade biológica humana, cuja luminescência mostra-se diferente conforme as regiões orgânicas, além de um colorido peculiar ao estado vital de cada uma de suas partes. As irradiações que emanam do duplo etérico, em concomitância com os órgãos físicos do homem, permitem que os bons radiestesistas possam efetuar diagnósticos prematuros, assinalando com bastante antecedência os futuros males que ainda podem acontecer às pessoas examinadas. (Obra: *O Evangelho à Luz do Cosmo*, 8ª edição, p. 318)

Radiestesia x psicometria – semelhanças

O psicômetro e o radiestesista guardam bastante afinidade entre si, pois ambos possuem faculdades receptivas muito semelhantes, quanto à sua técnica de investigação. O primeiro pode "ver" psiquicamente, na aura dos seres e dos objetos, as cenas mais remotas que ocorreram na sua "presença"; alguns psicômetros de invulgar capacidade chegam a sentir, durante a visão psicométrica, a temperatura, os odores, assim como ouvem a música ou os sons que remotamente vibram em torno daquilo que eles examinam. O radiestesista, em lugar de ser um "ledor" de aura etérica, é um captador de ondas eletromagnéticas emitidas pelos objetos e seres vivos.

Ele as pressente ou percebe servindo-se da varinha de aveleira ou da forquilha de pessegueiro; ou então pelas oscilações positivas ou negativas dos pêndulos feitos de madeira, de metal ou de ebonite. É mais um interceptador das ondas eletromagnéticas que emitem os objetos, alimentos, minérios, medicamentos, lençóis d'água do subsolo, animais, homens e até substâncias mórbidas que podem lhe servir de elementos para obter surpreendentes diagnósticos. Conforme sejam as oscilações, o giro negativo, ou positivo ou a imobilidade desses pêndulos, que se movem pelo magnetismo, o radiestesista comprova e assinala as condições favoráveis ou desfavoráveis dos objetos ou das pessoas que examina. (Obra: ***Elucidações do Além***, 8ª edição, p. 134)

Radiestesia – sondagem magnética

É a faculdade de o indivíduo sondar através das ondas eletromagnéticas os veios d'água, lençóis minerais, influências magnéticas, locais benéficos para plantações ou efetuar diagnósticos sobre enfermidades, podendo assim indicar os medicamentos apropriados. Essas descobertas e diagnoses são feitas com o auxílio de varinhas de pessegueiros ou aveleiras, pêndulos de metal ou de madeira, que captam as ondas eletromagnéticas emitidas pelos objetos, lençóis d'água ou pontos auríferos. (Obra: ***Elucidações do Além***, 8ª edição, p. 133)

Raios solares nos planetas – conforme "capa" fluídica

Deus que gerou e equilibrou os mundos, no Cosmo, depois de criado o mais difícil e complexo, não poderia incorrer em erros tão crassos, desorientando-se na questão de climas, pressões, vegetação e outros imprevistos incompatíveis com a vida humana. Não comportam estas páginas singelas um tratado de "cosmogênese", mas lembramos-vos que as leis da relatividade cósmica são bem mais lógicas e exatas do que a ciência humana.

Os raios solares penetram na atmosfera de Marte com mais vigor e pureza, compensando a maior distância, porque também encontram menor obstáculo na atmosfera mais rarefeita. E à noite o calor irradiado do solo também é compensativo, pela razão simples de que esses raios solares penetram mais profundamente, em atrito com os lençóis magnéticos dos minerais subterrâneos. (Obra: *A Vida no Planeta Marte e os Discos Voadores*, 14ª edição, p. 45)

"Rasgar o véu" – sublime impulso evolutivo

"O reino dos Céus é tomado pela violência e são os violentos que o arrebatam", cujas palavras de Jesus aludiam mais propriamente a um acontecimento específico de conversão ou metamorfose espiritual. Isso é fruto de uma decisão inexorável, que só acontece às criaturas espiritualmente preparadas e decididas a romper os liames inferiores, que ainda prendem o seu espírito às paixões e aos vícios gerados na imantação ao corpo físico. O espírito do homem efetua a sua ascensão lenta e demoradamente, vivendo estágios espirituais, que o preparam através das vidas carnais educativas. Mas, comumente, ele só alcança a sua definitiva libertação num momento de súbita violência, em que, dominado por sublime impulso, então, rasga o véu da vida ilusória da animalidade. Lembra a flor que, depois de um longo período de gestação à luz criadora do Sol, entreabre-se de chofre sem quaisquer etapas graduáveis. (Obra: *O Evangelho à Luz do Cosmo*, 8ª edição, pp. 288/289)

Recordações das saídas astrais e mecanismo perispiritual

Enquanto ele ainda se conserva encarnado, todos os acontecimentos de que participa no mundo invisível são fixados exclusivamente no seu cérebro perispiritual, porque se sucedem noutras dimensões inapropriadas à recepção grosseira do cérebro físico. Embora a memória do perispírito se amplie incessantemente pelos acontecimentos em que continua a tomar parte no plano extramaterial, o cérebro físico permanece alheio a tudo, pois só é responsável pela fenomenologia e pelos fatos próprios da matéria e entrevistos unicamente pelos cinco sentidos da carne. Pela manhã, quando o espírito retorna ao seu organismo de carne, que abandonou durante o sono, não lhe é possível transmitir ao cérebro físico, com a desejada limpidez, a ordem e a natureza dos acontecimentos que foram observados e vividos astralmente só através do cérebro do perispírito. E a razão é bem simples: evidentemente, o cérebro carnal não pode identificar com fidelidade as cenas e os acontecimentos de que não participou diretamente, e que só foram vividos pelo cérebro astral quando fora do corpo físico. Assim é que as ocorrências de que o espírito participa, em cada nova encarnação, ficam definitivamente gravadas no seu próprio perispírito ou na sua memória etereoastral, como acervo de sua consciência espiritual definitiva, que é continuamente fortalecida e ampliada pela síntese das memórias das existências físicas pregressas. (Obra: ***A Sobrevivência do Espírito***, 7ª edição, pp. 265/266)

Redutores da nossa onisciência – cérebro físico x cérebro perispiritual

O cérebro físico é, pois, o redutor da Onisciência no mundo da matéria, sendo esta a última fase da "descida angélica", ou seja, a mais grosseira manifestação da Divindade. O cérebro perispiritual, no entanto, é o responsável por essa redução no plano da vida astral. Ambos selecionam, eliminam e ajustam somente aquilo que pode ser útil, suportável e entendível no campo da consciência-indivíduo e ajudam-na a se expandir e a despertar no seio da Consciência Cósmica de Deus. Embora existam ainda outros órgãos que cumprem o mesmo objetivo redutor em planos ainda mais sutis, como no mental concreto e no mental abstrato, não podemos nos alongar na descrição de tais processos e veículos atuando na intimidade do Espírito Cósmico e que também amoldam o conhecimento infinito, de modo suportável, ao entendimento humano. (Obra: ***A Sobrevivência do Espírito***, 7ª edição, p. 279)

Reencarnação – integração angélica

Em face da impossibilidade de o espírito primário do homem lograr a sua gloriosa angelitude numa só existência humana, e não podendo de imediato aperceber-se do "reino de Deus", ele, então, precisa de muitas vidas físicas ou encarnações em vários planetas das mais diferentes graduações. Lenta, sensata e conscientemente, o espírito, então, se gradua para a integração angélica, através das sucessivas existências físicas de aprendizado e educação espiritual. Eis por que Jesus enunciou, categoricamente, que "ninguém poderá ver o reino de Deus, se não nascer de novo", pois é de Lei que tanto quanto o espírito submete-se às lições educativas das formas físicas ele também afina e sublima o próprio perispírito.

Há um sentido de "renovação" ou "ressurreição" incessante, em todas as latitudes do Universo, e quando o espírito renasce em múltiplas existências na Terra, ele comprova no cenário do microcosmo humano a similitude de uma regra ou de um princípio, que atua em perfeita decorrência com a própria Lei de Renovação do Universo. (Obra: ***O Evangelho à Luz do Cosmo***, 8ª edição, pp. 281/282)

Reencarnação – elo psíquico com o genitor

Normalmente, quando o espírito se reencarna nos mundos físicos, e que procura reduzir o seu perispírito para atingir internamente os contornos da matriz feminina, encontrará mais facilidade para esse encaixe vibratório-etérico, se puder recorrer também ao magnetismo que exsuda do futuro pai. O espermatozóide doado pelo homem, à medida que vai desatando, na matriz materna, a configuração do nascituro, também alimenta e expande o campo magnético que vive em si, potencialmente, como substância energética masculina. Em consequência, o período gestativo cria fenomenologia de identificação comum, entre os esposos, embora diferenciados pela matéria. Não importa se ambos estão separados, em corpo físico, pela distância do mundo de formas, porquanto não existem separações vibratórias do mesmo magnetismo, que se possam interpor e interpenetrar-se, mesmo a consideráveis distâncias.

O psiquismo do genitor, que fica em estado de "hipersensibilidade" magnética, sofre a atuação mais enérgica e intensa do psiquismo da esposa em estado de gestação e consequentemente em íntima relação com os planos imponderáveis. Forma-se, então, uma ponte, um elo psíquico indestrutível entre ambos, e, pela rigorosa lei de correspondência magnética do Cosmo, inúmeros estados emotivos e psíquicos da mulher projetam-se no campo etereomagnético do homem. Desencadeiam-lhe, por vezes, até fenômenos objetivos e de ordem enfermiça, atestável nos quadros ginecológicos.

O chinês, o índio e certos povos exóticos, pressentindo essa influência "psicomagnética" entre os esposos, quando das épocas gestativas, faziam-se co-participantes do período de gestação, culminando alguns no exagero de ficar de "quarentena", enquanto a esposa não cessava as atividades comuns. A vossa ciência já deve ter verificado inúmeros casos de dispnéia, náuseas e afogueamento abdominais, que por reflexão magnética têm provocado fenômenos no esposo da gestante. (Obra: ***A Vida no Planeta Marte e os Discos Voadores***, 14ª edição, pp. 86/87)

Reforma íntima e cura da obsessão

É prematura qualquer intervenção compulsória no mecanismo da obsessão, sem que haja sido iniciada a reforma íntima e espiritual, ou do obsessor ou do obsidiado, pois isso seria o mesmo que tentar afastar as moscas de um prato com mel que está ao seu alcance. A retirada obrigatória do espírito obsessor, de junto de sua vítima, não resolve problemas obscuros, cujas raízes podem estar fixadas há muitos séculos, num passado repleto de tropelias e crueldades recíprocas. Esse processo mais se assemelha ao efeito da injeção calmante no corpo físico, que pode contemporizar o efeito doloroso, mas não soluciona a causa oculta da enfermidade. Em todas as comunidades do Além, que se dedicam às tarefas benfeitoras de cura e tratamento desobsessivo, só se emprega uma "técnica espiritual": o despertamento incondicional do Amor. (Obra: ***A Vida Além da Sepultura***, 12ª edição, p. 314)

Refulgências mentais – natureza dos pensamentos e sentimentos

As criaturas humanas emitem raios de luzes tão intensos ou débeis conforme lhes seja a natureza dos pensamentos e dos sentimentos. Durante as palestras cujo assunto é inferior, fescenino ou agressivo, as auras dos homens tingem-se de cores escuras, que vão desde o vermelho-sanguíneo, o verde-ardósia, o cinzento-oleoso até o preto depressivo. No entanto, se o assunto em foco é de ordem elevada, no qual se conjugam os princípios elevados do espírito, então fulguram as cintilações luminosas dos seus autores e atraem para junto deles entidades que procuram o contato humano no sentido de ampliar o serviço do Cristo no orbe terráqueo. (Obra: ***Elucidações do Além***, 8ª edição, p. 46)

Região etérica – os quatro éteres

Enquanto o corpo físico é composto dos sólidos, líquidos e gases da região química, toda a sua estrutura invisível, interior, realmente energética e plasmadora da forma — que preexiste e sobrevive à dissolução da carne — reside nessa região etérica. Ela constitui-se de quatro "éteres" que formam a fisiologia do perispírito ou corpo etereoastral, e que assim se dividem: — o mais inferior, que é o "éter-químico", elemento responsável por todos os fenômenos de assimilação e excreção nas relações do homem com o meio; o "éter-vital", o magnífico veículo que permite a propagação no meio físico, impregnando desde o pólen das flores até o espermatozóide humano e que, devido à intemperança ou os vícios sexuais, debilita-se e extingue-se, produzindo a esterilidade; o "éter-luminoso", o meio de percepção sensorial, o captador das vibrações do ambiente exterior e, ao mesmo tempo, o transmissor, em linguagem objetiva, das emoções e das sensações interiores da alma no seu mundo oculto; o "éter-refletor", a tessitura delicadíssima que reflete toda a memória da Natureza, desde o mais leve estremecimento de uma probabilidade de onda até o ruir ou gestar-se do Cosmo. Graças à sua natureza sutilíssima, o ego-divino pode evocar, no plano físico, todos os sucessos de suas personalidades humanas em reencarnações anteriores, constituindo-se, então, a consciência reflexiva, por acumulamento no simbolismo do tempo e do espaço. É um dos principais registros que delineiam a Lei de Causa e Efeito, do Carma, porque fica-lhe refletida toda vibração que exorbite do nível normal da evolução. (Obra: ***Mensagens do Astral***, 16ª edição, pp. 376/377)

Regiões etéricas interiores e causalidade

Os fenômenos concretos que a ciência pode estudar e catalogar nos seus compêndios científicos não passam de efeitos daquilo que primeiramente se processou na intimidade imponderável. As leis e as forças ocultas, embora ainda desconhecidas para os cientistas comuns, é que fazem eclodir os fenômenos perceptíveis à instrumentação científica e só então considerados positivos. Tudo se move das regiões etéricas interiores, para depois se configurar em aspectos materiais e fluxos de energias perceptíveis à experimentação do raciocínio humano. Nas regiões etéricas — denominadas de "registros akhásicos" -- gravam-se desde a singela memória do homem, os moldes de todos os reinos da Natureza, até os gigantescos arquétipos dos sistemas de mundos. Todas as auras radiativas, etéricas ou astrais, dos orbes circunvizinhos à Terra, entram em relação contínua, interferem e se influenciam reciprocamente. Poderosas correntes de energias desconhecidas, cuja ação e origem ignorais, manifestam-se através do "éter-cósmico" e situam-se no vosso mundo. Então, tudo vive, agita-se, liberta-se ou se expande e, operando quais milagres, escapa à análise e à positivação comum.

Esse maravilhoso potencial transforma a bolota em carvalho ou o pinhão em gigantesca árvore; mas opera também no seio dos planetas e dos sóis, a fim de conduzi-los a configurações ainda inconcebíveis para o raciocínio humano. (Obra: *Mensagens do Astral*, 16ª edição, p. 94)

Registros akhásicos e os profetas

O profeta é criatura normalmente dotada de um sistema admirável de "chacras" bem-desenvolvidos e fartamente luminosos, na figura de centros de forças distribuídos à periferia do corpo etérico, que é o intermediário entre o plano invisível e o físico. Uma vez que nos registros "akhásicos" do éter-cósmico se grava desde a queda de uma folha de árvore até o nascimento e a extinção de uma galáxia, inclusive os detalhes dos planos futuros elaborados pelos Arquitetos do Cosmo, os profetas se colocam em contacto com essas matrizes etéricas e trazem para o estado de vigília, graças aos seus "chacras" apuradíssimos, os eventos que ainda estão fora do conceito de espaço e tempo. (Obra: *Mensagens do Astral*, 16ª edição, p. 140)

Reino do espírito x reino da carne – distância vibracional

Sabeis que não existem distâncias "métricas" entre o reino do Espírito eterno e o mundo material, pois essa pretensa separação é apenas a diferença dos estados vibratórios de cada plano, entre si. Mesmo nesse instante em que vos ditamos estas palavras, viveis simultaneamente no mundo espiritual, mas ligados a um organismo carnal. Não é preciso ocorrer a vossa morte corporal, para sobreviverdes em espírito, pois na realidade sois sempre Espírito imortal, embora encarnado ou sujeito a um corpo físico mediante o elo do perispírito, a fim de, em caráter transitório, poderdes viver subordinados às limitações do mundo terráqueo. (Obra: *Elucidações do Além*, 8ª edição, pp. 88/89)

Reino físico, reino etéreo-astral e explosões atômicas

O átomo infinitesimal é composto de centros imponderáveis de atrações, como os íons e elétrons; no entanto, esses corpúsculos, que ainda são um "quantum" de matéria, possuem duplo-etéricos semelhantes à sua configuração material e ainda impregnados da energia astral. Cada elétron físico possui, portanto, a perfeita contraparte etéreo-astral e que vem a ser um outro elétron num sub-plano eletrônico. Uma vez que o átomo material é formado pela soma de elétrons e do núcleo que, por sua vez, também possuem os seus duplo-elétricos, é óbvio que há, no átomo físico, um outro átomo etérico. As moléculas físicas, como soma dos átomos etéreo-físicos, também se apresentam revestidas dos seus duplo-etéricos, e as células que se formam da composição das moléculas seguem a mesma disposição fundamental, com as suas contrapartes etéreo-físicas.

Em consequência do que acima expomos, o homem físico é uma cópia, uma reprodução ou a "revelação" exata, no mundo exterior, de um outro homem etéreoastral, invisível, que compreende a soma de células, moléculas, átomos e elétrons físio-etéricos. É por isso que ocorre o fenômeno que já conheceis, de muitos pacientes continuarem a sentir dores em uma perna já amputada, pois o cirurgião que amputou a parte material não pôde nem poderia amputar a perna etérica. Noutros casos, após a amputação da mão atacada pelo câncer, a energia cancerígena caminha pelo "molde etérico" do enfermo e, embora se façam novas e sucessivas intervenções, materializa-se novamente na sequência do braço e vai dali para diante. A bala escaldante, que penetra o cérebro ou o coração do suicida, estraçalha na mesma zona a tessitura etérica, pois que a bala material é um corpo revestido também do duplo-etérico, que é a figura exata de outra bala, que prejudica o seu plano correspondente.

Os reinos animal, vegetal e mineral são configurações visíveis dos mesmos reinos etéreo astrais e que sobrevivem mesmo após a dissolução da forma material, assim como sobreexiste a perna etérica do paciente que sofreu amputação da contra-parte física da mesma.

Daí a razão por que a bomba atômica desata uma ação em cadeia, no plano físico e, também, uma outra que é sua perfeita reprodução, no mundo astral, pois há outra bomba etérica explodindo no mesmo tempo em outros reinos etéricos que são, por sua vez, cópias do mundo físico. (Obra: ***Mensagens do Astral***, 16ª edição, pp. 324/325)

Reino real x reino efêmero

É evidente que Jesus também enunciava um fato científico, ao advertir que "meu reino não é deste mundo", isto é, de um mundo material e transitório. O seu reino é real, indestrutível e ilimitado, como é o reino superior da energia espiritual. O "mundo de César" é o mundo efêmero existindo sob breve compactação energética, se considerarmos o tempo infinito, cujas formas, visíveis aos sentidos físicos, tendem a se volatilizar em partículas desaparecendo do exame real dos mesmos sentidos carnais. (Obra: ***O Evangelho à Luz do Cosmo***, 8ª edição, p. 203)

Reinos da natureza – consciência psíquica instintiva

Há em cada reino da natureza uma consciência psíquica instintiva, que atua em determinada faixa e frequência vibratória, vinculada à Mente Universal. Cumpre-lhe, especificamente, aperfeiçoar as espécies minerais, vegetais e as próprias espécies animais. Sob tal comando e o progresso incessante, esse mesmo psiquismo instintivo amolda e apura os minerais incorporando-os aos vegetais e, em seguida, os ajusta às espécies animais, providenciando a contextura do organismo carnal anatomofisiológico, que deverá servir para o futuro homem. É por isso que a própria ciência terrícola comprova que existe uma direção, um sentido orientador e disciplinado na cristalização de alguns minerais. Observa-se uma espécie de "arquétipo" oculto, que além de proporcionar a necessária composição química, que se traduz por propriedades fisioquímicas, ainda confere aos minerais as características geométricas de cada tipo, a distribuição harmoniosa das cores; os aspectos e as variedades peculiares de cada espécie. (Obra: ***O Evangelho à Luz do Cosmo***, 8ª edição, pp. 108/109)

"Reis magos" – iniciados do quarto plano da escadaria setenária

Conjugados aos grandes iniciados essênicos, que nos seus templos já haviam recebido, por via mediúnica, a notícia da chegada do Messias, os reis magos representavam o potencial exigido no mundo exterior, para as transfusões de energias "psico-físicas" ao "menino-Luz"! Magos poderosos, afeitos absolutamente ao bem, comandando no astral poderosas falanges a serviço da causa, significavam potentes recursos que o Alto mobilizara para o maior êxito crístico na Terra!

No simbolismo da mirra, do incenso e do ouro ofertados ao menino Jesus, oculta-se uma das maiores revelações espirituais, só compreensível aos já iniciados no quarto plano da escadaria ascensional setenária. É divino mistério que, entretanto, já está esclarecido no âmago do espírito emancipado nas lides terráqueas. (Obra: *Mensagens do Astral*, 16ª edição, p. 110)

"Reis magos" - poderosos magos brancos

Melchior, Gaspar e Baltazar — como se chamavam — sábios e poderosos magos brancos, cujos conhecimentos já os notabilizara em reencarnações anteriores na Atlântida, previram com exatidão a chegada do Avatar Divino, cuja Luz Salvadora se transfundiria, através da carne, na pessoa de Jesus de Nazareth, filho de José e de Maria. A humanidade terrícola, escrava ainda das forças primárias animalizadas, que estruturam o corpo físico, poderia — graças ao sublime esponsalício do Cristo Planetário com a humanidade terrena — receber o tão esperado socorro divino e apressar a sua libertação por meio desse elo mais eletivo do Criador. Impelidos pela força de sua convicção iniciática, alicerçada na ciência astrológica, os três reis magos se puseram a caminho, decididamente, para o local em que a divina criança desabrochara para o holocausto salvador do homem!

Eis o que diz o Evangelho de Mateus: — "Tendo pois nascido Jesus em Belém de Judá, em tempo do rei Herodes, eis que vieram do Oriente uns magos a Jerusalém, dizendo: "Onde está aquele que é nascido rei dos judeus? Viemos adorá-lo, pois vimos a sua estrela no Oriente" (Mateus, 2:1,2). (Obra: *Mensagens do Astral*, 16ª edição, p. 107)

Relação sexual - transmutação energética

A mulher e o homem, configurando dois campos magnéticos opostos, na hora relacional se transmutam energias vindas do Alto e forças criadoras do mundo instintivo, as quais fazem o seu misterioso encontro na zona do "plexus abdominal", que é o exato limiar controlador dos automatismos criadores. Nesse encontro criador, os "centros de forças" do homem e da mulher, na figura dos chacras que se distribuem à periferia do corpo etérico, revitalizam-se pelo magnetismo oposto que os envolve como alimentação energética. Muito acima de "objeto-sensação", a mulher é poderosa antena viva de forças, funcionando como captadora do magnetismo descido das regiões superiores, o qual é vitalizado e corporificado na "hora relacional". Só o desconhecimento integral da realidade divina que palpita no intercâmbio genésico é que transforma o ser humano à feição do saltimbanco que resolvesse fazer graças fesceninas num templo sagrado. (Obra: ***A Vida no Planeta Marte e os Discos Voadores***, 14ª edição, pp. 79/80)

"Religare" – processo de unificação com o Pai

O verdadeiro sentido do vocábulo "Religião",[1] na acepção panorâmica da idéia, significa, na verdade, a "religação" da criatura ao seu Criador. Todo o esforço que o homem efetua no sentido de aproximar-se ou assemelhar-se com Deus, é sempre um ato religioso porque o transforma e o eleva, isto é, o "religa" com seu Autor. Religião não é somente a idéia de um culto ou dever sagrado para com a Divindade, mas a mobilização dos recursos sublimes do próprio ser, para, então, gozar de maior intimidade com o seu Criador. O espírito do homem encontra-se "ligado" eternamente com Deus, em cuja fonte ele se originou e se alimenta. No entanto, apesar dessa "ligação" íntima e indestrutível, que o torna a miniatura portadora dos mesmos atributos da divindade, ele deve "reunir-se" ou "religar-se" com o Pai, ampliando e divinizando a sua consciência pelo entendimento completo da vida e pelo sentimento crístico incondicional. (Obra: ***Elucidações do Além***, 8ª edição, pp. 81/82)

Religião – religação consciente ao Criador

Sem dúvida, todas as criaturas constituem-se de centelhas emanadas de uma só Fonte Divina; e, portanto, mantêm-se indestrutivelmente ligadas com Deus. No entanto, ser a substância de algo é uma coisa e ter a consciência disso é outra. Todos os homens estão ligados a Deus porque sua contextura fundamental é emanação Dele; porém, como o espírito surge ignorante e inconsciente, embora esteja ligado ao Pai que o criou, todo o esforço que ele executa no sentido de ampliar sua consciência e abranger maior amplitude da

1 Religião, do verbo latino "religare".

Consciência Cósmica de Deus, é um processo "religioso" de "religar-se". O espírito já está ligado a Deus pela circunstância de ser criação Dele, mas depois procura a sua "religação" pelo desenvolvimento da consciência. (Obra: ***A Missão do Espiritismo***, 9ª edição, p. 51)

"Renascimento Cósmico" – Lei de Renovação do Universo

Sucede-se, periodicamente, uma verdadeira ressurreição no Cosmo, ou seja, o advento de novos aspectos materiais pela incessante criação e, também, o "desfazimento" dos universos físicos, no eterno metabolismo Divino. Há um processo incessante de "materialização" de universos, em cada etapa do "Dia de Brahma" e, posteriormente, a desmaterialização da energia ali condensada nas fases denominadas de "Noite de Brahma". É, na realidade, uma "ressurreição morfológica", que se sucede em cada "Manvantara", ou "Grande Plano", abrangendo todos os setores astronômicos e todas as latitudes cósmicas. Assim, o fenômeno conhecido como "reencarnação" ou "ressurreição" na carne, enunciado por Jesus, e o renascimento do espírito em novos corpos físicos, reflete, também, na vivência humana algo equivalente da mesma Lei de Renovação do Universo, ou de "Renascimento Cósmico". Num sentido mais amplo, é a chama espiritual ressurgindo límpida da animalidade humana. (Obra: ***O Evangelho à Luz do Cosmo***, 8ª edição, p. 281)

Reservatório do amor puro – Cristo Planetário

Considerando-se que "só pelo amor se salva o homem" e que o Cristo Planetário é o campo, a síntese e o reservatório pulsátil do Amor Puro, ninguém poderá chegar a Deus, lograr a perfeição ou a ventura eterna, sem primeiramente passar pelo "caminho" do Amor absoluto. O Amor Crístico só se manifesta depois que o "homem velho" livra-se dos seus instintos animalescos e vai manso e passivo ao holocausto da cruz do amor desinteressado, e ressuscita na figura do "homem novo" cristificado, assim como a semente perde a sua velha forma egocêntrica no seio da terra, para ressurgir em seguida na "figura nova" da árvore. (Obra: ***O Evangelho à Luz do Cosmo***, 8ª edição, p. 195)

Revelação do mundo oculto – espiritismo

O fenômeno mediúnico é inerente a todos os homens. É próprio do espírito humano e por isso existe desde os tempos simbólicos de Adão e Eva. A expansão mediúnica não é propriamente a "Terceira Revelação", mas é o espiritismo, no seu conjunto doutrinário de **revelar** o mundo oculto a todos os homens, e na responsabilidade grave de pesquisar e controlar o desenvolvimento mediúnico. (Obra: ***A Missão do Espiritismo***, 9ª edição, p. 31)

Rituais – ação coordenadora

Na sua tarefa de enfeitiçar objetos, para atingir o "clímax" proveitoso, o feiticeiro precisa seguir um ritual gradativo e progressivo no seu trabalho, obedecendo às fases e às leis já consagradas e conhecidas naquele processo. O ritual de enfeitiçamento, em sucessiva ordem processual, determina que o seu operador primeiramente faça a atração das forças a serem mobilizadas na bruxaria; depois dessa fase preliminar, então deve condensá-las nos objetos; em seguida, gradativamente, dinamizá-los ou "eletrizá-los"; e finalmente, projetar as energias em direção à vítima escolhida para a carga enfermiça. O absurdo e contrário ao ritual seria o feiticeiro dinamizar as energias antes de captá-las, ou então projetá-las antes de sua potencialização. O ritual, portanto, não é uma entidade oculta, misteriosa ou processo supersticioso inerente à magia e bruxaria, mas é uma ação coordenada do princípio ao fim objetivado, em todo o processo da natureza e atividade da vida humana. (Obra: ***Magia de Redenção***, 13ª edição, pp. 33/34)

Rituais africanistas e os "senhores da natureza"

Os africanos, de onde a doutrina de umbanda trouxe o seu fundamento, cultuavam os "senhores da Natureza" na forma de Orixás menores e maiores, conforme o seu poder e a sua responsabilidade junto aos homens. Esse culto e entendimento recíproco eram feitos através da fenomenologia física, no limiar das forças da Natureza. Então havia cerimoniais, compromissos e deveres para com os chefes de linhas e falanges do mundo oculto, com os tradicionais presentes e ritos à beira dos rios, do mar, dos campos, das matas e nas encruzilhadas dos caminhos. Os antigos sacerdotes bantos produziam curas fabulosas, modificavam o ambiente, faziam predições avançadas através do exame psicométrico da aura dos objetos e das ervas dinamizadas no seu energismo. Sabiam invocar os espíritos da Natureza e os mais poderosos produziam doenças estranhas nas tribos inimigas, previam tempestades, inundações, assaltos de animais ferozes, efetuavam acontecimentos miraculosos. Sem dúvida, eram ritos bárbaros onde corria prodigamente o sangue dos animais sacrificados; e em certos casos, as entidades perversas exigiam até o holocausto humano. (Obra: *A Missão do Espiritismo*, 9ª edição, pp. 165/166)

Rituais – disciplina na consecução de algo

O ritual, em si, é uma operação que disciplina a sucessão de fases, atos e operações destinadas a promover o desenvolvimento gradativo e lógico dos acontecimentos da Natureza, em comunhão com a atividade do espírito encarnado. Não se trata de um acontecimento excêntrico e supersticioso, mas é um processo científico e técnico, presente em todos os acontecimentos do mundo profano, embora seja mais específico da esfera religiosa, iniciática, maçônica e esotérica. O ritual nada tem de crendice ou mistério, mas é ordem, graduação técnica e coerência desdobrativa, regendo e consagrando o ritmo, a sucessão e a manifestação das coisas. (Obra: *Magia de Redenção*, 13ª edição, p. 33)

Ritual de enfeitiçamento – processo dinâmico

Em consequência, através de rituais que serviam para dinamizar essa vontade e aglutinar os campos de energias poderosas para "eletrizar" os seus trabalhos, eles transformavam objetos, aves e animais, conforme o quisessem, em fontes catalisadoras de fluidos benfeitores ou maléficos. O ritual praticado pelo feiticeiro é o mecanismo de exaltação de sua vontade malévola, enquanto os objetos enfeitiçados ou "encantados" desempenham a função de acumuladores ou condensadores de forças magnéticas, que funcionam no plano físico e etéreo-astral. Conforme seja o preparo no rito de enfeitiçamento, tais objetos podem funcionar à guisa de condensadores captando as energias em torno do ambiente da pessoa enfeitiçada, e depois baixando a frequência vibratória até tornar-se enfermiça ou constritiva. Isso lembra o que acontece com certos aparelhos de rádio, cuja má qualidade receptiva ou péssimo funcionamento então distorcem, enrouquecem ou inferiorizam a música executada e transmitida, de modo límpido, pela estação radiofônica.

O ritual, no enfeitiçamento, é apenas um processo dinâmico que disciplina o desdobramento da operação contra a vítima. Alicia as forças selváticas do mundo astral inferior e ativa as reações em cadeia magnética, no objeto preparado para funcionar como um detonador contínuo no mundo fluídico. Aliás, o desmancho ou processo inverso do enfeitiçamento, também exige determinado rito, para depois inverter os pólos anteriormente firmados pela concentração de fluidos coercitivos. Alguns feiticeiros costumam usar fluidos tão agrestes nos enfeitiçamentos mais tenebrosos, que o "desmancho" também exige a mobilização de energias semelhantes para a sua solução. Mas o ritual, em sua noção específica, é um processo disciplinador da própria vida! (Obra: *Magia de Redenção*, 13ª edição, pp. 32/33)

Roteiro das modificações planetárias e ciência oculta

A vossa ciência oficial pode teimar em querer ignorar o assunto, mas o certo é que a ciência oculta — que está preservada dos olhos profanos e das discussões estéreis — possui o roteiro dessas modificações periódicas. Na história dos "Grandes Ciclos Secretos" consta tudo isso e mesmo a profecia da submersão da Atlântida, extensiva para além do Período Terciário, no qual aquela extraordinária civilização foi desaparecendo sucessivamente da face do orbe. A Atlântida encontrava-se bastante civilizada, quando o "eixo da roda" se inclinou e ocorreu o "pralaya" das raças, surgindo a neve, a geada e o gelo nas regiões tropicais. Os estudiosos do assunto poderiam obter esclarecimentos a respeito nos "registros orientais", dos santuários iniciáticos, à vista dos quais reconheceriam que a frase pitoresca "eixo da roda" refere-se ao eixo da Terra! (Obra: *Mensagens do Astral*, 16ª edição, p. 71)

S

"Saída em Astral" – aumento da visão e mobilidade

A saída em corpo astral não é condição absolutamente exigível para que só então o espírito possa penetrar no "outro lado" da vida; em verdade, os nossos espíritos nunca se afastam de qualquer plano da vida cósmica, na qual estamos permanentemente integrados. O corpo físico — aliás, conforme a conceituação moderna de que a matéria é energia condensada — também vive interpenetrado pelas forças vivas de todos os planos do Cosmo. A "saída em astral", portanto, é apenas aumento de visão e de mobilidade que o espírito encarnado consegue usufruir no campo da energia mais sutil do plano astral, mas nunca o abandona, nem mesmo quando "desce" vibratoriamente para mergulhar na carne. O corpo físico reduz a visão astral e obscurece a memória etérica, mas nem por isso exige o afastamento da alma do seu plano interior correspondente. Quando o homem limpa as lentes dos seus óculos, ofuscadas pelas gorduras ou obscurecidas pelo pó, é óbvio que, após isso, ele não penetra num outro mundo de que fora isolado, mas apenas clareia a sua visão e aumenta o seu campo de percepção comum. O organismo carnal é realmente um cárcere, que reduz a consciência astral e a ação mais ampla do espírito no meio eletivo de sua própria origem, mas de modo algum o afasta do seu mundo familiar. (Obra: ***A Sobrevivência do Espírito***, 7ª edição, pp. 276/277)

Samadhi – a voz do silêncio (Deus)

Os estudantes orientais entregam-se ao "êxtase" sem premeditação, e procuram ouvir a "Voz sem Som" do Espírito Cósmico que está em todos nós. Eles não opõem barreiras humanas construídas, compiladas ou repetidas por sábios, cientistas, filósofos ou instrutores, que são outros homens criados por Deus e não podem saber mais do que a própria "Voz de Deus" soando no interior da alma! E nessa captação da Fonte Pura de todo o conhecimento, sem objeção e sem desconfiança, sem premeditações ou apartes, flui-lhes, então, a melhor solução das coisas da Vida. E, como não podem explicar aquilo que sentem no "samadhi", ou no êxtase, quando o "Eu sou" está acima do pensamento humano, limitam-se a sorrir, tolerantes, quando os ocidentalistas lhes fazem indagações obscuras ou intoxicadas pelo excessivo intelectualismo das milenárias repetições dos homens! Não podendo transmitir a experiência que também teria que ser vivida pelos seus opositores acadêmicos, científicos ou filosóficos, o recurso é aguardarem o despertamento dos outros. Paradoxalmente, quando esses outros efetuarem a mesma experiência, eles também sentirão a mesma Realidade que os primeiros sentiram; por isso dispensarão as explicações intelectivas, mas também não poderão explicar a própria experiência! (Obra: *Mensagens do Astral*, 16ª edição, p. 395)

Samadhi – percepção da Realidade Divina

Os espíritos que ainda na Terra alcançam a realização do seu Divino Eu, manifestam algo da natureza de Deus, isto é, vivem uma dupla existência. Conscientes de sua realidade divina e entendendo os motivos de sua própria existência e os objetivos de sua eterna ventura, executam a sua tarefa educativa no mundo, mas permanecem usufruindo de sua jubilosa calma interior. O espírito realizado é aquele que já sobrepaira acima de todas as identificações com os sentidos e permanece consciente em incessante união com o Criador. Sem dúvida, somente nos estados de "samadhi", o êxtase da visão cósmica, numa esfericidade sem limites e abrangendo todos os fenômenos macro e microcósmicos da Vida, o espírito tem consciência nítida dessa realização divina que alcança, aos poucos, até se integrar definitivamente no seio das humanidades sidéreas libertas de quaisquer liames da vida externa ilusória.

Mas é evidente que as criaturas integradas à prática absoluta do Evangelho do Cristo, numa vivência de incessante serviço e amor ao próximo, em que Francisco de Assis é uma das figuras mais representativas, também se apercebem mais breve da Realidade Divina, amparadas pelo próprio preceito evangélico de que "Batei e abrir-se-vos-á", ou "Pedi e obtereis". Assim, há os homens que alcançam a realização pela comunhão com Deus, como os iogues atingindo o êxtase ou "samadhi", ou os ocidentais que o fazem pela ação por Deus. (Obra: ***O Evangelho à Luz do Cosmo***, 8ª edição, p. 79)

Samsara – libertação pela transformação moral

Não basta só provar a existência da alma pela fenomenologia mediúnica, mas também é preciso desenvolver no espírito humano as qualidades evangélicas apregoadas por Jesus. Os espíritas sabem que é mais sensato e proveitoso exercitar nas criaturas a paz, a ternura, a humildade e o amor, que convertem à angelitude, do que apenas surpreendê-las com os fenômenos transitórios referentes à imortalidade.

Sem dúvida é muito importante para os espíritas comprovarem a sua sobrevivência após a morte física; mas ainda é mais valiosa a transformação moral e libertação dos instintos animais, que livram o ser da roda indesejável das encarnações expiatórias. Indubitavelmente, é grande tolice o homem saber da existência do Paraíso e nada fazer para habitá-lo. O fenômeno psíquico demonstra características da revelação, mas não é processo fundamental para melhorar a evolução da alma. (Obra: ***A Missão do Espiritismo***, 9ª edição, p. 49)

"Sangue vital" no Universo – prana

O prana não é um efeito da vida, como ainda supõem alguns espiritualistas do ocidente, pois o mineral, o vegetal, o animal e o homem é que são, realmente, seus produtos ou elementos resultantes, visto absorverem em sua intimidade o "quantum" dessa energia vital indispensável para se manifestarem no mundo. O prana está presente e atuante em todas as expressões de vida no Universo, porque ele é a essência vital que alimenta desde o "combustível" mental necessário ao homem para compor os seus pensamentos e idéias, assim como também vivifica a substância astralina que fotografa e manifesta todos os sentimentos das emoções do Espírito.

É "sangue vital" de incrível poder e amplitude cósmica, que se manifesta em todos os planos da vida, pois sua falta implicaria na desintegração e no desaparecimento instantâneo do Universo exterior, que é visível e sensível à consciência humana. (Obra: ***Elucidações do Além***, 8ª edição, p. 176)

Sapo – condensador bioelétrico para o feitiço

O sapo é considerado pelos feiticeiros um excelente condensador vivo, "bioelétrico", para o melhor êxito da magia negra endereçada a determinada pessoa. O seu sistema vital-nervoso é poderosíssimo captador de energias etereomagnéticas do ambiente e das pessoas, assim como o filtro de pedra absorve e retém os detritos deixados pelas águas poluídas. O sapo enfeitiçado condensa os fluidos densos que vibram em torno de si, mas, depois, ele os degrada pelo abaixamento vibratório, durante a sua função de aparelho vivo de filtração mórbida. Acicatado pelo sofrimento, ele exala uma aura fluídica residual enfermiça no meio ambiente onde o situam, essa atmosfera magnética, densa e viscosa, alimenta a fauna psíquica inferior para atuar positivamente no plano material. A atmosfera eletromagnética inferior irradiada pelo sapo e potencializada pelo feiticeiro, depois transforma-se num lençol corrompido e nutritivo de miasmas, embriões, bacilos, larvas e elementos primários do astral inferior.

Os objetos colocados nas entranhas do sapo, furtados à própria vítima do enfeitiçamento, funcionam como "canais psíquicos" ou "pontos" de referência, congregando as correntes de maus fluidos que se projetam em direção à aura do embruxado, sob a própria lei de que "os semelhantes atraem os semelhantes"! Esses fluidos buscam, naturalmente, a aura da vítima da bruxaria, através dos endereços vibratórios que são dispostos para tal malefício. (Obra: ***Magia de Redenção***, 13ª edição, p. 90)

Satanás – representação do próprio homem

Na figura dos chifres, o esoterista pode aperceber-se muito bem da fúria impulsiva e indomável do touro, que se traduz pela agressividade humana; os pés caprinos são a lascívia; as asas, ora de morcego, ora de pássaros, representam a procura de ascensão, ou o vampirismo; o corpo semi-humano é o homem, espírito e matéria; as garras de abutre ainda podem lembrar a avareza e a peculiar agiotagem humana; os cascos de cavalo, a violência... e, assim cada teólogo diabólico criou o seu diabo, feito à sua imagem e semelhança anímica.

Satanás, em suma, é a figura representativa do próprio homem — as paixões, a lubricidade, a avareza, a violência, a brutalidade e as ambições desmedidas; juntamente com o amor, a meiguice, o altruísmo e todos os valores inatos e adormecidos nas fímbrias do espírito imortal. Satanás é como o homem; misto de divindade e animalidade. (Obra: ***Sob a Luz do Espiritismo***, 3ª edição, p. 58)

Saturação satânica e migração dos "anjos caídos"

Mas depois de exilados para os orbes inferiores, submetidos ao tradicional processo seletivo de "Fim de Tempos" ou "Juízo Final", esses "anjos" decaídos terminam cedendo em sua estrutura pessoal orgulhosa, quer enfraquecidos pelos vícios incontroláveis, como destroçados pelas paixões devoradoras. Destruído o paredão granítico de sua vaidade e orgulho, então lhe reponta a fulgência da luz angélica que palpita no âmago de toda criatura. Sem dúvida, essa emigração de anjos decaídos ou de espíritos rebeldes, de um orbe superior para outro inferior, evita o perigo da saturação satânica no ambiente astralino das humanidades, porque a carga nociva alijada faz desafogar a vida espiritual superior, tal qual as flores repontam mais vivas e belas nos jardins que se livram das ervas malignas.

Em consequência, tem fundamento a lenda bíblica da "queda dos anjos", embora, às vezes, alguns a confundam com o processo da "descida angélica", o que é bem diferente e refere-se a quando Deus cria os mundos planetários e se manifesta exteriormente, no ciclo de um novo Grande Plano criador. (Obra: ***O Sublime Peregrino***, 17ª edição, p. 50)

"Segunda morte" e plano mental

No mundo astral ocorre outra transição completa do espírito para o plano mental, fato que a tradição oriental esotérica chama de "**segunda morte**". É quando o espírito abandona o corpo astral, que é o veículo revelador da emoção e ingressa no plano mental, onde então passa a viver instantaneamente aquilo que pensa e não o que sente. É isto, na realidade, o que se concebe como "segunda morte", porém, muitos espíritos abnegados e heróicos a protelam por longo tempo, a fim de não perderem o contato com os seus tutelados na Terra. (Obra: ***Elucidações do Além***, 8ª edição, p. 148)

Segunda vinda do Cristo – "via interna"

Desde que Jesus não foi o Cristo, mas tão-somente o seu medianeiro encarnado no orbe terreno, é evidente que a "primeira vinda" do Cristo se fez indiretamente pelo corpo físico de um missionário sacrificado na cruz. Obviamente, a "segunda vinda" do Cristo também deverá ser através de novos homens ou intermediários encarnados.

Mas, conforme diz certo adágio terreno, "o trinco do coração só se abre por dentro" e, por esse motivo, a "segunda vinda" do Cristo há de ser exclusivamente através da intimidade oculta do coração de cada homem. Assim que tiver assimilado os ensinos evangélicos transmitidos por intermédio do sacrifício de Jesus, e vibrar no estado de amor puro, é evidente que a criatura receberá o Cristo em "si mesma", transformando-se num médium potencialmente aprimorado para a "segunda vinda". (Obra: ***O Evangelho à Luz do Cosmo***, 8ª edição, pp. 191/192)

Sentimento de religiosidade – inato no homem

Religião, enfim, identifica um estado de espírito superior do homem, quando ele procura realmente maior aproximação com a "verdadeira" natureza de Deus. A criatura pode ser profundamente religiosa sem fazer parte de qualquer seita, credo ou igreja ortodoxa, pois é bem grande a diferença do estado de religiosidade que "religa" o homem ao seu Criador, pela sublimação espiritual, em vez de participar de doutrinas ou agrupamentos de homens ligados pelos mesmos gostos e simpatias. Muitos santos e gênios viveram exclusivamente para o bem da humanidade, e, no entanto, não participaram de nenhum movimento sectarista religioso.

É tão forte e vibrante o sentimento de religiosidade no íntimo das criaturas, independente de qualquer compromisso doutrinário ou sectarista, que muitos pecadores transformaram-se e converteram-se ao Bem ou "religaram-se" ao Criador, depois da leitura de um livro comovente, da intuição do seu anjo da guarda ou da ternura benfeitora do próximo. Na profundidade de suas almas vibrou a ansiedade de aproximação ao Pai, e não o "medo" do castigo ou o dever sagrado de adorar a divindade. Entediados ou desesperados por uma existência falaz e tola, eis que um gesto, um olhar ou um convite os modificou completamente. (Obra: ***Elucidações do Além***, 8ª edição, p. 82)

Sentinela vigilante – oração

É de senso comum que a ausência de preocupações graves ou de circunstâncias dolorosas alivia a mente e afrouxa o sistema nervoso. Como decorrência, a prece é excelente recurso terapêutico para o homem, porque a sua dinâmica liberta o espírito das contingências materiais, proporcionando momentos de paz e de agradável alívio corporal. O ser não só se reanima em espírito como estabelece melhores condições para a atividade fisiológica corporal nessa louvável vivência angélica. Deste modo, indiretamente, a oração também é útil ao corpo físico porque lhe concentra valiosas forças espirituais e o defende contra as vibrações inferiores projetadas por outras mentes mal-intencionadas. A oração é uma espécie de sentinela vigilante contra as influências espirituais nocivas porque pecaminosas, pois a prece aquieta os impulsos inferiores e evita as explosões de ódio, orgulho, ciúme, ira ou inveja. (Obra: ***Elucidações do Além***, 8ª edição, p. 110)

"Serpente vermelha", Atlântida – elemental do câncer

Serão separados imediatamente os candidatos ao diabolismo terrestre, evitando-se que se repita o acontecido na Atlântida, onde os magos-negros, da organização da "Serpente Vermelha", conseguiram açambarcar as posições-chave da coletividade. A fim de desalojá-los de sua posição perigosa e salvar a integridade moral dos bem-intencionados, o Espaço teve que empregar exaustivos e severos recursos incomuns, que pesaram na economia e no equilíbrio magnético e psicológico da época. A terapêutica sideral não mais podia ser contemporizada; o ambiente estava impregnado de terrível energia que, na forma de um "elemental virgem", agressivo e destruidor da matéria fina, era utilizado discricionariamente para fins nefandos. Então os Mentores Siderais fizeram reverter essa energia sobre a crosta do orbe, numa operação que diríamos de "refração" sobre os próprios agentes de todos os matizes, que a manuseavam. Os atlantes, em sua maioria, passaram então a funcionar como "captadores" vivos das forças deletérias em liberdade e que manuseavam à vontade; mas incorporaram nos seus veículos astroetéricos a quantidade correspondente a cada culpa belicosa ou uso desregrado, tornando-se portadores de uma carga nociva, do elemental tosco, primitivo, imune à medicação comum.

O resultado disso a vossa humanidade ainda está sofrendo, pois esse elemental, essa energia agressiva, lesiva à matéria mais fina, e profundamente corrosiva, está sendo expurgada pelos corpos físicos na forma confrangedora conhecida pela patogenia cancerosa. O câncer identifica ainda os restos dessa substância virulenta do astral inferior, que foi utilizada com muita imprudência por parte dos atlantes, acarretando um "carma" que deverá durar até o princípio do terceiro milênio e cuja "queima" está sendo apressada pelo Espaço, motivo pelo qual aumentam atualmente os quadros mórbidos do câncer. (Obra: *Mensagens do Astral*, 16ª edição, p. 275)

Sete mundos – ritmo setenário cósmico

A mesma Pedagogia Sideral ensina que Deus, Brama ou o Universo, abrange sete mundos ou sete estados energéticos que se diferenciam conceitualmente sob a regência do ritmo setenário. Através dessa divisão, cabível na mente humana, torna-se mais fácil aquilatar o processo de "involução" ou "descida angélica" e o da "evolução" ou "ascensão espiritual". Procurando situar-nos dentro dos gráficos mais conhecidos e que consideramos de maior clareza para esse entendimento, principalmente os que são manuseados entre os esoteristas, rosa-cruzes, teosofistas e hermetistas, expomos, resumidamente, a disposição dos sete mundos que servem de degraus diferenciais no abaixamento vibratório do espírito virgem, e que a tradição bíblica também simboliza no trajeto ascensional através da escada de Jacó:

1º) **Mundo de Deus**, a Matriz-Base, o Pensamento Original e Total;

2º) **Mundo dos Espíritos Virginais**, composto de sete regiões, de onde se originam os espíritos diferenciados em Deus, para iniciarem a sua trajetória através da substância material; origem iniciática dos veículos do homem;

3º) **Mundo do Espírito Divino**, em cujas regiões se originam as mais elevadas influências espirituais no homem;

4º) **Mundo do Espírito de Vida**, é a origem do segundo aspecto tríplice do espírito do homem;

5º) **Mundo do Pensamento**, dividido na região do "pensamento abstrato" que contém as idéias germinais da forma, vida e emoção dos reinos mineral, vegetal, animal e humano; na região do "pensamento concreto", zona mental, origem das forças arquetípicas e a mente humana, na figura de um foco que reflete o espírito na matéria, além dos arquétipos do desejo, emoção, vitalidade universal e da forma. (Aliás, esse mundo, em sua divisão perfeita do espírito humano e a mente, separa perfeitamente a personalidade provisória do mundo de formas e o ego concretizado no mundo interior do espírito.)

6º) **Mundo dos Desejos**, responsável pelo "corpo dos desejos", na seguinte disposição: — três regiões que compreendem o poder, a luz e a vida anímica, compondo a atração; a quarta região, que é o sentimento, as três últimas abrangendo os desejos, impressionabilidade e paixões;

7º) **Mundo Físico**, de suma importância para o atual conhecimento do homem comum, assim dividido: — região interior, etérica, forma do corpo vital, e região exterior, química, que compõe o corpo denso ou propriamente físico.

Destacamos especialmente a "região etérica" cujos veículos funcionam em bastante eletividade com as energias do sexto mundo, que é o formativo do corpo dos desejos, compondo-se, então, o corpo etereoastral, responsável pelos fenômenos imediatos no plano físico. (Obra: *Mensagens do Astral*, 16ª edição, pp. 375/376)

1	Mundo de Deus	DEUS	Mahapara-	
2	Mundo dos	Mundo da origem dos espíritos diferen-	nirvânico	
3	Espíritos	ciados em Deus, antes da sua peregrina-	Paranirvânico	
4	Virginais	ção através da matéria.	Nirvânico	
5	Mundo do	— Veículos do homem —	Búdico	
6	Espírito	Origem da mais elevada influência espi-	Arupa	
7	Divino	ritual no mundo.	—	
	Mundo do	— Espírito Divino —	Mental	EGO
	Espírito	Origem do segundo aspecto do tríplice	Rupa	
	da Vida	espírito do homem	Astral	
	Região	— Espírito de Vida —	Físico	
	do	Mundo que contém as idéias germinais	Físico	
Mundo do Pensamento	Pensamento	da forma mineral, vegetal, animal e		
	Abstrato	humana; idéias germinais do desejo,		
	Região	da emoção dos animais e do homem;		
	do	origem do terceiro aspecto do espírito		
	Pensamento	do homem		
	Concreto	Mundo das forças arquetípicas e da		
	Mundo	mente humana. Reflete o espírito na		Meio de união entre a personalidade e o Ego
	dos	matéria; contém os arquétipos de desejo		
	Desejos	e da emoção; da vitalidade universal e		
	Região	da forma.		
	Etérica	Mundo do poder anímico, luz anímica		
	Região	e vida anímica; regiões do sentimento,		
	Química	desejos, impressionabilidade, paixões e		
		desejos inferiores.		
		— Corpo de Desejos —		A PERSONALIDADE
		Éter refletor da memória da natureza:		
Mundo Físico		éter luminoso da percepção sensorial;		
		éter vital da propagação e o químico de		
		assimilação e excreção.		
		— Corpo Vital —		
		Região dos gases, líquidos e sólidos		
		— Corpo denso —		

(Obra: *Mensagens do Astral*, 16ª edição, p. 378)

(*) Esse quadro é cópia simplificado do diagrama da p. 42, da obra ***Conceito Rosa-cruz do Cosmos***, Editora Fraternidade Rosacruciana São Paulo, acrescido, também, dos termos usados pelo Ocultismo Oriental. Copiamo-lo em nossas reuniões para auxiliar o leitor.

Sexólatras – retardo perispiritual-físico

Os estados de espírito classificados pelos dez mandamentos são os que mais agravam a situação reencarnatória das almas imprudentes e vítimas dos descontroles mentais e emotivos, e levam-nas às piores consequências e sofrimentos futuros. No caso em foco, as seduções e os prazeres desbragados na esfera sexual são acontecimentos enquadrados entre os prejuízos a outrem e a si mesmo, em que o indivíduo extremamente sensual, lascivo e impudico vive semeando mentiras, decepções, angústias e tristes destinos na sua faina de satisfazer o instinto animal. Assim, impregna a contextura delicada do seu perispírito, já vibrando em nível mais humano e tendendo à liberação lenta da ação imantadora e gravitacional da matéria, com as forças primárias e densas de uma paixão mais primitiva, que aumenta a atração material.

Em sua queda vibratória, retarda-se a circulação "etéreo-magnética" do perispírito, e degrada-se a configuração num sentido regressivo à esfera da animalidade, onde domina o fluido ou energia sustentadora da luxúria; em consequência, o perispírito do homem ou da mulher extremamente libidinosos perde muito de sua qualidade e configuração humana, em favor da velha figura do animal, que já estaria sendo vencida em parte. É um retrocesso psíquico, culminando num retardo perispiritual-físico em direção a uma forma de licantropia reencarnatória, cujos traços e reações traem sempre esgares e modulações animalescas, as cintilações dos olhos, o arfar das narinas, a boca lasciva à semelhança dos animais em seus brinquedos no cio. (Obra: ***Sob a Luz do Espiritismo***, 3ª edição, pp. 216/217)

Símbolos cósmicos – as parábolas de Jesus

Através da parábola, Jesus fazia resumidas narrativas e oferecia admiráveis lições de moral superior, que eram entendíveis em qualquer época e em qualquer latitude da vida humana. Ele sabia modelar as frases e escoimá-las do trivial, do inócuo e do inexpressivo, transformando a mais singela pétala de flor no centro de um acontecimento de relevante fim espiritual. Nas parábolas, ele punha toda sua tática e inteligência, pois o mais insignificante fenômeno da Natureza transfundia-se na força de um símbolo cósmico. Os seus ensinamentos estão repletos de comparações singelas, mas sempre ligadas à vida em comum dos seres, que atravessaram os séculos e se transformaram em conceitos definitivos, constituindo-se num repositório de encantamento para a redenção humana.

Aqui, a diminuta semente de mostarda serve para explicar a Fé que move montanhas e cria os mundos. Ali, a parábola do talento enterrado adverte quanto à responsabilidade do homem no mecanismo da vida e da morte. Acolá, o joio e o trigo simbolizam a seleção e divisão profética dos "bons" e dos "pecadores" no seio da humanidade. Enfim, as parábolas foram o maravilhoso recurso de que Jesus se serviu para ajustar o seu pensamento avançado e transmiti-lo de modo entendível aos conterrâneos. Elas oferecem um tom de respeitabilidade e o seu conteúdo é sempre de nobre significado moral, no sentido de despertar a reflexão sobre a Verdade, que deve ser o fundamento da vida eterna do Espírito. (Obra: *O Sublime Peregrino*, 17ª edição, pp. 222/223)

Símbolos de magia – velados ao vulgo

É muito natural que o enfeitiçamento, dada a sua antiguidade, ainda seja uma ciência obscurecida pela superstição, pois desde a Lemúria e a Atlântida, tratava-se de arma terrível, com que certas tribos se exterminavam reciprocamente, à distância, através da mobilização e do emprego de energias maléficas aniquilantes. Mais tarde, os sacerdotes prudentes tentaram velar o mecanismo perigoso da Magia, ao verificar que as criaturas malévolas e vingativas lhe mobilizavam os recursos para fins destrutivos. Eles introduziram símbolos, objetos, ritos excêntricos, cuja função principal era desviar e obscurecer o ritmo iniciático do enfeitiçamento.[1] Havia necessidade de velar deliberadamente o processo mágico, que podia catalisar a vontade humana e dominar as energias poderosas do mundo oculto. O homem do povo tornaria impossível a vivência humana, caso pudesse dispor das forças incomuns da natureza, a seu modo, semeando malefícios de vinganças e desforras recíprocas.

Por isso, os processos de bruxaria apresentam acessórios ingênuos, excrescências ridículas ou extravagantes, que deixam confusos os estudiosos do assunto, embora se verifique no enfeitiçamento feito por entendidos um ritmo científico disciplinado por

1 A Magia, entre os antigos magos, era ciência importante e só processada em ambientes iniciáticos, onde as forças da Natureza eram utilizadas exclusivamente a serviço do Bem. Mas, tratando-se de ciência que tanto pode ser utilizada para o Bem como para o Mal, conforme aconteceu modernamente com a bomba atômica, então nasceu a feitiçaria ou magia negra, processo maligno e vingativo dos segredos da velha ciência da Magia!

elevada ética mágica. (Obra: ***Magia de Redenção***, 13ª edição, p. 80)

Simpatia – magia branca x magia negra

A simpatia é mais propriamente uma derivação da magia aplicada sem fortes ritos ou conhecimentos iniciáticos, é uma espécie de curandeirismo mágico popular. A magia é a arte e a ciência de empregar conscientemente os poderes invisíveis para obter efeitos visíveis. A vontade, o amor e a imaginação são poderes mágicos que todos possuem, pois aquele que sabe desenvolvê-los e empregá-los conscientemente é um mago. Quem os emprega para fins benéficos pratica a magia branca e quem os emprega para o mal pratica a magia negra. A Alta Magia mobiliza o poder supremo do Espírito, ao passo que a feitiçaria e a baixa magia empregam os poderes psíquicos ou as forças astrais do mundo inferior. (Obra: ***Magia de Redenção***, 13ª edição, p. 161)

Sofrimento do animal e impregnação fluídica da carne

Quando o suíno ou o boi são sacrificados, a sua carne reflui sob o impacto violento, febricitante e doloroso da morte prematura; o choque mortal que lhes extingue a existência plena de vitalidade física também lhes exacerba o "duplo-etérico", produzindo algo parecido a uma "coagulação fluídica". O sangue, que é a linfa da vida e o portador dos elementos eterofísicos mais poderosos do mundo invisível, estagna em seu seio a carga de energia astralina inferior, que o porco ou o boi carreiam para o seu corpo físico na manifestação violenta da vida instintiva.[2]

Assim, as pessoas carnívoras incorporam no seu duplo-etérico grande parte desses fluidos inferiores. O éter-físico e parte do astral albumínico dos animais sacrificados sob o pavor do massacre que pressentem nos matadouros penetra no homem pela sua aura etérica e se transforma em densa cortina de fluido isolante. Isso dificulta o processo normal de assistência espiritual daqui, pois os Espíritos-Guias não conseguem atravessar a barrei-

2 Realmente, há visível diferença na composição do "duplo-etérico" dos próprios animais e aves. Sob a vidência, observa-se que a aura etereofísica do suíno é pardacenta, viscosa e obscura, enquanto a do carneiro projeta uma silhueta num tom claro, lilás escuro, mas transparente. No caso das aves dá-se o mesmo, pois, enquanto o corvo se mostra etericamente num cinza-escuro, denso e oleoso, o beija--flor é um foco de luz policrômica, despedindo diminutas chispas fulgurantes. Quer parecer que influi, nesses casos, algo da alimentação mais grosseira ou refinada.

ra viscosa do baixo magnetismo humano, a fim de transmitirem intuições orientadoras aos seus pupilos encarnados. (Obra: ***A Vida Humana e o Espírito Imortal***, 11ª edição, p. 133)

Sofrimento kármico – fracasso de médiuns, médicos e espíritos

Os terrícolas, em sua maioria, baixam à sepultura depois de intoxicados pela alopatia, perfurados pelas agulhas hipodérmicas, bombardeados pela eletroterapia, afetados pela radiografia ou então mutilados pela cirurgia, quer sejam crianças, moços ou velhos, mesmo depois de assistidos pela maior sumidade médica do mundo ou atendidos pelo mais famoso médium terapeuta. Diante do sofrimento corretivo decretado pela Lei de Causa e Efeito não tenhais dúvida: fracassa tanto o médico quanto o médium, pois a dor, nesse caso, não é acidente nem doença, mas um recurso disciplinador para o espírito retornar à sua verdadeira rota espiritual e evitar maiores prejuízos para o futuro. (Obra: ***Mediunidade de Cura***, 12ª edição, p. 78)

Sofrimentos futuros e vícios alimentados na carne

Eis por que o sofrimento na vida futura pode atingir mesmo aqueles que já lograram desenvolver os bens superiores do espírito, mas que se hajam descuidado de extinguir algum vício ou hábito alimentado na carne. Algumas almas desencarnadas, de cujo perispírito já se desprendem refulgências de luzes, não se podem furtar, de vez em quando, ao fato de a sua mente ser perturbada pelo insofreável desejo, do fumo, do churrasco ou mesmo do uísque fidalgo ou da cachaça pobre. "Em verdade vos digo que tudo o que ligardes sobre a Terra será ligado também no céu, e tudo o que desligardes na Terra será desligado também no céu"(Mateus 18:18). Como se vê, nesse admirável conceito de Jesus está implícito o ensinamento de que só habitaremos o céu no mais completo estado de paz, liberdade e alegria depois que nos desligarmos completamente de todas as coisas, desejos e vícios do mundo carnal. Então, o que na Terra foi desatado pela própria vontade e consciência do espírito, também será desatado no Além. Aquele que fuma, bebe ou se alimenta descontroladamente na Terra fica ligado a esses prazeres terrenos, até que o próprio espírito se esqueça deles, visto que a morte não o obriga a deixar os vícios com o corpo físico no túmulo da matéria.

O corpo de carne apenas revela as sensações do espírito no mundo físico; por isso, os desejos inferiores, que vivem na intimidade da alma, continuam a se manifestar mesmo ante as munificências dos ambientes celestiais. (Obra: ***Fisiologia da Alma***, 15ª edição, p. 95)

Sublimação e sensibilização – amor

Evidentemente, se os atributos essenciais do Criador constituem-se numa Verdade, a qual sintetiza o Amor, a Sabedoria e equilíbrio infinitos, o homem deve ativar em si mesmo tais princípios a fim de lograr mais proximidade com Deus. Pouco adianta o homem crer em Deus, caso ele não desenvolva em si mesmo os atributos divinos, os quais possui latentes no âmago do seu espírito. A crença puramente intelectual e especulativa torna-se um atributo dispensável, caso não modifique a maneira de agir e sentir. O centro psíquico que sublima e sensibiliza o ser, embora seja o intelecto que planeja através do poder mental, é a afetividade que vitaliza o crescimento divino através do Amor. (Obra: ***O Evangelho à Luz do Cosmo***, 8ª edição, pp. 36/37)

Subtração magnética e afinidade psíquica – astro higienizador

A subtração magnética é uma sucção gradativa, partida do astro inferior, a que cada alma responderá conforme a sua faixa vibratória, revelando a sua maior ou menor afinidade com as condições de vida primitiva que lá existe. Os espíritos de vibrações rapidíssimas, em faixas vibratórias mais sutis, escaparão da influência do planeta e, portanto, não sentirão o futuro entorpecimento magnético, um estado de morte aparente e consequente flutuação compulsória na atração para o orbe estranho. Os "esquerdistas", porém, sentir-se-ão sob estranha hipnose, que os deixará inquietos, ignorando de onde provém a força atrativa e succional; perderão o senso do local em que permanecerem até aquele momento e, envolvidos por forte torpor, terminarão trasladando-se para o meio inóspito do planeta higienizador, no qual só despertarão para iniciar a recapitulação das lições negligenciadas na Terra. Mas o que há de predominar nesse processo migratório exótico será justamente a afinidade psíquica de cada espírito para com o planeta primitivo. (Obra: ***Mensagens do Astral***, 16ª edição, p. 287)

Sucessão de movimentos ascensionais – hierarquia cósmica

O espírito é o "agente" que concretiza, progressivamente, todos os pensamentos contidos na Mente Divina e que, como centelha, evolui da inconsciência de grupos instintivos dos reinos inferiores para a forma de consciência individual humana, quando então se dá o despertar do raciocínio da hipnose animal para a ascese angélica. Essa interminável sucessão de movimentos ascensionais é sempre assistida por inteligências cada vez mais altas na infinita hierarquia espiritual. Assim como o espírito que ainda habita o organismo do homem das cavernas precisa de um guia que lhe sobrepuje apenas a precária inteligência e o sentimento, e lhe conheça de perto as primeiras necessidades, uma consciência tão ampla, como a de Jesus, inspira-se pela sublime entidade que é o Arcanjo Gabriel, espírito planetário diretamente ligado ao Logos do Sistema Solar. A graduação dos espíritos orientadores situa-se harmonicamente na economia do Cosmo. Assim como não requereis Einstein para o ensino da aritmética no curso primário, também não há necessidade de um Arcanjo Planetário para ensinar o homem comum a compulsar as primeiras páginas do Evangelho. (Obra: ***Mensagens do Astral***, 16ª edição, pp. 297/298)

Suicídio – corta o "fio da vida" – "onda vital"

Quando o espírito, por exemplo, violenta a si mesmo no ato tresloucado do suicídio, ele secciona, prematuramente, o "fio da vida" ou da conhecida "onda vital", que palpitante de prana fora prevista pela Técnica Sideral até certa idade física.

Nessa "onda de vida", inclui-se desde a energia mental dosada para fundamentar os pensamentos e os raciocínios humanos, como a substância astralina destinada a nutrir as emoções, paixões e os sentimentos do Espírito manifesto no mundo material. Em consequência, o suicida apenas muda a focalização de sua vivência psíquica, jamais a aniquila. Ele antes pensava, sentia e agia plasmando a sua atividade no turbilhão dos acontecimentos materiais; após o suicídio ou a morte prematura, essa fenomenologia não cessa e continua a projetar-lhe todos os efeitos mais intensos e drásticos na tela sutil do seu perispírito na vivência imprevista no Além-Túmulo. O ato tresloucado do suicida não extingue a vida do espírito desesperado; apenas desvia-lhe a projeção normal e proveitosa que fazia no cenário do mundo físico. E, inexoravelmente, fixa-lhe a última cena infeliz e aniquilante na sua intimidade perispiritual, que ali permanece focalizada, tanto tempo quanto ele ainda deveria permanecer encarnado na Terra. (Obra: *O Evangelho à Luz do Cosmo*, 8ª edição, pp. 328/329)

Suicídio – homem animal x homem espírito

Há momentos em que o tédio, a melancolia, o desespero e até a revolta abatem o homem de tal forma, embora ele participe de todos os prazeres da vida, que, na sua angústia insolúvel, ele recorre ao suicídio, causando espanto àqueles que o julgavam plenamente venturoso. Na verdade, em face de qualquer descuido ou invigilância da personalidade humana, a consciência espiritual reage, no sentido de sua integração na vida superior do espírito imortal.

Muitas vezes, esse "chamado" oculto e incessante traduz-se numa angústia indefinível, que é a luta rude entre o homem-espírito e o homem-animal; luta que, nos caracteres mais fracos, pode arrastar o homem ao suicídio. Inúmeros poetas, intelectuais, filósofos, escritores, cientistas e mulheres de elevada posição social fugiram do mundo pela porta falsa dessa tragédia, justamente por faltar-lhes a firmeza na espiritualidade consciente, que então lhes compensaria o amargor de suas decepções e angústias, por maiores que elas fossem.

Mas, assim como o balão cativo não cessa de forçar as amarras que o prendem ao solo, o espírito também emprega todos os seus esforços para libertar-se dos grilhões da matéria. Embora a consciência humana não identifique esse oculto instinto moral do espírito para ajustar-se ao padrão superior de sua vida imortal, em certas criaturas o fenômeno se traduz por uma estranha satisfação íntima, que pode manifestar-se mesmo durante a dor ou até quando se aproxima a morte física. (Obra: *Mediunidade de Cura*, 12ª edição, pp. 128/129)

Super-homem verdadeiro – o homem evangelizado

Sob a eclosão da ciência evangélica, o "super-homem" há de ser aquele que se livrou da imantação atrativa dos fluidos gravitacionais do instinto das coisas e dos objetos ilusórios do campo material. Que vale um "super-homem" apegado ao cenário do mundo transitório das formas, sucesso biológico entre o berço e o túmulo físico, mas superado pelo primeiro mendigo integrado no Evangelho do Cristo? O super-homem, realmente indestrutível, é aquele cuja ação é o resultado dos conteúdos essenciais da vida espiritual eterna. Que vale intensificar o poder, a capacidade e a astúcia do homem, se isso também amplifica os próprios conflitos humanos?

Assim, o verdadeiro super-homem não é o espécime transitório do incentivo e da disciplina biológica, capaz de dominar as formas em incessante transmutação, mas o cidadão liberto das injunções externas, isto é, expressão viva e imutável do espírito absolutamente vencedor da matéria. (Obra: ***O Evangelho à Luz do Cosmo***, 8ª edição, p. 149)

T

Tabagismo e os obsessores viciados

O duplo-etérico do homem encarnado é o veículo de segurança contra os espíritos desencarnados, desde que ele não perca o controle e o domínio no comando.[1] É o intermediário entre o corpo físico e o perispírito imortal, o veículo onde se centralizam todas as ações e reações no intercâmbio do mundo espiritual com o mundo físico. Em consequência, a satisfação de fumar, no homem viciado, processa-se através da ação desse duplo-etérico que, atuando na forma de sensibilíssimo laboratório confeccionado de éter-físico da Terra, transforma o tabaco incinerado na condição de fluidos etéricos assimiláveis pela natureza sutil e imponderável do espírito imortal. Como o duplo-etérico é um corpo provisório, que existe apenas

1 Nota do médium – Cremos que não é demais repetirmos elucidações sobre a natureza do duplo-etérico, veículo imponderável constituído pelo éter-físico terreno, o qual situa-se entre o perispírito sobrevivente e o corpo físico do homem. Funciona qual "ponte" ligando a margem do mundo oculto ao mundo material; isto é, a vontade do espírito imortal para produzir a ação corporal, e, devolvendo as reações do organismo carnal novamente para o espírito. Toda ação espiritual exerce-se primeiramente na mente do perispírito, ou seja, no invólucro do espírito; em seguida, incide no duplo-etérico, o qual a transmite instantaneamente ao corpo físico. O homem então pode enfraquecer ou perder o comando do seu duplo-etérico, quer seja pela escravidão a vícios como álcool, fumo, entorpecentes e jogatina; ou, ainda, pelo descontrole das paixões degradantes, temperamento exclusivamente irascível, até pela preguiça e descaso, passando a ser dirigido em vez de dirigir! O espírito lembra o cocheiro, o duplo-etérico figura o cavalo; e o corpo carnal, o carro. O cocheiro tanto pode fazer o cavalo disparar por violência e destroçar o carro, como imprudentemente soltar as rédeas nas mãos de outro condutor malévolo! Assim, o espírito do homem perde o controle do seu duplo-etérico por escravizá-lo aos vícios perigosos, cedendo as rédeas a outro desencarnado obsessor. O duplo-etérico gera-se com o corpo físico e dissolve-se 3 a 4 dias após a morte do corpo carnal.

durante a encarnação do espírito, pois desintegra-se alguns dias depois da morte carnal, quem desencarna desliga-se do seu laboratório que sublima as substâncias físicas em fluidos etéricos. Assim, perde o contacto direto com os fenômenos do mundo físico, sem poder satisfazer vícios ou paixões cultivadas em excesso, na carne!

Isso acontece também com o "ex-tabagista" inveterado, que ainda mais se alucina ao ver-se desligado do corpo carnal e surpreende-se, aflito, pelo desejo do fumo estigmatizado no perispírito! Falta-lhe o duplo-etérico, o "transformador" adequado para sublimar a erva incinerada em condições fluídicas assimiláveis. Deste modo, se o espírito desencarnado vítima do tabagismo é de baixa frequência vibratória, de pouco escrúpulo ou alucinado, ele não trepida em perseguir os encarnados viciados pelo fumo, a fim de absorver tanto quanto possível as emanações do cigarro! É a "via crucis" do infeliz viciado que transladando-se para o mundo espiritual, não conseguiu desvencilhar-se completamente dos cordoames das paixões ou vícios, que são próprios e exequíveis apenas no orbe físico! (Obra: ***A Vida Humana e o Espírito Imortal***, 11ª edição, pp. 228/229)

"Tanque de enxofre", choro e ranger de dentes – planeta Chupão

Oxalá as páginas sedativas, amorosas e libertadoras do Evangelho do Amado Mestre Jesus ainda possam inspirar muitos terrícolas para sustar em tempo os seus passos à beira do abismo, livrando-os da trágica imigração para um mundo inferior, inóspito e selvagem, onde a insânia, a brutalidade e crueldade justificam aquele conceito evangélico, que assim adverte através de João: "E aqueles que não se encontram no Livro do Cordeiro serão lançados no tanque de enxofre e nas regiões de uivos e ranger de dentes".

Sob o invólucro exterior dessa advertência atribuída ao Senhor, então, se verifica que as criaturas sem as virtudes assinaladas no Evangelho do Cristo-Jesus serão exiladas para um mundo expiatório simbolizado no "tanque de enxofre", isto é, um orbe tão primário e selvático, que sua vivência cruel e violenta da animalidade indisciplinada enquadra-se perfeitamente na descrição de uivos e ranger de dentes, que é a manifestação característica da vida inferior. (Obra: ***O Evangelho à Luz do Cosmo***, 8ª edição, p. 28)

"Tatismo magnético" – faculdade superior

O magnetismo ou o fluido vital do corpo humano que, por efeito de reações mentais, pode ser dinamizado para o bem ou para o mal, também existe condensado nos objetos, vegetais, frutos, flores, minerais, e, consequentemente, nos animais; pois existe uma aura radiante, magnética, imponderável aos vossos sentidos, em torno de todas as coisas do mundo material. Há homens sensíveis que, de olhos vendados, são capazes de reconhecer a atmosfera dum matadouro ou o ambiente de uma igreja. Naquele a aura em volitação é saturada de emanações mórbidas, repletas de angústia e do horror próprios da matança impiedosa dos animais; na igreja, local de orações, louvores e graças, música e incenso, impõe-se o magnetismo suave que se evola do estado espiritual dos presentes. (Obra: ***A Vida no Planeta Marte e os Discos Voadores***, 14ª edição, p. 427)

Telepatia e desenvolvimento mental

O desenvolvimento da mente humana a caminho da telepatia já se comprova, realmente, nessa redução do palavreado ou do falar excessivo, de vez que o homem já percebeu que a mente criadora melhor se desenvolve no silêncio da alma, pois à medida que se reduz a turbulência mental, tão própria dos atos irritados e insatisfeitos do homem comum, também diminui a quantidade de palavras de que ele necessita para se expressar e, portanto, se torna menos supérfluo e mais exato. Então ele pensará e refletirá, antes de falar, e só exporá em síntese as conclusões que elaborou na mente, servindo-se de menor quantidade de palavras para se fazer entendível. (Obra: ***A Sobrevivência do Espírito***, 7ª edição, p. 210)

Terra de cemitério – propriedades

A terra do cemitério é muito impregnada de tônus vital ou resíduos vitais, que exsudam-se durante a decomposição dos cadáveres, pois o homem é um corpo impregnado de eletricidade animal e de éter físico haurido na fonte solar. O cadáver, ao decompor-se no seio da sepultura, também libera a energia condensada na forma de matéria e ali aprisionada para compor o edifício atômico do corpo de carne. A terra saturada de "húmus" magnético e fluidos mórbidos dos cadáveres, transforma-se num excelente veículo para firmar a bruxaria e fortalecer a obsessão. Certas falanges da umbanda trabalham exclusivamente no ambiente de cemitério, porque os seus chefes são hábeis especialistas e técnicos experimentados, que sabem operar com a terra impregnada de fluidos de defuntos no processo de feitiçaria![2] (Obra: *Magia de Redenção*, 13ª edição, pp. 84/85)

Terra – gigantesco corpo vital magnético

A Terra é um gigantesco corpo vital, com vida própria, espécie de poderoso magneto condensador, que recepciona não só as correntes vitais do Sol como as que se refletem no campo etéreo da Lua. Os fluxos de energias solares são positivos; passam pelo Norte, em direção ao Oriente-Ocidente; as correntes lunares são negativas e seguem do Ocidente para o Oriente, fazendo a sua passagem pelo Sul. Neste gigantesco intercâmbio de forças cósmicas, o vosso planeta fica no turbilhão, no vórtice desse cruzamento vital, e os seus reinos e seres sofrem as ações radiativas e astrais, que interpenetram e influenciam especificamente cada tipo de mineral, planta, flor, animal, ave ou ser humano. O papel do astrólogo estudioso e íntegro deve ser o de encontrar a relação entre as forças que provêm do Sol e da Lua, como, também, de outros astros, constituindo uma espécie de coquetel astrológico. Todos os acontecimentos que se reproduzem no campo material representam apenas os efeitos das causas internas e dos impulsos fundamentais, que primeiramente se reproduzem na "alma-vital" dos astros, das coisas e dos seres. (Obra: *Mensagens do Astral*, 16ª edição, pp. 93/94)

Tônus vital dos animais e enfeitiçamentos

Esse tônus vital fortalece o campo de magnetismo inferior, porque é impregnado de éter físico animal, vibrando em faixa vibratória acessível aos espíritos vampiros, que à noite andam à cata de ener-

2 Trecho extraído da obra *Obreiros da Vida Eterna*, edição da FEB, capítulo XV, "Aprendendo Sempre", de André Luiz, que assim diz: "Nos cemitérios costuma congregar-se compacta fileira de malfeitores, atacando as vísceras cadavéricas, para subtrair-lhes resíduos vitais". — "Jerônimo inclinou-se piedosamente sobre o cadáver, no ataúde momentaneamente aberto antes da inumação, e, através de passes longitudinais, extraiu todos os resíduos de vitalidade dispersando-os, em seguida, na atmosfera comum, através de processo indescritível na linguagem humana".
É muito conhecido, entre quase todos os umbandistas, o famoso caboclo Veludo, hábil e experiente técnico do mundo astral, que trabalha em "cascão", nos cemitérios, dando cumprimento a certo tipo de Carma terrícola, que ali se processa através de tarefas repulsivas.

gias vitais e nervosas, condensadas e polarizadas em torno da aura dos objetos enfeitiçados que são utilizados pelas pessoas embruxadas! O prana ou energia vital, adulterada pelos descontroles emotivo e mental do ser, durante o dia, adensa-se à noite, à superfície dos plexos nervosos, e paira acima dos "chacras" esplênico e umbilical, os quais governam as atividades do baço e do abdômen.

Disseminando-se pelos demais "chacras", esse tônus vital de qualidade inferior condensa-se na região do cerebelo e pode ser captado pelos espíritos interessados nas operações obsessivas. O éter físico de má qualidade, que flui através do tônus vital circulante nos "chacras", é um produto dos impactos mentais pecaminosos, condensando-se à superfície da região "infracraniana". (Obra: ***Magia de Redenção***, 13ª edição, p. 77)

Trabalho – função básica da consciência espiritualizada

É óbvio que se Deus fosse a "espiritualidade estática", apenas um estado de inércia, não veríeis os colares de esferas rodopiantes na tela astronômica do Cosmo. Só a "espiritualidade criadora" é que poderia edificar a maravilhosa maquinaria que demonstram as realizações planetárias. Desde os elétrons em torno dos núcleos atômicos, no microcosmo, até os astros em torno dos sóis, no macrocosmo, tudo demonstra que o "trabalho" é função básica dessa futura consciência espiritualizada, mas profundamente criadora. Deus pensa e cria o Cosmo; o anjo trabalha e cria o microcosmo. Os santos, os artistas, os gênios e os condutores de multidões, são produtos de um labor íntimo, iniciático, de um "ritualismo" interno, divino, que lhes disciplinou os movimentos num curso que deveis aceitar como "trabalho". (Obra: ***A Vida no Planeta Marte e os Discos Voadores***, 14ª edição, pp. 342/343)

Transformadores "arcangélicos" – Cristos Planetários

O Cristo é uma entidade arcangélica, o Logos Planetário Terráqueo ou o Espírito Crístico da Terra, cuja elevada frequência vibratória o torna impossibilitado de qualquer ligação ou atuação direta nas formas dos mundos materiais. Daí o motivo de a Técnica Sideral ter escolhido o Espírito Jesus de Nazaré, entidade de elevado gabarito espiritual, e ainda capaz de atuar na face da Terra e portadora das condições de transmitir o pensamento do

Espírito Planetário neste repositório didático que é o Evangelho. O Cristo vivifica o vosso orbe e ilumina a humanidade terrícola, assim como acontece de modo semelhante com os demais Cristos planetários de Júpiter, Marte, Saturno e outros orbes. Em linguagem algo rudimentar, diríamos que os Cristos planetários são uma espécie de "transformadores" Arcangélicos, que baixam a frequência da Luz Cósmica do Criador, ou seja, a energia cósmica da Usina Divina, até reduzir a frequência e torná-la compatível com as necessidades de vivência das humanidades dos orbes físicos. (Obra: ***O Evangelho à Luz do Cosmo***, 8ª edição, pp. 176/177)

Tratamento astral magnético - benzimento ou passe

Que é o benzimento (ou mesmo o "passe") senão um tratamento astral magnético levado a efeito quando os benzedores transformam objetos, ramos, galhos e folhas de vegetais em condensadores astralinos, através dos quais descarregam a massa fluídica perniciosa, que se encontra aderida ao perispírito? Quase todas as espécies de dermatose que resistem à terapia comum da medicina terrena, tais como os eczemas ou, popularmente, "fervor do sangue", as erupções e crostas chamadas "cobreiros" e algumas espécies de "fogo selvagem" que se assemelham a queimaduras, são facilmente curadas com o benzimento feito com galhos de pimenta brava, onde ainda se comprova o efeito dos "semelhantes", pois a cura é conseguida com um elemento de natureza cáustica. O benzedor solicita um galho verde de pimenteira e, através de exorcismos e orações, que funcionam como os "mantras" sagrados, consegue ativar o astral ainda latente no ramo da planta, transformando-o num condensador que passa a atrair os fluidos enfermiços da aura do doente. Comumente, quando o galho fica seco, o enfermo também está curado, pois o galho captou toda a cota de fluidos perniciosos e, então, extingue-se a sua própria vitalidade astral e vegetal. (Obra: ***A Sobrevivência do Espírito***, 7ª edição, pp. 351/352)

Três princípios cósmicos uníssonos - Deus

A pedagogia sideral ensina que há três princípios cósmicos, uníssonos, que constituem o próprio Deus; três manifestações absolutas do Ser Supremo e que na exiguidade desta obra assim resumiremos para um fugaz entendimento humano. São eles:

1) **O Princípio Incriado Gerante**; a Unidade Cósmica ou o Espírito Eterno; Deus, o Pensamento Original Cósmico;

2) **O Princípio Criado Criante**; o Cristo Cósmico, o Amor, que estabelece o equilíbrio entre os opostos, o divino "cimento" que une o pensamento cósmico à forma ou substância; o Elo entre o negativo e o positivo, entre a luz e a sombra; Espírito Eterno que harmoniza a Unidade Cósmica: é a coesão entre os astros, a afinidade entre as substâncias e o amor entre os seres;

3) **O Princípio Criado**, que é o Agente, a Ação que plasma o Pensamento de Deus Pai, no desejo do seu filho, o Cristo. É também conhecido na tradição esotérica como o Espírito Santo, que concebe com a "energia virgem" ou forças pré-cósmicas para a "gestação" na matéria. (Obra: ***Mensagens do Astral***, 16ª edição, pp. 374/375)

"Túnica nupcial" - veículo de manifestação da centelha divina

O espírito do homem é a centelha ou chama de luz, síntese de todas as faculdades criadoras divinas, enfim, a miniatura do próprio reino de Deus. O Gênese (cap. 5) enuncia que "o homem foi feito à imagem, à semelhança de Deus", enquanto o Mestre Jesus confirma esse enunciado, ao afirmar: "Vós sois deuses" ou, ainda, "Eu e meu Pai somos um". Mas a "túnica nupcial" mencionada na parábola do "Festim de Bodas" é a vestimenta do espírito, que lhe dá a configuração humana; porém, em sua última etapa de aperfeiçoamento nos mundos transitórios das formas, e assim translúcida e imaculada, a refulgir com a intensidade semelhante à luz irradiada da intimidade do ser eterno. É o produto de milhões ou bilhões de anos de lutas, equívocos, amores, ódios, alegrias, tristezas, venturas, tragédias, luzes e sombras, até que o anjo do altruísmo consiga exterminar o animal do atavismo dos instintos da carne. (Obra: ***O Evangelho à Luz do Cosmo***, 8ª edição, p. 297)

Turbilhão da vida - compreensão do mundo oculto

O turbilhão da vida — ainda ignorado da maioria dos habitantes do vosso mundo — que palpita nas esferas ocultas à visão dos olhos da carne, requer que se divulguem as diversas experiências dos espíritos desencarnados, para que sirvam de roteiro e de estímulo aos que seguem à retaguarda. Da mesma forma, é conveniente que se registrem as dores, as decepções e as desilusões das almas imprudentes, para que esses fatos sirvam de advertência severa aos incautos e despertem aqueles que ainda subestimam a pedagogia espiritual, em curso nos mundos materiais.

É conveniente saberdes que o êxito espiritual reside, acima de tudo, no bom aproveitamento das lições vividas em ambas as regiões, ou seja, no Mundo Astral e na crosta física. É óbvio que esse maior ou menor aproveitamento do espírito varia de conformidade com os inúmeros fatores que já imperam no seio de cada alma em experimentação educativa. Consequentemente, em cada experiência vivida, avaliada e descrita pelo seu próprio agente espiritual, sempre existem situações, ensejos e soluções desconhecidas que podem servir-nos de orientação e apressamento para o término do curso de nossa ascensão espiritual. (Obra: ***A Vida Além da Sepultura***, 12ª edição, pp. 19/20)

U

Umbanda – síntese vibratória e divina

Sabemos que a palavra umbanda é síntese vibratória e divina, abrangendo o conjunto de leis que disciplinam o intercâmbio do Espírito e a Forma, em vez de doutrina religiosa ou fetichista. Ela é conhecida desde os Vedas e demais escolas iniciáticas do passado, mas foi olvidada na letargia das línguas mortas e abastardada nos ritos africanos, passando a definir práticas fetichistas e atos de sortilégios. Em certos casos, chegaram a confundi-la com a própria atividade do mago negro. (Obra: *A Missão do Espiritismo*, 9ª edição, p. 146)

V

Vagas recordações ao despertar do sono

Quando o perispírito se ausenta do corpo material, o cérebro físico se antepõe, depois, à clareza das imagens que não presenciou, dificultando a sua devida filtração para a mente desperta no mundo terreno. Posteriormente, através de alguns ecos vibratórios, como se fossem os últimos movimentos de uma rede após o seu balanço inicial, é que então o homem guarda, ao despertar, algumas vagas recordações da sua atuação livre no mundo astral, que em seguida considera como sonhos indistintos, emersões do subconsciente ou então produto das influências cotidianas. (Obra: *A Sobrevivência do Espírito*, 7ª edição, p. 268)

"Válvulas" de segurança psíquica e ação dos guias espirituais

Quando falham todos os recursos no campo mental da inspiração superior, e o pupilo periclita na sua integridade espiritual, em geral os seus guias se socorrem do recurso eficiente da enfermidade ou mesmo de vicissitudes morais ou econômicas, através das quais possam neutralizar em tempo as causas principais dos desatinos e imprudências. Quase todos os seres humanos são portadores de verdadeiras válvulas de segurança psíquica, embora se trate de deficiências cármicas provenientes das mazelas passadas, e servindo-se das quais os guias intervêm para cercear os desvios perigosos. (Obra: *Fisiologia da Alma*, 15ª edição, pp. 233/234)

Vampirismo nos vícios – ação etéreo-astral

O álcool ingerido pelo alcoólatra terreno, depois que lhe atinge o estômago, volatiliza-se em operação progressiva, até alcançar a sua forma etéreo-astral, momento em que os espíritos viciados podem então sugá-lo pela aura do infeliz beberrão. Trata-se de uma espécie de repulsiva operação de vampirismo que, para satisfazer em parte aos desencarnados, exaure a vitalidade da vítima. Certas vezes aglomeram-se várias entidades viciadas sobre a aura de um mesmo bêbedo, constituindo uma grotesca e degradante cena de sucção de álcool! Elas se mostram irascíveis e irritadas quando os seus pacientes não as atendem a contento deixando de beber a quantidade desejada para a sua satisfação mórbida completa. Trabalham furiosamente para que o infeliz aumente a sua dose de álcool, pois ele representa o transformador que deve saturar-se cada vez mais a fim de cumprir a repulsiva tarefa de dar de beber aos viciados do Além.

Daí o motivo por que muitos alcoólatras insistem em afirmar que uma força oculta os obriga a beber cada vez mais, até que chegam a cair ao solo inconscientes. Saturados então de álcool, quais míseros farrapos humanos a exsudarem os vapores repelentes da embriaguez total, eles atravessam o resto de suas existências transformados em vítimas dos seus obsessores, que astuciosamente se ocultam nas sombras do Além-Túmulo. (Obra: *Fisiologia da Alma*, 15ª edição, pp. 106/107)

Veículo etéreo – duplo etérico

O duplo etérico é um veículo invisível à vista do homem comum, e ainda desconhecido à medicina terrena, pois os seus anatomistas e fisiologistas só se preocupam com o corpo físico, no qual efetuam os seus exames "positivos", fora de quaisquer conjecturas metafísicas. Trata-se de um corpo etéreo, cuja contextura, como já dissemos, é um produto específico do éter físico, isto é, do éter impuro exalado através do orbe terráqueo. Deste modo, o duplo etérico pode funcionar com êxito no limiar do mundo astralino e no do mundo físico, pois enquanto a sua composição exterior é do éter terráqueo, a sua base íntima e oculta é o próprio Éter Cósmico.

Malgrado o duplo etérico ser um corpo invisível para os olhos carnais, ele se apresenta à nossa visão espiritual como uma capa densa algo física, que é sensível ao perfume, frio, calor, magnetismo e também afetada pelos condimentos, ácidos, substâncias hipnóticas, sedativos ou entorpecentes e pelo toque humano em certos momentos de maior condensação. Os médiuns deveriam ter o máximo cuidado em evitar os alimentos que possam ofender o seu duplo etérico, pois é dele que derivam os fenômenos medianímicos de natureza mais física. (Obra: ***Elucidações do Além***, 8ª edição, p. 190)

Veículo perispiritual – poderoso imã

É mister que compreendais, com toda brevidade, que o veículo perispiritual é poderoso ímã que atrai e agrega as emanações deletérias do mundo inferior, quando persistís nas faixas vibratórias das paixões animais. É preciso que busqueis sempre o que se afina aos estados mais elevados do espírito, não vos esquecendo de que a nutrição moral também se harmoniza à estesia do paladar físico. Em verdade, enquanto os lúgubres veículos manchados de sangue percorrerem as vossas ruas citadinas, para despejar o seu conteúdo sangrento nos gélidos açougues e atender às filas irritadas à procura de carne, muitas reencarnações serão ainda precisas para que a vossa humanidade se livre do deslize psíquico, que sempre há de exigir a terapia das úlceras, cirroses hepáticas, nefrites, artritismo, enfartes, diabetes, tênias, amebas ou uremias! (Obra: ***Fisiologia da Alma***, 15ª edição, p. 19)

Velas – fundamento iniciático e energético

Isso também acontece com as velas, que devem ser exclusivamente de cera; a oblação aos santos preferidos consiste em o próprio enfermo ou necessitado doar, através da oferenda, a energia sutil do perfume, que é impregnado de excelente éter físico. No entanto, muitos fiéis modernos oferecem aos santos vela de espermacete, que além de não possuir a energia etérica própria do perfume das flores, é feita de substâncias animais. (Obra: ***A Missão do Espiritismo***, 9ª edição, pp. 84/85)

Ventre feminino – "câmara de materialização"

Através do ventre feminino, o qual lembra uma verdadeira "câmara de materialização", o perispírito compõe a estrutura do seu corpo carnal, absorvendo, distribuindo e organizando a substância que recebe por via hereditária da nova família, disciplinada pelas conhecidas leis de genética humana. O perispírito, nos sucessivos ciclos encarnatórios, torna-se cada vez mais sutil, quer em face do sofrimento humano que sensibiliza e purifica, como através do próprio conhecimento da ação sublime criativa. As energias que "descem" do mundo angélico em filtragem pela contextura do perispírito do homem, entram em fusão com as forças agrestes que sobem da vida animal, e desse encontro vibratório decanta-se pouco a pouco o residual inferior em favor do princípio espiritual superior. Sob tal metabolismo criativo e simultaneamente seletivo, o perispírito do homem ajusta-se à frequência vibratória angélica, até libertar-se, definitivamente, do magnetismo gravitacional da faixa do magnetismo animal. (Obra: ***O Evangelho à Luz do Cosmo***, 8ª edição, p. 306)

Verdadeiro iniciado – discreto

Dizem os videntes para o homem se prevenir contra os chamados falsos profetas, aos quais acrescentaríamos os pseudo-sábios. São cegos tentando guiar outros deficientes visuais.

O verdadeiro iniciado, que sabe ser responsável não só pelo bem, mas também pelos males feitos a seus irmãos, é silencioso, não apregoa poderes mentais, e nem como desenvolvê-los. Simplesmente, vive e deixa viver, não interfere dando possíveis soluções aos problemas alheios. Meramente, expõe as várias alternativas de solução para o consulente e deixa-o com a responsabilidade de decisão, porquanto a sua programação etérica é única, somente ele a conhece e tem o instinto da melhor solução.

Todos nós conhecemos inúmeras pessoas que frequentam centros espíritas ou cultos africanos, esotéricos, lojas maçônicas, praticam yoga ou outras doutrinas desenvolvimentistas espirituais e, após tudo isso, por algumas dezenas de anos, continuam aparentando o que sempre foram. Porque nada se perde no Universo, esses praticantes desenvolvem o verdadeiro amor pelo serviço ao próximo e, ao mesmo tempo, sensibilizam o perispírito para a compreensão intuitiva da vida real, nos seus chamados campos de manifestação.

(Obra: *Sob a Luz do Espiritismo*, 3ª edição, pp. 86/87)

Vibrações psíquicas da mãe na gestação – influirão no nascituro

O período da concepção é a mais delicada e sensível manifestação das forças dos reinos imponderáveis. Pensamentos, emoções e disposições de ordem psíquica, gravam-se em torno do campo mental, diretor da configuração do corpo em gestação, com a mesma facilidade com que as vozes e os sons musicais se fixam na cera dos discos gramofônicos. As vibrações que se sucedem, se inferiores, irritam as formações genéticas, acentuando a manifestação dos genes belicosos ou deprimentes e concorrendo para que o sistema "psiconervoso" se constitua sob tensão irregular. A criança ingressa no campo físico, conduzindo no comando do psiquismo diretor de sua existência estímulos irritantes ou manifestações letárgicas, na conformidade do conteúdo que foi dosado pela mente materna na gestação. Não vos deve ser estranho que as crianças muitíssimo irritáveis, nos primeiros meses de vida, são as amamentadas por mães ou amas-secas irritáveis, neuróticas ou hipertireóidicas. (Obra: ***A Vida no Planeta Marte e os Discos Voadores***, 14ª edição, p. 89)

Vício do fumo e espíritos das sombras

Infelizmente, a vossa humanidade ainda é orientada pelos conceitos subvertidos e sofismas inspirados pelos espíritos viciados, das sombras, que nutrem toda sorte de caprichos e imprudências para o terrícola indiferente ao seu destino espiritual. Interessa a tais espíritos astuciosos desenvolverem cada vez mais o reinado vicioso no mundo que deixaram, pois assim os próprios encarnados servir-lhes-ão de instrumentos dóceis para satisfazer-lhes os desejos enfermiços e que foram interrompidos com a morte do corpo físico. Então semeiam a confusão e subvertem as advertências dos mentores espirituais, procurando contradizer as opiniões sensatas, entre os homens, a respeito dos vícios comuns. Assim se dá com o vício do fumo, em que varia até a opinião médica a respeito e se divide o julgamento favorável e desfavorável, fazendo com que se duvide dos efeitos daninhos dos venenos tabagistas na delicadeza do organismo humano. (Obra: ***Fisiologia da Alma***, 15ª edição, p. 81)

Vida de Jesus – condensação da Lei Cósmica

A Lei de Deus é perfeita, sem jamais se modificar para atender a qualquer particularidade ou privilégio pessoal. Ela tem por função exclusiva a sabedoria e perfeição de todos os seres. Jesus, em sua fidelidade espiritual, exemplificou em si mesmo o desenrolar das paixões humanas e, depois, a sublimação, assegurando a ascese angélica. A sua vida no cenário do mundo físico é condensação das leis definitivas que regem o Cosmo. Ele proclamou-se com justiça o "Caminho, Verdade e Vida". As regras do Evangelho, ensinadas para a vivência correta e evolutiva das humanidades nos mundos físicos, correspondem aos mesmos esquemas disciplinadores da vida das constelações, dos planetas e asteróides pulsando no Universo. Assim, Jesus movimentou-se na Terra, sob a regência das mesmas leis que governam o Cosmo, e as revelou em perfeita equanimidade com as ações e transformações microcósmicas dos homens à luz do Evangelho.

Em consequência, o seu Evangelho é uma síntese para orientar o comportamento humano na Terra, na mais perfeita sintonia com os postulados científicos das leis do Macrocosmo. Aliás, no curto espaço de 33 anos, Jesus efetuou o resumo de toda a paixão humana, através de milênios e milênios de aprendizado e emancipação espiritual do homem. (Obra: ***O Evangelho à Luz do Cosmo***, 8ª edição, pp. 127/128)

Vida oculta e aprimoramento moral e mental

Sendo o homem espírito imortal, quanto mais se expande a centelha espiritual que há na intimidade do seu ser, ele também abrange maior área da realidade do próprio Criador. O apuro moral do espírito faculta-lhe uma participação mais intensa na vida oculta, enquanto o seu aprimoramento mental lhe permite julgar com eficiência e exatidão aquilo que proveitosamente lhe facilita o poder do sentimento cristificado. (Obra: ***Mediunismo***, 13ª edição, p. 89)

Vírus eletivos – o homem fabrica sua própria lição

Dentro do conceito cármico de ser "a semeadura livre, mas a colheita obrigatória", o espírito viverá, no futuro, conforme a natureza da sua vida no presente. Através do cientificismo do karma, é o próprio espírito que mobiliza as forças retificadoras dos seus equívocos e prejuízos. Na verdade, a Lei funciona de modo equitativo, pois o espírito ególatra, isolado da humanidade, em vida futura, tem uma doença que o afasta do convívio humano pelo perigo do contágio. Daí o motivo por que as doenças destruidoras e cancerígenas não encontram medicação adequada, e o único antídoto que conhecemos, atualmente, é a inversão dos seus polos negativos sob a força do Amor e o medicamento da oração. (Obra: ***Sob a Luz do Espiritismo***, 3ª edição, p. 24)

"Vitamina do espírito" – oração

A prece dinamiza os anseios sublimes que, em estado latente, já existem na intimidade do espírito imortal. O homem, na verdade, como futuro anjo, quando se devota à oração, exercita-se num treino devocional que o põe em contato com os espíritos de hierarquia angélica. Toda prece fervorosa e pura recebe do Alto a resposta benfeitora, a sugestão mais certa e, também, as energias psíquicas que sustentam o próprio corpo carnal.[1]

É um dos recursos eficientes que eleva e reorganiza a harmonia "cosmo-psíquica" do homem, pois abranda as manifestações animais instintivas, afasta os pensamentos opressivos, dissipa a melancolia, suaviza a angústia e alivia o sofrimento da alma. Embora o homem nem sempre se aperceba dos efeitos positivos e benfeitores que recebe por intermédio da oração, ele retempera suas forças espirituais e se encoraja para enfrentar com mais otimismo as vicissitudes e os sofrimentos próprios da existência terrena, pois mobiliza esse potencial criador da Vida, que aproxima o homem do ideal da Angelitude. (Obra: ***Elucidações do Além***, 8ª edição, p. 103)

Voz silenciosa e origem divina

Trava-se desesperado combate entre a "luz" e a "treva", entre o "espírito" e a "carne", pois no mundo oculto do ser, a personalidade humana impõe as suas algemas tirânicas, enquanto o espírito tenta a sua libertação definitiva. Os santos e os gênios podem explicar-vos isso, pois eles sentiram-se perturbados, exauridos e desalen-

1 Nota do revisor: "Cada prece, tanto quanto cada emissão de força, se caracteriza por determinado potencial de frequência e todos estamos cercados por Inteligências capazes de sintonizarem com o nosso apelo, à maneira de estações receptoras". Trecho extraído do capítulo "Em Torno da Prece", da obra ***Entre a Terra e o Céu***, de André Luiz a Chico Xavier.

tados quando, em sua luta titânica, tentaram a vitória do espírito sobre o desejo animal. Embora a alma forje a sua consciência de "ser" ou de "existir" no Cosmo, pela disciplina e coação educativa da matéria, paradoxalmente ela só consegue a sua libertação definitiva, depois que foi escrava dos instintos. E quando ele já é sensível à "voz silenciosa" de sua origem divina, então, dispensa o corretivo drástico do Alto alcançando sua felicidade só pelo convite angélico. (Obra: ***Elucidações do Além***, 8ª edição, p. 80)

Y

Yoga e a "chispa divina"

A fim de auxiliar o estudo da mente, a filosofia iogue considera o espírito do homem o sétimo princípio, a "Chispa Divina", um raio de Sol ou gota do Oceano Cósmico. Mas, ainda terá de vencer muitos degraus, em sua escada evolutiva, desde a sua fase animal até o estado de arcanjo, para que o espírito humano se faça sentir, em sua glória e poder. Os que já sentem essa realidade habitam planos inacessíveis ao nosso entendimento e não poderiam explicar-nos, pela insuficiência da linguagem humana.

No entanto, há momentos em nossa vida, quando imergimos na profundidade religiosa, alimentados por pensamentos sublimes; quando nos enternecemos ante maravilhoso poema, ou nos empolga a misteriosa beleza da alvorada. Então, sentimos o vislumbre da nossa origem Divina. É, na realidade, o apercebimento fugaz, num ápice de segundo, o início da Iluminação, o prenúncio da Consciência Espiritual. (Obra: ***Sob a Luz do Espiritismo***, 3ª edição, p. 161)

Yoga, energia sexual e kundalini

Considerando-se não ser a energia sexual, exclusivamente, um elemento criativo na composição física, porém, fonte de outras manifestações anímicas e, segundo a Ioga, ela pode ser sublimada ou ativada por valores morais superiores e, vitalizada, irriga o cérebro do homem, proporcionando-lhe a maior capacidade criativa em suas tendências estéticas no campo da música, da pintura, da escultura, da poesia ou da literatura, e o seu abuso tende a rebaixá-lo mental e evolutivamente ao nível do animal. Eis o motivo por que muitos estudantes da Ioga aprendem a controlar e dominar o energismo do fluido sexual do "chacra" kundalíneo e o ativam mentalmente, em direção ao cérebro, em conjugação com o "chacra" coronário, obtendo um energismo de frequência superior e capaz de irrigar-lhes o sistema neurocerebral numa criatividade superior. Sob tal prática, dirigida pelo intelecto disciplinado e dinamizado pelo controle espiritual, verifica-se ser o fluido sexual uma energia benfeitora, pelo uso seletivo e, também, capaz de escravizar o homem pelo excesso, no campo das paixões subalternas.

À medida que o espírito evolui, apercebendo-se da realidade da vida imortal superior e definitiva, e esse senso crítico, discernimento e responsabilidade são preponderantes, passa a moderar-se na prática sexual, porquanto os seus interesses requerem maior cota de energia para suprir as necessidades mentais e, assim, as mobiliza do reservatório criativo do metabolismo sexual. (Obra: ***Sob a Luz do Espiritismo***, 3ª edição, pp. 166/167)

Yogues e a intuição pura

Assim como a razão auxilia o homem a compreender e avaliar a expressão fenomênica das formas do mundo material, a Intuição lhe permite "sentir" todas as leis ocultas e "saber" qual a natureza original do Espírito Criador do Cosmo. Referindo-nos à Intuição, como o ensejo divino de elevação à Consciência Cósmica do Seu Autor Eterno, diz a linguagem poética dos yogas: "Antes que a Alma possa ver, deve ser conseguida a harmonia interior e os olhos da carne tornados cegos a toda ilusão. Antes que a Alma possa ouvir, a imagem (o homem) tem de se tornar surda aos rugidos como aos segredos, aos gritos dos elefantes em fúria, como ao sussurro prateado do pirilampo de ouro. Antes que a Alma possa compreender e recordar, deve ela primeiro unir-se ao Falador Silencioso, como a forma que é dada ao barro se uniu primeiro ao espírito do escultor. Porque então a Alma ouvirá e poderá recordar-se. E então ao ouvido interior falará a Voz do Silêncio". (Obra: ***Mediunismo***, 13ª edição, p. 178)

Yogues e iniciados – alimentação vegetariana

Os iogues, iniciados, mentores e instrutores espiritualistas, também não se nutrem com vísceras e pratos repugnantes do carnivorismo! Enquanto Gandhi satisfazia-se com o leite de cabra, Buda com uma xícara de arroz e Jesus com bolinhos de mel, Átila, Gêngis Khan, Tamerlão e Aníbal, com seus bárbaros soldados, alimentavam-se com os mais repugnantes rebotalhos sangrentos, numa competição grotesca com as feras!

A palidez e a figura dos jejuadores são uma imagem inofensiva e de aspecto transcendental, cujos olhos tranquilos são desprovidos do desejo animal violento ante a própria fraqueza do corpo! O costume secular de algumas seitas religiosas, trapistas, nazarênicas, apostólicas ou iogues jejuarem sob férrea disciplina, trata-se de um excelente treino para o "homem-espírito", aplacando assim a própria força instintiva e sensual do "homem-carne"!

Aliás, seria um sarcasmo à própria "Lei de Afinidade Espiritual" o anjo alimentado a carne de porco, ou o santo chupando os dedos engordurados pelas vísceras sangrentas de seus irmãos inferiores! (Obra: ***A Vida Humana e o Espírito Imortal***, 11ª edição, p. 106)

Yogues e o prana no corpo humano

As mulheres que usam excesso de "maquillage" envelhecem bem mais cedo que as recatadas na pintura das faces, pois o prana físico que se renova pela pele, rarefaz-se e reflui para a intimidade do corpo ante o entupimento dos poros. Os antigos iniciados podiam apresentar-se remoçados e belos; a sua epiderme viçosa assemelhava-se à "pele" acetinada do pêssego, porque eles conheciam todos os segredos do prana, e o distribuíam harmoniosamente na sua constituição psicofísica. Muitos iogues, já no limiar da morte física, concentram tal dose de prana no seu corpo carnal que o seu cadáver resiste dias, meses e até anos sem decompor-se, mantendo-se num aspecto incomum. (Obra: ***Elucidações do Além***, 8ª edição, p. 178)

Z

Zoantropia e licantropia – ideoplastias

O lobisomem ainda é vestígio da lenda forjada pela possibilidade de um desencarnado materializar o seu corpo astral, quando é portador de um "facies" animalesco!

Em face do recurso de ideoplastia perispiritual, que impele o espírito a assumir a configuração mais adequada ao tipo de paixão ou virtude dominante em si, o lobisomem é uma figura semi-humana, representativa do espírito ainda acicatado pela ferocidade e voracidade do lobo! Então, as pessoas de dupla vista ou videntes, às vezes, conseguem identificar essas infelizes entidades, que estereotipam na sua face ou todo perispiritual a cópia do lobo, do suíno ou do abutre. A metamorfose do homem ou mulher em lobo, que se processa através da extraordinária elasticidade do perispírito sob a ação do fenômeno da licantropia, também pode resultar de hipnose praticada no Espaço, ou mesmo de sortilégios tenebrosos sob o comando de magos-negros experimentados no caso. Mas esse fenômeno é mais comum no "lado de cá", embora tal materialização de lobisomem também possa ocorrer nos lugares ermos, em encruzilhadas de estradas ou mataria densa, onde exsuda-se um éter-físico vigoroso e agreste, capaz de proporcionar alguma combinação de ectoplasma.

No entanto, tal estigma de licantropia perispiritual às vezes perdura até à próxima encarnação, quando se trata de uma entidade esclerosada no mal, pois os elementos enfermiços e plásticos do perispírito chegam a influir na formação anatômica do nascituro, plasmando-lhe o "facies" do lobo, cavalo, suíno, tigre, bovino, abutre, mocho ou bode! Trata-se, ainda, de uma instintiva e incontrolável reminiscência do tempo em que as forças animais caldeavam a configuração do equipo carnal humano. O corpo físico, nesse caso, conturba-se na sua expressão fisionômica ante a indesejável plástica do perispírito estigmatizado pela linhagem animal. (Obra: *Magia de Redenção*, 13ª edição, pp. 168/169)

Zonas abissais e seres "satanizados"

O globo terráqueo é um núcleo em cuja crosta se situa imensa colmeia espiritual, que ultrapassa a vinte bilhões de almas desencarnadas, distribuídas em colônias e agremiações que apresentam os mais exóticos matizes e onde são submetidas às mais variadas emoções de vida! Os agrupamentos melhores procuram influenciar os piores, que se situam em faixas vibratórias mais grosseiras, enquanto que nas zonas abismais o inferno de Dante é pálida versão da realidade! Atuando vigorosamente na vossa humanidade, os desencarnados, de ânimo satânico, sonham o domínio absoluto das instituições humanas! A vida espiritual, junto à Terra, transcorre à semelhança dos padrões terrenos, embora com aspectos diversos e transitórios. No Além, os extremos se fazem sentir com mais veemência; se nas colônias mais elevadas o amor e a fraternidade são sentimentos que vibram com vigorosa intensidade, nos agrupamentos desregrados, das baixas esferas, o ódio e a vingança têm o seu reinado absoluto. Torturam-se as almas em débito mútuo e se formam laços odiosos, que requerem séculos de dores e de sofrimento para a divina conciliação. O mitológico Satanás continua a reinar com vigor do lado de cá e, além disso, opera disciplinadamente sobre o vosso mundo, que lhe fornece alimento nutritivo, gerado no desregramento da vida física! Os exilados de outros orbes, no vosso mundo, usam astuciosamente o seu cabedal de inteligência para tentar o domínio da Terra, e a teriam dominado completamente se a Direção Superior não dispusesse de recursos para sufocar as suas pretensões, subjugando-os pela injunção da dor na carne humana! (Obra: *Mensagens do Astral*, 16ª edição, pp. 226/227)

CIÊNCIA OCULTA DE A A Z - O VÉU DE ÍSIS
foi confeccionado em impressão digital, em agosto de 2025
Conhecimento Editorial Ltda
(19) 3451-5440 — conhecimento@edconhecimento.com.br
Impresso em Luxcream 70g, StoraEnso